中国社会科学院
马克思主义理论学科建设与
理论研究工程项目

治国理政思想专题研究文库

文化建设思想研究

邓纯东　主编

WenHua
JianShe SiXiang
YanJiu

人民日报出版社

图书在版编目（CIP）数据

文化建设思想研究／邓纯东主编. —北京：人民日报
出版社，2018.1
ISBN 978－7－5115－5263－1

Ⅰ.①文… Ⅱ.①邓… Ⅲ.①文化事业—建设—中国
—文集 Ⅳ.①G12－53

中国版本图书馆 CIP 数据核字（2018）第 011206 号

书　　名：文化建设思想研究
作　　者：邓纯东

出 版 人：董　伟
责任编辑：周海燕　孙　祺
封面设计：中联学林

出版发行：人民日报出版社
社　　址：北京金台西路 2 号
邮政编码：100733
发行热线：（010）65369509　65369846　65363528　65369512
邮购热线：（010）65369530　65363527
编辑热线：（010）65369518
网　　址：www. peopledailypress. com
经　　销：新华书店
印　　刷：三河市华东印刷有限公司

开　　本：710mm×1000mm　1/16
字　　数：278 千字
印　　张：15.5
印　　次：2018 年 8 月第 1 版　　2018 年 8 月第 1 次印刷

书　　号：ISBN 978－7－5115－5263－1
定　　价：68.00 元

编者说明

中国共产党是高度重视理论指导、不断推进马克思主义中国化、善于进行理论创新的党。同时,我们党重视对马克思主义理论的学习和研究工作,重视用马克思主义中国化最新理论成果武装全党和教育人民,推进马克思主义大众化。

党的十八大以来,以习近平同志为核心的党中央坚持以马克思列宁主义、毛泽东思想、邓小平理论、"三个代表"重要思想、科学发展观为指导,坚持解放思想、实事求是、与时俱进、求真务实,坚持辩证唯物主义和历史唯物主义,紧密结合新时代条件和实践要求,以巨大的政治勇气和强烈的责任担当,对经济、政治、法治、科技、文化、教育、民生、民族、宗教、社会、生态文明、国家安全、国防和军队、"一国两制"和祖国统一、统一战线、外交、党的建设等各方面都做出了理论上的回答,以全新的视野深化对共产党执政规律、社会主义建设规律、人类社会发展规律的认识,进行艰辛理论探索,取得重大理论创新成果,提出一系列治国理政新理念新思想新战略。

围绕习近平总书记关于系列治国理政新理念新思想新战略的相关论述,学术界理论界发表了非常多的高质量的阐释性、研究性文章。为了更好地配合学习、研究和宣传习近平系列重要讲话精神,为了更好地推进和加强对习近平关于治国理政思想的研究,中国社会科学院马克思主义理论学科建设与理论研究工程决定编辑出版这套《治国理政思想专题研究文库》。文库从丰富的治国理政思想中撷取二十个方面的重要思想,分二十专题编辑出版。包括:《中国梦思想研究》《全面建成小康社会思想研究》《全面深化改革思想研究》《全面依法治国思想研究》《全面从严治党思想研究》《创新发展思想研究》《协调发展思想研究》《绿色发展思想研究》《开放发展思想研究》《共享发展思想研究》《意识形态工作思想研究》《民主政治建设思想研究》《经济建设思想研究》《社会建设思想研究》《文化建设思想研究》《生态文明建设思想研究》《民族工作思想研究》《国防军队外交思想研究》《"一带一路"思想研究》《人类命运共同体思想研究》。文库采集的论文来自党的十八大至党的十九大期间,在重要报刊上发表的部分理论和学术文章。

限于篇幅,不能把所有的高质量文章收入;基于编者水平,可能会遗漏一些高质量文章,另外,本书在选编工作中难免出现错误与不妥之处,敬请作者与读者一一谅解与指正。

2017 年 10 月

目 录
CONTENTS

对马克思主义与中国传统文化关系的几点思考*

邓纯东

"马克思主义与中国优秀传统文化"论坛的主旨是要促进学术界、思想界坚持以马克思主义为指导,在正确认识、科学对待中国传统文化方面做一点贡献。我们不是引导大家全面回归儒学,不是像有些论者所说的要从中国儒学的经典里面来寻找、解决当代中国所有问题的答案,而是要促进人们正确认识和对待中国传统文化。

一、中国特色社会主义带有中国优秀传统文化的基因

中国特色社会主义究竟在哪些方面体现了中国优秀传统文化的内容和特点,这需要我们认真研究,把它揭示出来。党的十八大以后,习近平总书记系列重要讲话中,提出了一个很重要的观点:中国特色社会主义植根于中华优秀传统文化沃土。他还明确提出,中国特色社会主义道路,是在改革开放30多年的伟大实践中走出来的,是在中华人民共和国成立60多年的持续探索中走出来的,是在对近代以来一百多年中华民族发展历程的深刻总结中走出来的,是在对中华民族五千多年悠久文明的传承中走出来的,具有深厚的历史渊源和广泛的现实基础。① 这些论述,实际上给我们认识这个问题提供了一个很重要的思路:我们现在所走的中国特色社会主义道路,是一条崭新的社会主义道路,它本质上是科学社会主义,是科学社会主义在中国土地上的伟大实践,蕴含了科学社会主义原理与中国优秀传统结合的因素。这条道路肯定不是民主社会主义,也不完全等同于苏联的社会

---

* 作者简介:邓纯东,中国社会科学院马克思主义研究院党委书记、院长。

本文系作者在第六届马克思主义中国化学术论坛上的主题报告。

① 《习近平在十二届全国人大一次会议闭幕会上的讲话》,中国广播网,2013 年 3 月 17 日。

主义模式,在制度体制的某些内容上,也存在许多不同于当代世界上越南、古巴、老挝、朝鲜等社会主义国家的地方,也不同于现在拉丁美洲及世界上其他地方形形色色的社会主义。

中国特色社会主义是中国土地上实践的科学社会主义。习近平总书记关于这方面的论述蕴含丰富的内容,包括理论、制度、道路的一些具体内容,包括社会主义经济、政治、文化、社会管理、生态文明建设,包括党的建设一些具体理念与制度的内容,包括一些具体的制度、体制、路线、方针、政策、策略和一些具体的工作举措等,都体现了科学社会主义的本质要求。

中国特色社会主义理论与实践中相当一些内容受到中国优秀传统文化的影响,从中可以找到贯穿于中国几千年生生不息的中华文明文化基因和文化血脉。认识这个问题,需要进行各方面具体化的研究。中国特色社会主义植根于中华文化沃土,它究竟在哪些方面体现了中国优秀传统文化的特点、内容,这需要理论工作者认真研究,进而揭示出中国正在走的中国特色社会主义这种科学社会主义,在哪些方面带有中国优秀传统文化的基因。

二、儒家思想是中国两千年封建社会的国家意识形态

近代以后,儒家思想不能破解当时中国社会落后挨打局面的难题,资本主义思想体系也解决不了中国的问题。在这样的情况下,中国人民才找到了马克思主义作为自己国家的指导思想。

从秦始皇之后两千年的中国封建社会,基本上是以儒道佛作为国家主流意识形态,这是中国封建社会思想文化的主要内容。但儒道佛之中,儒家是灵魂,以儒来化道、化佛,这是中国传统文化的特点。这个特点也非常形象地表明了儒家文化在中国两千年封建社会中的地位。用现在的语言表述,它是中国两千年封建社会的国家意识形态、统治阶级的主要思想。

如果这个观点成立的话,那么研究马克思主义与中国优秀传统文化的关系,有两个基本观点必须明确:第一,要充分看到儒学作为两千年中国封建社会主流意识形态在中国封建社会历史条件下发挥了积极作用。在 1840 年之前,它对中国古代各个朝代社会的稳定、人民安居乐业,对国家疆域的形成和巩固,对于中国爱国主义思想观念的形成,都发挥了积极作用。第二,儒学毕竟是中国封建社会的国家意识形态,随着人类社会的进步,封建社会意识形态逐渐失去存在的现实依据,体现为落后和反动。现在我们不能把它作为国家意识形态,不能"儒化中国"。以儒学取代马克思主义成为今天的国家意识形态这种观点既是有害的也是违背历史规律的。我认为,不仅现在不可以,1840 年以后儒学就已不能作为国家意识形态,依靠儒学就已不能解决中国的问题,否则我们就不会有一百多年的民族耻辱和人民深深的灾难。如果它可以解决中国的社会问题,中华民族在鸦片战争后就不会有一百年的灾难与屈辱。正如毛泽东同志所讲的"自从1840年鸦片战争失败那时起,先进的中国人,经过千辛万苦,向西方国家寻找真理",①这才最终找到一个新的主义——马克思主义。

三、马克思主义传入中国以后的一百多年时间里,实现了三个结合,产生了两大理论成果

马克思主义传入中国以后的一百多年时间里,在中国的土地上实现了三个结合,产生了两大理论成果。总结其中的经验和教训,对我们实现中华民族伟大复兴的中国梦有重要意义。

马克思主义传入中国以后,以毛泽东同志为代表的中国共产党人把这个科学理论和中国社会的实际、中国革命的实际、中国优秀传统文化相结合,产生了中国化的马克思主义。这三个结合,使马克思主义在中国土地上,产生了两大理论成果,这两大理论成果,解决了一百多年来中华民族遇到的前所未有的大麻烦和新问题,解决了中国国家独立、中华民族振兴、中国人民富裕幸福的问题。

在推进中国特色社会主义伟大事业,实现中华民族伟大复兴中国梦的实践中我们如何继续推进马克思主义与中国优秀传统文化结合?过去将近一百年里,以毛泽东同志为代表的第一代共产党人成功实现了第一次结合。三个结合中的第一次结合,产生了第一个伟大成果,即毛泽东思想,在这个伟大的思想指导下,中国革命取得了胜利,半殖民地半封建的社会性质得以结束。新中国成立以后,中国共产党人经过六十多年的奋斗,把马克思主义与中国改革、建设的实际和中国优秀传统文化的实际相结合,产生了第二大理论成果,即中国特色社会主义理论体系,使中国不断走向强大、富裕和幸福。

党的十八大以后,我们要全面推进中国特色社会主义事业,实现两个一百年的奋斗目标,实现中华民族伟大复兴中国梦的目标。有一个历史任务,就是继续推进马克思主义与中国优秀传统文化的结合。要实现这个伟大任务,有必要总结前两次结合的一些规律和特点。为什么能实现前两次结合,有哪些教训和成功经验,把这些问题理清楚,对于我们实现中国特色社会主义理论体系创新和发展,推进中国梦的实现,一定会有很好的理论和实践的意义。

---

① 《论人民民主专政——纪念中国共产党二十八周年》,《毛泽东选集》第四卷,人民出版社1991年版。

四、1840 年以来，对待中国传统文化一直存在两种错误态度

1840 年鸦片战争以来的一百多年里，中国社会在对待传统文化这个问题上存在两个极端、两种片面性的错误态度，导致了思想文化建设、社会进步等方面的问题。一种极端态度是，完全闭眼不看时代的变化，陷在"半部论语治天下"的思维里，把《论语》当成亘古不变的真理，当成解决所有时代所有问题的灵丹妙药。用这种思想和态度来寻找解决中国问题的方案是肯定不行的，近代史上封建顽固派就是这方面的代表，中华民族为此付出了极大的代价。还有一个极端态度，认为中国传统文化没有一点好东西，最极端的就是"文化大革命"时期，所有的东西都是封建主义的黑货。这两种极端的态度，都给近代以来我们认识和解决中国问题、对经济社会的发展进步造成了不好的效果。

对待中国传统文化正确的态度就是毛泽东同志早就明确提出的一定要进行马克思主义分析，吸取其精华，剔除其糟粕。习近平总书记也强调要坚持这样的态度。对中国传统文化，我们一定要有一个清醒的头脑。要看到中国传统文化里面既有很优秀的东西——作为民族基因、民族血脉的东西有积极作用，同时也有糟粕的、封建的、影响积极进步的东西。今天我们对待中国传统文化，要有一个理性科学的态度，就是毛泽东同志讲的吸取其精华、去除其糟粕。这里就有一个鉴别和界定的任务，中国传统文化博大精深，文化资源浩如烟海，对于哪些是优秀的，哪些是糟粕的东西需要进行清理、界定。

五、在中国传统文化与马克思主义问题上总结历史可以得出两个结论：没有马克思主义救不了中国；马克思主义进入中国，应该而且必须和中国优秀传统文化实现有机结合

近代中国的命运，一直与如何处理马克思主义和中国传统文化的关系联系一起。回顾这一百多年的历史，在马克思主义与中国传统文化的关系上有两个结论。第一个结论就是，没有马克思主义救不了中国。中国传统文化再优秀，马克思主义没传进来的时候，我们只能被动挨打，中华民族陷入深深的灾难，中国人民陷入水深火热之中。第二个结论就是，近代一百多年的历史告诉我们，马克思主义来到中国，应该、必须与中国优秀传统文化实现有机结合。如果不能很好地结合，也会影响中国问题的解决，甚至会对革命和建设事业造成很大的损失。

在这方面，王明是一个最典型的例子。王明对马克思主义基本理论的信仰是没有问题的，但他是典型的教条主义、是生吞活剥地对待马克思主义。这不利于中国革命的实践,所以导致了中国革命的严重挫折。新中国建立以后,毛泽东同志意识到我们建设社会主义,一定不能简单照搬马列原著中的一些具体的结论,而且不能简单照搬苏联的全部具体做法,不能简单移植。他提出在中国建设社会主义,一定要从中国的实际情况出发的伟大思路。后来实行改革开放,中国道路取得成功,很重要、很正确的一条经验就是把马克思主义尤其是科学社会主义的基本理论和中国优秀传统文化成功地实现了结合。这使中国社会主义能够焕发生机、活力和生命力。所以,近代中国一百多年的命运,给我们最大的启发有两条:没有马克思主义救不了中国;马克思主义不与中国优秀传统文化结合,我们的革命、建设和改革事业,也有可能遭受很大的挫折,最终也不能成功。

我们现在要继续在中国道路上前行,把中国特色社会主义推向未来。习近平总书记讲中国道路是人类文明的一条新路,从这个角度来看,它不仅开辟了社会主义的新境界,而且为落后国家走向现代化开辟了一条不同于西方国家的现代化新路,这是完全不同于西方所宣传的普世价值的路子。我们要在中国的土地上,走出一条通向现代化的新路。必须继续做好把马克思主义科学原理与中国优秀传统文化结合这个文章。

六、总结中国古代封建社会宣传儒学的经验,从中可以得到一些启发和借鉴

一百多年来中国社会的演变、中国社会的进步,给了我们一个很明确的结论,那就是:中国要实现国家富强、民族振兴、人民幸福,必须坚持马克思主义的指导地位。这个指导地位不坚持、不巩固,我们国家富强、民族振兴、人民富裕幸福就不可能,而且已有的成果都要丧失。为了国家的未来,为了人民更美好的生活,必须巩固一百多年来中国人民努力奋斗的成果,巩固马克思主义及其中国化成果的指导地位。

关于如何巩固马克思主义的指导地位,可以从中国传统文化里面得到技术性、方法性启示。如前所述,中国古代封建社会的国家意识形态,儒学的指导地位在汉代就确立了,"罢黜百家,独尊儒术",汉武帝时已明确,后来历代的统治者,实际上是遵从了儒学在国家生活中的至尊地位。越到后来(比如到明清时期)儒学在国家和社会生活中的地位越高,指导作用越强,对人民影响越大。造成这种历史现象的奥秘在于,中国封建社会有一套成功的办法推动儒学"内化于心、外化于形",在中国古代推崇儒学,把它作为国家指导思想这方面做得很好、很出色。在国家治理中,不仅封建官吏在他们的行为中把儒学作为指导思想,作为价值准则,老百姓的行为习惯和日常生活,也可以说真正是以儒学为指导思想和价值准则。

那时候农村家家户户都要供个牌,把儒学的祖宗跟自己的祖宗一起顶礼膜拜。应该看到,中国封建社会在巩固全社会指导思想的地位这一点上,做得很成功。对于它具体有哪些技术性办法,又是怎么做到的? 我觉得我们今天巩固马克思主义指导地位,有必要研究这些技术性、方法性的办法。一百多年来中国社会变革的事实告诉我们,只有坚持巩固马克思主义及中国化成果的指导地位,中华民族才有美好的未来。但是要实现这个指导地位,需要做很多大量具体的工作。用马克思主义理论"武装全党""教育人民"这句话已经讲了多年。马克思主义及其中国化成果的指导地位,是不是就落实到社会生活各方面了呢? 是不是真正内化于心、外化于形了呢? 借鉴中国古代社会宣传儒学的经验,我们可从中得到一些启发。

　　探讨马克思主义与中国优秀传统文化的关系,在以上几个方面做一些深入研究,形成一些系统的、深刻的、科学的认识和成果,对今天我们建设中国特色社会主义有一定的启发和借鉴作用。这样做,我们的学术研讨就能够达到服务于中国特色社会主义的伟大实践,服务于中华民族伟大复兴中国梦的目的。

(原载于《特区实践与理论》2015 年第 6 期)

弘扬中华优秀传统文化四题

——学习习近平同志关于弘扬中华优秀传统文化重要论述的几点体会

杨瑞森*

现在,全党上下都在认真学习习近平同志的系列重要讲话,这是我国思想理论战线上的重要任务。在习近平同志的系列重要讲话中,关于弘扬中华优秀传统文化的讲话讲得很多、很重、很新、很深,具有崭新的科学视野和方法,深刻的哲学内涵和意蕴,与高校思想政治理论教育工作的关系十分密切,具有重要的理论意义和实践指导意义。近期以来,我认真地研读了习近平同志关于弘扬中华优秀传统文化的论述,感到收获很大。下面,我拟就学习习近平同志关于弘扬中华优秀传统文化重要论述中涉及的几个重要理论问题,谈一些学习体会。

一、弘扬中华优秀传统文化与建设中国特色社会主义

在我国改革开放和社会主义现代化建设新时期,习近平同志对中华民族优秀传统文化的科学内涵、历史作用、当代价值、与建设中国特色社会主义的内在本质的关联性以及党对待中国传统文化的指导方针等问题,做了大量的和深刻的论述。我们看到,习近平同志在诸多工作安排上和公务活动中,比如,在中央政治局多次集体学习的讲话中,在参加全国人民代表大会、全国宣传工作会议、中央党校开学典礼和毛泽东诞辰 120 周年等重要活动的讲话中,在与高校师生座谈、接见全国优秀青年代表和参加"六一"国际儿童节等活动的讲话中,在纪念孔子诞辰2565 周年纪念大会的讲话中,以及在许多重大国际场合的讲话中,都用相当大篇幅论述继承和弘扬中华优秀传统文化同推进马克思主义中国化、实现中华民族伟大复兴中国梦的重要关系问题。习近平同志的这些重要讲话,鲜明地表现了在我国改革开放和社会主义现代化建设新时期党和国家对继承和弘扬中华优秀传统

---

* 作者简介:杨瑞森,教育部社会科学司原司长,现为湘潭大学毛泽东思想研究中心特聘教授。

文化的高度重视,深刻地揭示了继承和弘扬中华优秀传统文化同建设中国特色社会主义的内在的本质的联系。习近平同志提出的关于中国特色社会主义深深地植根于中华文化沃土的思想,关于中华优秀文化传统是我们民族的根和魂的思想,关于中华优秀传统文化是中国特色社会主义存在和发展的文化基因和精神力量的思想,关于中国道路、中国特色社会主义是从五千年中华文化的传承中走过来的思想,关于中国特色社会主义建设要善于从延续民族文化血脉中开拓前进的思想,关于社会主义核心价值观必须立足于中华优秀传统文化的思想,关于中华优秀传统文化当代价值"三个可以"的思想,以及关于中华优秀传统文化至今仍然具有世界文化重要意义的思想,等等,都是极富创见性的新思想,具有深刻的哲学意蕴,我们应当认真深入地学习、研究和把握。

马克思主义中国化是中国共产党人历史活动的主题。习近平同志关于弘扬中华优秀传统文化论述的重要意义乃是在理论与实践的结合上推进了马克思主义中国化的历史进程。具体说来,表现在以下几个方面。

其一,对马克思主义中国化文化内涵及其在推动中国社会文明发展重要作用的深刻揭示。众所周知,所谓马克思主义中国化就是马克思主义普遍原理同中国具体实际相结合。按照毛泽东的界定,这"中国具体实际"应包括中国历史和中国文化在内。这就是说,中国文化乃是马克思主义中国化科学内涵的题中应有之义。但是,我们看到,在很长历史时期里,我国思想理论界和宣传界都把"中国具体实际"只简单地理解或界定为近代中国社会历史发展中的政治和经济实际,而对"相结合"中的中国文化这一实际则有所忽视,这就势必会在推进马克思主义中国化的历史进程中产生某些偏差。从这一视角看,习近平同志关于继承和弘扬中华优秀传统文化的论述,其中特别是关于中华优秀传统文化是我们民族的根和魂的论述,关于中华优秀传统文化是中国社会发展和文明进步的文化基因和精神力量的论述,就深刻地揭示了马克思主义中国化的文化内涵,进一步深化了关于祖国悠久而深邃的优秀传统文化是实现马克思主义中国化的优良土壤和条件的固有结论和认识,为推进马克思主义中国化、实现中华民族伟大复兴的中国梦提供了坚实的思想文化根据。

其二,对建设中国特色社会主义与弘扬中华优秀传统文化关系的科学阐发。在习近平同志关于弘扬中华优秀传统文化的诸多重要讲话中,他以宽阔的视野、深邃的眼光多角度多方面地深刻论述了建设中国特色社会主义同继承和弘扬中华优秀传统文化之间内在的和本质的联系。他深刻地揭示了中国特色社会主义所具有的悠久而深厚的思想文化渊源,强调指出"中国特色社会主义植根于中华文化沃土、反映中国人民意愿、适应中国和时代发展和进步要求,有着深厚历史渊源和广泛现实基础";他科学地阐明了继承与发展的关系,提出了"从延续民族文化血脉中开拓前进"的重要论点,强调指出:"中华文明源远流长,孕育了中华民族的宝贵精神品格,培育了中国人民的崇高价值追求。自强不息、厚德载物的思想,支撑着中华民族生生不息、薪火相传,今天仍然是我们推进改革开放和社会主义现代化建设的强大精神力量";①他把中国特色社会主义发展道路同中国特色文化发展道路紧密联系起来,深刻指出:"独特的文化传统,独特的历史命运,独特的基本国情,注定了我们必然要走适合自己特点的发展道路",②"实现中国梦必须走中国道路,这就是中国特色社会主义道路。"这条道路来之不易,它是在改革开放 30 多年的伟大实践中走出来的,是在中华人民共和国成立 60 多年的持续探索中走出来的,是在对近代以来 170 多年中华民族发展历程的深刻总结中走出来的,具有深厚的历史渊源和现实基础。③

其三,对中华优秀传统文化当代价值的具体分析和全面概括。在习近平同志关于弘扬中华优秀传统文化的诸多重要讲话中,特别是在为纪念孔子诞辰 2565 周年所做的题为《从延续民族文化血脉中开拓前进,推进各种文明交流交融互学互鉴》的重要讲话中,他对中华优秀传统文化重要当代价值的具体内容做了深入分析和全面概括。他强调指出,"包括儒家思想在内的中国优秀传统文化中蕴藏着解决当代人类面临的难题的重要启示。比如,关于道法自然、天人合一的思想,关于天下为公、世界大同的思想,关于自强不息、厚德载物的思想,关于以民为本、安民富民乐民的思想,关于以政为德、政者正也的思想,关于苟日新日日新又日新、革故鼎新、与时俱进的思想,关于脚踏实地、实事求是的思想,关于经世致用、知行合一、躬行实践的思想,关于仁者爱人、以德立人的思想,关于以诚待人、讲信修睦的思想,关于清廉从政、勤勉奉公的思想,关于信约自守、力戒奢华的思想,关于中和、泰和、求同存异、和而不同、和谐相处的思想,关于安不忘危、存不忘亡、治不忘乱、居安思危的思想,等等。中华优秀传统文化的丰富的哲学思想、人文精神、教化思想、道德理念等,可以为人们认识和改造世界提供有益启迪,可以为治国理政提供有益启示,也可以为道德建设提供有益启发"。④ 习近平同志的这段

---

① 《习近平在会见第四届全国道德模范及提名奖获得者时强调:深入开展学习宣传道德模范活动为实现中国梦凝聚有力道德支撑》,《人民日报》2013 年 9 月 27 日。

② 《习近平在全国宣传思想工作会议上强调:胸怀大局把握大势着眼大事努力把宣传思想工作做得更好》,《人民日报》2013 年 8 月 21 日。

③ 《习近平在第十二届全国人民代表大会第一次会议上的讲话》,《人民日报》2013 年 3 月 18 日。

④ 《习近平在纪念孔子诞辰 2565 周年国际学术研讨会暨国际儒学联合会第五届会员大会开幕会上的讲话》,《人民日报》2014 年 9 月 25 日。

论述,言简意赅,思想深邃,是对中华优秀传统文化当代价值的具体而深刻的分析和全面而科学的概括。

习近平同志关于弘扬中华优秀传统文化与建设中国特色社会主义关系的重要论述,深化了马克思主义中国化文化内涵的科学认识,对进一步推进马克思主义中国化、实现中华民族伟大复兴的中国梦,有重要理论意义和实践意义。

二、弘扬中华优秀传统文化与批判"普世价值"

谈论和研究继承和弘扬中华优秀传统文化的前提或理论根据,就是要承认和尊重人类在文化传承和交往中存在着某些共同价值。然而,人类文明或文化的发展又是具体的和历史的。作为观念形态的文化不过是"一定社会的政治和经济在观念形态上的反映"。各个国家、各个民族发展的历史时代和历史阶段不同,其社会结构、阶级状况和社会制度不同,因而他们在价值观念、思维模式、道德情操、宗教情绪、民族性格、社会心理等诸多方面,都会有所不同,这就形成了人们思想文化上的差异性和多样性、历史性和具体性、社会性和阶级性。这样,我们在谈论和研究继承和弘扬中华优秀传统文化问题时,就需要深入研究和把握马克思主义文化观,马克思主义关于文化发展中共性个性关系的道理,与此相关,也必须深入研究和批判当今世界盛行的"普世价值论"思潮。我们在研究这些重要理论问题时,都可以从习近平同志关于弘扬中华优秀传统文化的论述中得到深刻启示。

马克思主义的世界观是辩证唯物主义和历史唯物主义,在价值观问题上坚持普遍性与特殊性即共性与个性的统一论,坚持具体问题具体分析,反对独断论和绝对论。马克思主义者认为,作为观念形态的文化乃是一定社会的政治和经济在观念形态上的反映,因而人们的价值观念具有意识形态性或阶级性,没有什么抽象的爱;但是,这绝不意味着否定人类在文化传承和交往中某些共同价值的存在。人类生活在同一个地球上或同一个社会环境中,他们在认识和处理人与人、人与社会、人与自然的关系中,不可避免地会遇到某些相同的或相似的问题,从而产生某些共同的需要,形成某种共同的价值关系、价值诉求和价值理念。人们的价值诉求和价值理念,有些属于社会意识形态的范畴,有些则不属于社会意识形态的范畴。因此,要承认和尊重社会领域中人们在文化传承和交往中共同价值的存在及其在人类文明发展中的重要作用,要善于从国家、社会即集体、个人三者的社会关系中去揭示和把握其共同的价值观。这也正是我们研究和把握价值观问题上所应坚持的科学的思想方法论。在这一问题上,我们可以从许多革命导师和领袖的论述中得到重要启示。比如,恩格斯在批判杜林所鼓吹的抽象道德和"永恒真理"观念时,就曾经说过这样一段意味深长的话:"如果我们看到,现代社会的三个阶级即封建贵族、资产阶级和无产阶级都各有自己的特殊的道德，那么我们由此只能得出这样的结论：人们自觉地或不自觉地，归根到底总是从他们阶级地位所依据的实际关系中——从他们进行生产和交换的经济关系中，获得自己的伦理观念。""但是，在上述三种道德论中还是有一些对所有这三者来说都是共同的东西——这不至今就是一成不变的道德的一部分吗？——这三种道德论代表同一历史发展的三个不同阶段，所以有共同的历史背景，正因为这样，就必然有许多共同之处。不仅如此，对同样的或差不多同样的经济发展阶段来说，道德论必然是或多或少地互相一致的。"①这就是说，我们在强调意识形态阶级性时，并不否定各不同阶级之间在思想文化上和道德观念上存在着某些一致性或共同性，并不否定某些共同价值观念的存在。中国共产党人在认识和处理价值观念的共性与个性关系问题上，也历来持上述马克思主义观点。毛泽东同志提出的关于从孔夫子到孙中山都要加以科学总结的论点，关于马克思主义思想文化要与中国民族的特点相结合的论点，关于坚持"百花齐放、百家争鸣"指导方针的论点，关于一切民族、一切国家的长处都要学习的论点，以及关于"古为今用、洋为中用"的论点，等等，都内含着古今中外在价值观念上具有共同性因而值得继承和弘扬的深刻道理。习近平同志在论述中华优秀传统文化的当代价值问题时曾深刻提出，"2000多年前，中国就出现了诸子百家的盛况，老子、孔子、墨子等思想家上究天文、下穷地理，广泛探讨人与人、人与社会、人与自然关系的真谛，提出了博大精深的思想体系。他们提出的很多理念，如孝悌忠信、礼义廉耻、仁者爱人、与人为善、天人合一、道法自然、自强不息等，至今仍然深深影响着中国人的生活。中国人看待世界、看待社会、看待人生，有自己独特的价值体系。中国人独特而悠久的精神世界，让中国人具有很强的民族自信心，也培育了以爱国主义为核心的民族精神。"②紧扣全部社会关系的主线，从深入分析人与人、人与社会、人与自然的关系中揭示中华优秀文化的当代价值，这是习近平同志研究和阐发中华优秀传统文化当代价值和世界意义的思想方法论，习近平同志关于继承和弘扬中华优秀传统文化的所有重要论点和论述都是围绕这一主线展开的，是运用这一科学思想方法论的结果。

承认和尊重人类社会在文化传承和交往中存在着某些共同价值，继承和弘扬中华优秀传统文化，这同在意识形态领域中批判"普世价值论"是不矛盾的。众所周知，"普世价值论"乃是一个特定的政治概念或政治理念，也是一种社会思潮。

---

① 《马克思恩格斯选集》第3卷，人民出版社1995年版，第434页。
② 《习近平在布鲁日欧洲学院的演讲》，《人民日报》2014年4月2日。

"普世价值论"不论作为一种政治理念,就其产生的历史背景、思想内涵和社会作用而言,还是作为一种社会思潮,就其泛起的时代背景、理论指向和现实作用而言,都是对西方资本主义社会"三权鼎立""两院制"和多党轮流执政等政治制度模式合理性、合法性和永恒性的价值判断和政治理念。应该说,对资本主义社会这种政治制度的合理性和永恒性问题,马克思主义和无产阶级政党及其领袖人物均持科学分析和批判态度。在我国社会主义现代化建设新时期,必须牢牢坚持社会主义发展方向和道路,坚持适合中国国情的发展道路和政治制度,反对照搬西方流行的政治理念和政治制度。我们看到,一个时期以来,在我国思想政治领域中,有些人假借改革开放之名,把"普世价值"这一特定政治概念泛化,把"三权鼎立"、多党轮流执政说成是适合任何社会的普遍真理,妄图使社会主义中国走向资本主义复辟的邪路。对"普世价值论"必须加以深入批判。党的十八大以来,党中央对意识形态领域中甚为流行的"普世价值论"予以旗帜鲜明的批判。在中央有关文件和习近平同志的许多重要讲话中,都对"普世价值论"做了明确而深入的批判。习近平同志强调指出,我们要充分发挥社会主义政治制度优越性,积极借鉴人类政治文明有益成果,但绝不照搬西方政治制度模式,不搞多党轮流执政,不搞"三权鼎立"和两院制。应该说,对"普世价值论"的研究和批判,高校开展得较早,态度十分鲜明,科研成果颇丰。有的高校还成立了专门研究机构,把包括"普世价值论"在内的社会思潮的研究设定为研究专题或学科建设研究方向。这是十分必要的。在我国改革开放和社会主义现代化建设新的历史时期,意识形态领域的斗争将长期尖锐存在,"普世价值论"也将会以不同形式不断泛起,对"普世价值论"的研究和批判必将是我国思想理论战线上的一项长期任务。

三、弘扬中华优秀传统文化与坚持马克思主义科学理论指导

中国是世界上具有五千年历史的著名文明古国。中华民族有着自己伟大的民族精神和优秀的民族文化传统。中华优秀传统文化对推动中国社会历史发展和人类文明进步发挥了重要作用,做出了重大贡献。中华优秀传统文化具有重要的当代价值。大力弘扬中华优秀传统文化,既是推进马克思主义中国化、发展中国特色社会主义、实现中华民族伟大复兴中国梦的内在需要,也是凝聚民族力量、推进对外文化交流、增强中华民族国际地位和发挥重要国际影响的时代需要。但是,应该指出,我们在强调对中华优秀传统文化的继承和弘扬的同时,亦应对中华优秀传统文化的科学性、历史作用和当代价值持科学分析的态度,对弘扬中华优秀传统文化同坚持马克思主义科学理论指导的关系要有一个明确的理论定位。对此,我们可以从习近平同志的相关论述中得到重要启示。

其一,对传统文化应持科学分析态度。习近平同志深刻指出,我们在强调继承和弘扬中华优秀传统文化的同时,亦应对传统文化作具体的历史的分析。"传统文化在其形成和发展过程中,不可避免会受到当时人们的认识水平、时代条件、社会制度的局限性的制约和影响,因而也不可避免会存在陈旧过时或已成为糟粕性的东西。这就要求人们在学习、研究、应用传统文化时坚持古为今用、推陈出新,结合新的实践和时代要求进行正确取舍,而不能一股脑儿都拿到今天来照套照用"。① 这就是说,对待传统文化要坚持科学分析态度,坚持历史唯物主义的批判精神和文化发展的辩证观。要警惕和反对在对待传统文化上的两种错误的极端倾向或社会思潮:一种是历史虚无主义或文化虚无主义,这是"西化论"的文化表现,其理论的核心内容是西方文化中心论,全盘否定中华优秀传统文化的科学内涵和当代价值;另一种是文化保守主义或复古主义,其特点是打着弘扬传统文化的旗帜鼓吹"儒学救国论",其理论的本质特征是"崇儒反马",把马列主义视为"异族文化","是一种个人理性构想出来的偏激的意识形态",提出"儒化中国""儒化社会""儒化共产党""立儒教为国教""以儒学取代马列主义"的政治主张。对这两种极端的社会思潮应加以深入研究,并予以旗帜鲜明的批判,廓清其中的基本理论是非。应该说,中华优秀传统文化所具有的科学内涵、历史作用和当代价值是毋庸置疑的;但是,正如习近平同志所深刻指出的,中国传统文化毕竟是特定历史时期和特定历史条件下的产物,其思想理论内容必然带有历史局限性,其历史作用也是有限的。单就中国古代优秀的传统哲学而言,虽然以其丰富而深刻的思想内容成为中华民族的一份珍贵文化遗产,也为世界思想文化宝库做出重要贡献,在国际上产生了巨大影响,但是,由于社会历史条件的限制,从总体上说,中国传统哲学尚不是一种科学的世界观和方法论。正因如此,也不可能用它来正确认识和解决近代中国尖锐复杂的社会矛盾。马克思主义哲学是科学的世界观和方法论,是世界无产阶级和广大劳动人民翻身求解放的伟大思想武器。也正因如此,近代以来中国人民通过长期的革命斗争实践和对当时在中国流行的各种社会思潮的反复比较,最终认识到只有马克思主义和社会主义才能救中国。这就是近代以来中国人民的文化选择。这也正如习近平同志所深刻指出的,中国特色社会主义是科学社会主义理论逻辑和近代中国社会发展历史逻辑辩证统一的产物或结果。中国社会历史发展向人们展示了这样一个道理,即在认识和把握历史与文化的关系问题上,我们应当把文化放到一定的历史条件下即一定的历史环境中去

---

① 《习近平在纪念孔子诞辰2565周年国际学术研讨会暨国际儒学联合会第五届会员大会开幕会上的讲话》,《人民日报》2014年9月25日。

考察,用历史去阐明文化,而不是相反,把历史归结为文化,用文化史观去说明历史。近代以来中国社会历史发展的实践也向人们清楚地表明,近代中国社会诸多尖锐复杂矛盾的解决,中华民族伟大复兴中国梦的实现,需要有马克思主义这一科学世界观和方法论的指导,而马克思主义这一科学世界观和方法论一经同包括中国历史和文化在内的中国具体实际相结合,中国的社会面貌就发生了翻天覆地的变化。我们可以从上述历史实践中得到一个重要的理论启示,就是要把马克思主义中国化的理论根据与文化渊源严格区分开来。在推进马克思主义中国化和构建社会主义和谐社会的历史进程中,大力弘扬中华优秀传统文化,深入研究和揭示思想文化上的传承关系,这同坚持马克思主义科学世界观和方法论的指导,既相互联系又相互区别。弘扬中华优秀传统文化是推进马克思主义中国化的内在需要,是为了丰富和发展马克思主义,而不是用民族传统文化去取代马克思主义,不是倡导"儒学救国论"。

其二,要进一步深刻认清和把握中国共产党同中华优秀传统文化的联系或关系。关于中国共产党同中国传统文化的关系问题,长期以来在国际和国内、在政界和学界都有很多不同议论,很多人都把中国共产党所坚持的马克思主义理论指导同中国传统文化对立起来,把中、西、马视为三种对立的基本理论形态。这是对中国共产党同中国传统文化关系的重大误解。继承性是文化发展的一个重要规律,任何一个国家或民族的文化在其发展过程中,都既要维护自己的民族传统,保持自身文化的特色,又需要借鉴外来文化以发展壮大自己。马克思主义作为一种思想文化,其产生和发展也必然遵从继承性规律。列宁指出:"马克思主义这一革命无产阶级的思想体系赢得了世界历史性的意义,是因为它并没有抛弃资产阶级时代最宝贵的成就,相反却吸收和改造了两千多年来人类思想和文化发展中一切有价值的东西。"[1]毛泽东也指出,"学习我们的历史遗产,用马克思主义的方法给以批判的总结,是我们学习的另一个任务。我们这个民族有数千年的历史,有它的特点,有它的许多珍贵品。对于这些,我们还是小学生。今天的中国是历史的中国的一个发展;我们是马克思主义的历史主义者,我们不应当割断历史。从孔夫子到孙中山,我们应当给以总结,承继这一份珍贵的遗产。"[2]关于中国共产党同中国传统文化的联系或关系问题,习近平同志强调指出,中国共产党自成立之日起,就既是中华优秀传统文化的忠实传承者和弘扬者,又是中华先进文化的积极倡导者和发展者。这是对中国共产党同中国传统文化内在的和本质的联系或

---

① 《列宁选集》第4卷,北京人民出版社1995年版,第229页。
② 《毛泽东选集》第2卷,北京人民出版社1991年版,第533-534页。

关系的科学概括和总结。应该说,中国共产党对中华优秀传统文化的继承、弘扬、倡导和发展表现在诸多方面,比如,关于古为今用、推陈出新文艺方针的制定,关于民族的大众的新文化的构建,关于道德修养的倡导,关于辩证思维方式的运用,等等。但是,我觉得更为主要的是表现在党的创始人毛泽东本人和马克思主义中国化第一个伟大理论成果即毛泽东思想本身,不论就其基本的理论内容而言,还是就其丰富而深刻的思想文化内涵而言,抑或就其独特的思维方式和语言表述形式而言,都深刻地表现了毛泽东和毛泽东思想对中华优秀传统文化的继承、弘扬、发展和创新,清晰地体现了毛泽东思想既是我们党领导的关于中国革命和建设历史经验的理论总结,也是马克思主义普遍真理同包括中国历史和文化在内的中国具体实际紧密结合的产物,是对中华优秀传统文化的发展和创新。就拿毛泽东哲学思想同中国古代传统哲学的关系来说,我们看到,毛泽东以马克思主义哲学为指导,总结和弘扬了中国传统哲学中关于知行关系的学说,提出并系统形成科学的认识论理论;毛泽东把马克思主义哲学基本原理同中华优秀传统文化中的"务实"传统和"经世实学"精神紧密结合起来,将其升华和发展为党的思想路线、工作方法、领导方法和思想方法;毛泽东还运用中国文化典籍中的某些言简意赅的词语和丰富的思想资料,加以引申、发挥和改造,用以表述马克思主义哲学的某些重要原理和原则,引证中国古代许多著名哲学家、思想家的警句、名言,以及散见于文学、历史等著作中的成语、典故,流传于民间的谚语、寓言、故事等等,来阐明马克思主义哲学的某些深刻道理,从而既丰富和充实了马克思主义哲学的内容,也使马克思主义哲学这一科学世界观和方法论更具民族化和通俗化。上述情况表明,毛泽东同志是中国共产党继承、弘扬、发展和创新中华优秀传统文化的杰出代表,毛泽东思想是具有显著中国民族风格和气派的中国化的马克思主义。刘少奇同志在党的七大讲话中曾指出,"毛泽东思想是中国民族智慧的最高表现和理论上的最高概括","是马克思主义民族化的优秀典型"。这个论断是正确的和深刻的。当然,亦应指出,伴随着我们党领导和推进的马克思主义中国化历史进程的深入发展,马克思主义普遍原理同中华优秀传统文化的结合不论在理论上还是在实践上都将愈益深化和紧密。在我国社会主义现代化建设新时期新阶段,习近平同志关于弘扬中华优秀传统文化许多重要论断的提出,弘扬中华优秀传统文化与培育和践行社会主义核心价值观的紧密结合,必将创造中华文化新的辉煌。

其三,要努力实现传统文化的创造性转化和创新性发展。按照马克思主义的观点,人的本质在其现实性上乃是一切社会关系的总和,作为观念形态的文化在本质上不过是一定社会的政治和经济的反映,反过来又为一定社会的政治和经济服务。习近平同志提出的要"努力实现传统文化的创造性转化、创新性发展"的重要论点,①正是依据马克思主义关于社会文化的本质及其发展规律的原理而提出的党对继承和弘扬中华优秀传统文化的根本的指导方针。这就是说,要按照时代的特点和要求,要适应社会主义社会政治、经济发展的变化和需要,对中华优秀传统文化的内涵加以补充、拓展和完善,赋予其新的时代内涵和现代表达形式,使中华优秀传统文化与现实文化相融相通,共同服务于建设中国特色社会主义和实现中华民族伟大复兴的历史任务。这也就是说,在我国社会主义现代化建设取得举世瞩目伟大成就的今天,在我们党大力倡导弘扬中华优秀传统文化的历史条件下,中华优秀传统文化本身还面临着一个如何适应我国社会主义现代化建设的需要问题,存在着一个如何推进中国传统文化的现代化问题。我们看到,一个较长时期以来,我国思想文化界和理论界曾认真开展了关于中国传统文化的当代性及其同马克思主义思想文化关系的研究,并取得了许多重要成果。比如,关于对待中国古代传统哲学应坚持"综合创新论"指导思想的提出,关于对中国传统哲学中知行观和体用范畴的深入研究和总结,关于中国传统实学与马克思主义哲学对接点的分析概括和构建新实学倡导的提出,关于中国伦理精神的现代构建的研究和设计,关于中国传统哲学的当代价值及其在实践中的拓展和应用的研究,等等,都充分表现了我国思想理论工作者对继承和弘扬中华优秀文化传统的历史责任感和作出的重要贡献。但是,亦应看到,长期以来在我国思想文化领域中也存在着某些把马克思主义中国化的研究同弘扬中华优秀传统文化的研究相割裂的倾向。某些研究马克思主义中国化的学者,常常忽略马克思主义中国化的文化内涵,忽略马克思主义普遍真理与中华优秀传统文化结合的重要性和必要性,忽略对中华优秀传统文化重要当代价值的研究;某些研究中国传统文化的学者,对中国传统文化的科学性、历史作用和当代价值缺乏总体性客观分析和估量,对马克思主义作为先进文化在实现中华民族伟大复兴中的指导思想地位认识不足,对中国传统文化需要适应我国社会主义现代化建设实践的要求加以改革、改造、完善、提升的重要性和必要性认识不足。这种割裂倾向应加以克服和改进,应大力倡导和推进马克思主义中国化同中华优秀传统文化现代化的紧密结合,把继承和弘扬中华优秀传统文化同坚持马克思主义科学理论的指导紧密结合起来,使中华优秀传统文化活起来,发扬光大,使马克思主义在中国更加民族化,更好地发挥其指导作用。

---

① 《习近平在纪念孔子诞辰 2565 周年国际学术研讨会暨国际儒学联合会第五届会员大会开幕会上的讲话》,《人民日报》2014 年 9 月 25 日。

四、弘扬中华优秀传统文化与加强中华优秀传统文化教育

习近平同志深刻指出,中华优秀传统文化积淀着中华民族最深沉的精神追求,包含着中华民族最根本的精神基因,代表着中华民族独特的精神标识,是中华民族生生不息、发展壮大的丰富滋养。中国特色社会主义的发展和中华民族伟大复兴中国梦的实现,需要继承中华民族的精神基因,从延续民族文化血脉中开拓前进,因而需要对广大人民群众、特别是青少年学生加强中华优秀传统文化的教育,以便发挥中华优秀传统文化"文以育人、文以化人"的教化功能,提高其思想文化素质,培育和践行社会主义核心价值观,能应对实际生活和工作中可能遇到的各种困难和挑战。

加强中华优秀传统文化教育,需要对中华文化中的思想精华做出梳理和总结,需要建设中华优秀文化传承体系,对加强中华优秀传统文化的宣传和教育做出科学的顶层设计和制度安排。我们看到,为深入学习和贯彻习近平同志关于继承和弘扬中华优秀传统文化一系列重要指示精神,中共中央办公厅于2013年12月曾印发《关于培育和践行社会主义核心价值体系的意见》;国家教育部于2014年4月颁发了《完善中华优秀传统文化教育指导纲要》。这两份文件,对加强中华优秀传统文化教育的重要性和紧迫性做了全面论述和分析,对加强中华优秀传统文化教育的指导思想、基本原则和主要内容做出明确的规定和阐发,对大中小学不同学历阶段关于中华优秀传统文化教育的重点做了明确的区分和界定,对与加强中华优秀传统文化教育直接相关的师资队伍建设、政策和相关条件的支撑等问题,都做了具体规定和说明。作为一名长期从事高校思想政治理论教育和马克思主义中国化教学与研究的老的理论教育和管理工作者,我对党中央和相关职能部门在弘扬中华优秀传统文化和加强中华优秀传统文化教育工作上做出的部署感到十分欣慰和振奋。当然,我也深知,从加强中华优秀传统文化教育政策的制定到真正在实践上得到贯彻落实,需要经历一个历史过程,还会遇到某些深层次认识问题和实践问题。据我所知,大约在20年前,为加强对高校大学生进行中华优秀传统文化教育,原国家教委高教司曾委托张岱年、方克立两位教授主编并出版《中国文化概论》一书,作为高校公用教材。其后,为适应高校马克思主义哲学公共课教学须增强中国传统哲学相关内容的需要,教育部社科司曾委托方克立教授主编并出版《中国哲学与辩证唯物主义》一书,作为高校公共政治课马克思主义哲学的参考用书。应该说,这些设想和相关举措是正确的,但在实际工作中并未得到切实贯彻。这里的历史经验就值得认真总结。

加强中华优秀传统文化教育,需要进一步厘清一些相关的政策界限和认识界

限。比如,关于传统文化教育与政治理论教育的关系问题。这是两种既相互联系又相互区别的教育,在教学内容和教育功能与作用上是有区别的。当前,我们在强调增强对青年学生进行中华优秀传统文化教育时,不能混淆这两种教育的界限,不能把高校马克思主义理论课改变为中华传统文化课,不能削弱高校马克思主义理论课的思想政治教育功能。又如,关于马克思主义理论课自身的教学内容与弘扬中华优秀传统文化的关系问题。这是一个值得深入研究和改进的重要理论问题和认识问题。从总体情况看,在高校马克思主义理论课教学中,有关中华优秀传统文化的内容偏少,马克思主义中国化的文化内涵谈得不够,与政治理论教育直接相关的中华优秀传统文化的内容阐发得不多。这就需要我国高校思想政治理论教育工作者下大功夫,在学科建设上做出调整和努力。

(原载于《思想理论教育导刊》2014 年第 12 期)

中华优秀传统文化与社会主义核心价值观的内在联系[*]

——学习习近平总书记系列重要讲话精神

肖贵清

党的十八大以来,习近平总书记围绕培育和弘扬社会主义核心价值观,深刻阐述了中华优秀传统文化与社会主义核心价值观的内在联系,这主要体现在2014年2月24日中央政治局第十三次集体学习时的讲话、2014年5月4日北京大学师生座谈会上的讲话、2014年9月24日纪念孔子诞辰2565周年国际学术研讨会上的讲话等一系列重要讲话中,他强调,培育和弘扬社会主义核心价值观必须立足中华优秀传统文化,多次使用了"涵养""滋养""营养"三个关键词,对于我们深入分析和科学把握二者之间的关系,具有十分重要的意义。

一、培育和弘扬社会主义核心价值观必须立足中华优秀传统文化

中华民族在五千多年悠久文明的历史上,在改造自然和改造社会的过程中,创造了博大精深的中华优秀传统文化,哺育了一代又一代中华儿女。在这一过程中,形成了具有自己民族特色的价值体系和价值观。从某种意义上来讲,中华优秀传统文化既是我们这个民族价值观的内在根基,也是我们这个民族价值观的外在表现。因为"中华优秀传统文化已经成为中华民族的基因,植根在中国人内心,潜移默化影响着中国人的思想方式和行为方式。"①

习近平强调,培育和弘扬社会主义核心价值观必须立足中华优秀传统文化。

---

* 作者简介:肖贵清,清华大学马克思主义学院副院长、教授、博士生导师。

本文是2014年度国家社科基金重大项目"习近平总书记系列重要讲话的理论创新研究"(14&ZDA002)的阶段性研究成果。

① 习近平:《青年要自觉践行社会主义核心价值观》,《人民日报》2014年5月5日。

培育和弘扬社会主义核心价值观要与中华民族优秀传统文化,即与中华民族的传统价值观、中华传统美德相结合。"牢固的核心价值观,都有其固有的根本。抛弃传统、丢掉根本,就等于割断了自己的精神命脉。博大精深的中华优秀传统文化是我们在世界文化激荡中站稳脚跟的根基。"①关于中华优秀传统文化,习近平提出,这是中华民族的"精神命脉"、是中华民族的"文化根基",这里强调的是中华民族的发展和进步与中华优秀传统文化的关系。"优秀传统文化是一个国家、一个民族传承和发展的根本,如果丢掉了,就割断了精神命脉。"②

应当指出,他在这里所说的中华优秀传统文化不是我们一般意义上所说的传统文化,是指在中华民族五千年历史上传承下来的,而且对于当代中国的改革开放和现代化建设仍然具有生命力和重要影响的优秀思想文化,并不包括封建糟粕。任何一个民族和国家,不论是在实现社会变革还是在实现现代化的过程中,都要受到本民族和本国文化传统的影响,而且这一精神命脉、文化根基是其发展的文化基础,尽管随着时光的流逝和岁月的冲刷也会使其改头换面,失去一些形式上和内容上的东西,但是其精神内核和文化基因不会轻易随之改变。"不忘本来才能开辟未来,善于继承才能更好创新。对历史文化特别是先人传承下来的价值理念和道德规范,要坚持古为今用、推陈出新,有鉴别地加以对待,有扬弃地予以继承,努力用中华民族创造的一切精神财富来以文化人、以文育人。"③这里提出了一个如何对待传统文化的问题? 毛泽东曾经指出:"今天的中国是历史的中国的一个发展;我们是马克思主义的历史主义者,我们不应当隔断历史。从孔夫子到孙中山,我们应当给予总结,承继这一份珍贵的遗产。"④结合培育和弘扬社会主义核心价值观,习近平多次强调,我国传统思想文化根源在社会生活本身,是人们思想观念、风俗习惯、生活方式、情感样式的集中表达。中国古代的思想文化对今人仍然具有很深刻的影响。在继承过程中,"我们要对传统文化进行科学分析,对有益的东西、好的东西予以继承和发扬,对负面的、不好的东西加以抵御和克服,取其精华、去其糟粕,而不能采取全盘接受或者全盘抛弃的绝对主义态

---

① 习近平:《把培育和弘扬社会主义核心价值观作为凝魂聚气强基固本的基础工程》,《人民日报》2014 年 2 月 26 日。

② 习近平:《在纪念孔子诞辰 2565 周年国际学术研讨会暨国际儒学联合会第五届会员大会开幕会上的讲话》,《人民日报》2014 年 10 月 14 日。

③ 习近平:《把培育和弘扬社会主义核心价值观作为凝魂聚气强基固本的基础工程》,《人民日报》2014 年 2 月 26 日。

④ 《毛泽东选集》第 2 卷,人民出版社 1991 年版,第 534 页。

度。"①我们应该认真研究历史经验,也应该认真研究哪些是应该继承的,哪些是应该扬弃的。

从中国近现代史历史来看,中国共产党在领导革命、建设和改革的不同历史阶段,对于中国传统文化,"破"的方面比较彻底,而"立"的方面则显得不足。这也符合特殊历史阶段的主要矛盾和社会变革主要任务的变化。从传统价值观的继承来说,我们对"三纲"的批判是彻底的,也是正确的,而对于"五常"中几千年来已经植根于广大人民群众内心的正确的思想内容则继承不够,历史证明,不能把这些东西统统称之为封建礼教,应该吸收和继承其中合理的成分,当然要努力实现"创造性转化"和"创新性发展"。从某种意义上来说,旧的东西、旧的价值观打碎了,新的价值观构建和形成却并非易事,而且我们曾经一度过分强调了价值观的时代性,而忽视了其继承性以及对广大人民群众的深刻影响。而新的价值观的建构,又忽略了广大人民群众的接受和认同,与现实的社会实际较远,脱离了人民群众的生活,很难深入到其内心,也就不可能规范其行为。产生这些问题的原因固然与中国近现代的社会变革有关,但是价值观的培育,无论如何都不能脱离人民群众的实际需要和现实生活,更不能出现理论和实践脱节的情况。价值观不是空洞的口号和摆设,尤其是核心价值观是一个国家和民族提倡什么、向哪里发展的方向,也是规范人们行为的基本准则。

习近平特别强调指出:"一个民族、一个国家的核心价值观必须同这个民族、这个国家的历史文化相契合,同这个民族、这个国家的人民正在进行的奋斗相结合,同这个民族、这个国家需要解决的时代问题相适应。世界上没有两片完全相同的树叶。一个民族、一个国家,必须知道自己是谁,是从哪里来的,要到哪里去,想明白了、想对了,就要坚定不移朝着目标前进。"②社会主义核心价值观的培育和弘扬不可能完全另起炉灶,也不是平地盖高楼,不能割断中华民族的精神血脉和文化根基,必须与中华优秀传统文化相衔接。

二、"涵养""滋养""营养"三个关键词深刻说明了中华优秀传统文化与社会主义核心价值观的内在联系

在论述中华优秀传统文化与社会主义核心价值观的关系时,习近平使用了"涵养""滋养""营养"三个内涵相近却又各有侧重的关键词,十分清楚地表达了

---

① 习近平:《牢记历史经验历史教训历史警示为国家治理能力现代化提供有益借鉴》,《人民日报》2014年10月14日。

② 习近平:《青年要自觉践行社会主义核心价值观》,《人民日报》2014年5月5日。

二者之间的关系,即中华优秀传统文化涵养了社会主义核心价值观,中华优秀传统文化为社会主义核心价值观提供了丰厚的滋养,培育和弘扬社会主义核心价值观要吸收中华优秀传统文化的营养。

1. 弘扬中华优秀传统文化,使其成为涵养社会主义核心价值观的文化沃土。"涵养"的本意是"蓄积并保持",强调的是从根本上、源头上对事物给予持续久远的滋润和养育。中华文明五千年的历史积淀了深厚的文化沃土,蕴含了博大精深、独具特色的文化资源,构成了我们在世界文化激荡中站稳脚跟的根基,提供了培育社会主义核心价值观的源头活水。

弘扬以爱国主义为核心的民族精神和以改革创新为核心的时代精神。家国一体同构、彼此相依相存的观念在中华文明五千年的进程中得到普遍的心理认同和文化认同。国家,对于社会个体而言,既是其生存繁衍的地域和资源,更是其共同的精神家园。"人有恒言,皆曰:'天下国家'。天下之本在国,国之本在家。"① 爱其家而爱其国,天下兴亡,匹夫有责,天降大任、舍我其谁的责任和使命;忠心报国、舍生取义的担当和无畏;心怀天下、情系苍生的情怀和践行。爱国主义的价值理念早已经深刻地渗透在我们的文化血脉,成为中华民族核心价值观的重要组成部分。"富有之谓大业,日新之谓盛德。"②中华优秀传统文化具有传承性与创新性的双重特征。"一阖一辟谓之变,往来不穷谓之通。"③面对天地万物,"上下无常,刚柔相易",所以"不可为典要,唯变所适。"④不能拘泥守旧、墨守成规;面对社会潮流,"天地革而四时成,汤武革命,顺乎天而应乎人。""君子以治历明时。"⑤通过不断创新和变革,实现穷则变,变则通,通则久。

挖掘和阐发中华优秀传统文化讲仁爱、重民本、守诚信、崇正义、尚和合、求大同的时代价值。孔子倡导"仁者爱人",博施于民而能济众。孟子指出,"天时不如地利,地利不如人和,""得道者多助,失道者寡助。"⑥强调"民为贵,社稷次之,君为轻。"⑦施仁政、行王道,大道之行,天下为公,"人不独亲其亲,不独子其子,使老有所终,壮有所用,幼有所长。"⑧和而不同,协和万邦,"首出庶物,万国咸宁。"⑨

① 《孟子·离娄上》。
② 《易经·系辞上》。
③ 《易经·系辞上》。
④ 《易经·系辞下》。
⑤ 《易经·革卦》。
⑥ 《孟子·公孙丑下》。
⑦ 《孟子·尽心下》。
⑧ 《礼记·礼运》。
⑨ 《易经·乾卦》。

追求天人合一,社会和谐,天下大同。

中华优秀传统文化强调国家、社会、公民的价值要求融为一体。《大学》开宗明义,"大学之道,在明明德,在亲民,在止于至善。"沿着格物致知、正心诚意的道路,修身齐家治国平天下,包含了个人、社会、国家三个层面的要求。社会主义核心价值观 12 个词、24 个字,明确指出国家层面、社会层面和公民个人层面的价值要求,既继承和汲取了中华优秀传统文化的养分,又体现了社会主义的本质要求,并具有鲜明的现实性和时代特点。

2. 中华传统美德是滋养社会主义核心价值观的重要思想道德资源。"滋养"的本意是"供给养分、补养"。弘扬社会主义核心价值观,不仅不能隔断与中华传统美德的历史关联,而且应该从中汲取更多的精神滋养。"中华传统美德是中华文化精髓,蕴含着丰富的思想道德资源。"[1]包含着仁爱孝悌、谦和好礼、以和为贵、君子喻义、见利思义、诚实守信、知恩图报、安贫乐道、勤俭廉政、克己奉公、修己慎独、笃实宽厚、勇毅力行等丰富的思想内容。

中国传统美德具有鲜明的特色,表现在两个方面,一方面,既强调社会成员应该追求的价值目标和人生理想,同时又注重人性的自觉和道德践行的自觉;另一方面,注重个人品德的笃行、家庭美德的修为,更突出强调社会公德的推行和光大。

中华优秀传统文化在追求"至善"的道德理想过程中,强调"为仁由己,而由人乎哉"[2]、"我欲仁,斯仁至矣"[3]的道德自律。强调道德的践行从个体开始、从对待身边的人开始、从小事做起。践行的起点是尊老事亲、家庭和睦。"孝悌也者,其为仁之本欤""君子务本,本立而道生。"[4]善待父母、善待兄弟、善待亲人,由近及远、推己及人,把家庭的价值原则推而广之,"老吾老,以及人之老;幼吾幼,以及人之幼。天下可运于掌。"[5]在道德践行的过程中,主张克己自省、忠恕友善、诚实守信、以和为贵、道法自然,做到"己所不欲,勿施于人"[6],进一步实现"己欲立而立人,己欲达而达人。能近取譬,可谓仁之方也已。"[7]强调,以义统利、义利兼顾、

---

① 习近平:《把培育和弘扬社会主义核心价值观作为凝魂聚气强基固本的基础工程》,《人民日报》2014 年 2 月 26 日。

② 《论语·颜渊》。

③ 《论语·述而》。

④ 《论语·学而》。

⑤ 《孟子·梁惠王上》。

⑥ 《论语·卫灵公》。

⑦ 《论语·雍也》。

见利思义,在道义和生命发生冲突时,主张"志士仁人,无求生以害仁,有杀身以成仁。"①最终实现人与人、人与社会、人与自然三个维度的和谐与协同。中华优秀传统文化不仅以其丰富的精神资源滋养着一代又一代中华儿女,成为中华民族丰富的文化宝库,而且以其践行性、可为性,打通了实现道德理想的路径,提供了滋养中国人道德实践的方法论。

3. 培育和弘扬社会主义核心价值观,必须汲取中华优秀传统文化的丰富营养。"营养"的本意是指"有机体吸收养料维持生命活动的作用。"任何营养物质只有通过生命有机体的吸收和转化才能成为其存续的有效动力,强调生命体的主动性和生命力。价值观是现实性和历史性的统一、主体性和客观性的统一。在中华民族漫长的历史长河中形成的价值理念具有自身的延续性和稳定性,也不可避免有其时代性和局限性。只有站在马克思主义的立场、立足当代中国实际,运用历史唯物主义的方法,继承和发扬传统文化的优秀成果,不断赋予其新的时代内涵,转化新的表现形态,实现其创造性转化,使之成为涵养、滋养社会主义核心价值观丰厚的思想文化资源。

应该看到,中国传统士人的家国情怀、忠君报国,代代相传,造就了一代又一代中华民族的脊梁,推动了社会的前行。但封建士大夫所忠于的国家,往往是君主一家一姓的王朝,维护的是君权至上的封建专制制度;"民惟邦本""民贵君轻""保民爱民"的观念,在促进社会稳定和推动历史进步方面具有积极意义,但是基于君权至上、强调君主对百姓的统治,目的是治民、牧民,而且缺乏制度的保证也往往流于理论;传统的孝悌为本、仁者爱人的理念,在维护家庭、社会关系中起到重要的作用,对于社会的有序和稳定功不可没。但毕竟是以血缘亲疏、阶级等差为基础,而且其中许多具体做法和认识,不免迂腐而不合时宜。对于大同小康、社会和谐的追求,同样由于缺乏相应的经济基础和制度保障,不过是人们的社会理想和价值诉求。

培育和弘扬社会主义核心价值观,实现中华民族伟大复兴,需要研究中华优秀传统文化的历史渊源、发展脉络、基本走势,探究其中蕴含的价值理念、鲜明特色,并根据时代提出的新课题,经权有度、述而作之、借鉴吸收,以马克思主义为指导,吸收其精华,剔除其糟粕,结合当代中国改革开放和社会主义现代化建设的实践,赋予其新的时代内涵,使其与建设和发展中国特色社会主义的实践相符合,与中国特色社会主义先进文化相融相通。既符合中国人的伦理道德、审美情趣,为中国人喜闻乐见,又符合世界发展的趋势和潮流,按照新的时代特点和要求,对那

---

① 《论语·卫灵公》。

些至今仍有生命力的内容、具有借鉴价值的内涵及其表现形式加以改造,使其焕发出新的生机,真正实现其创造性转化和创新性发展,使之成为中华优秀文化传统,进一步增强文化自信和民族自豪感。将中华民族独具特色、源远流长的优秀传统文化发扬光大、薪火相传。

中华优秀传统文化从根本上、源头上,持续长久、源源不断地涵养社会主义核心价值观,中华传统美德是滋养社会主义核心价值观的重要道德资源和精神补养,培育和弘扬社会主义核心价值观还必须在汲取丰富营养的过程实现其创造性转化。"涵养""滋养""营养"内涵相近却有细微差别,"涵养"强调的是长久、持续、根本,"滋养"强调的是补养、补给,"营养"注重汲取、转化。三个关键词构成了辩证统一的关系,深刻地揭示了中华优秀传统文化与社会主义核心价值观的内在联系。既强调中华优秀传统文化是社会主义核心价值观的文化渊源,又重视培育和弘扬社会主义核心价值观的过程中,汲取中华优秀传统文化的营养,实现中华优秀传统文化的创造性转化和创新性发展,落脚到培育和弘扬社会主义核心价值观的实践上来。

三、厘清关于社会主义核心价值观的几个理论问题

习近平总书记指出:"我们提出的社会主义核心价值观,把涉及国家、社会、公民的价值要求融为一体,既体现了社会主义本质要求,继承了中华优秀传统文化,也吸收了世界文明有益成果,体现了时代精神。"[1]这就清楚地表达了社会主义核心价值观与马克思主义、中华优秀传统文化以及人类文明发展成果之间的关系。

1. 核心价值观体现了社会主义的本质要求。一种社会制度与另一种社会制度的本质区别,不仅仅体现在生产力和生产关系等方面,也突出体现在不同社会制度所彰显的价值观。社会主义核心价值观是社会主义核心价值体系的"价值内核"和精髓,体现了社会主义的本质要求,在国家、社会、个人三个层面,其基本内容鲜明体现着中国特色社会主义制度的价值取向。

富强、民主、文明、和谐是国家层面的价值目标,也是改革开放以来中国共产党孜孜以求的现代化发展目标。1982 年党的十二大提出:"把我国建设成为高度文明、高度民主的社会主义国家";[2]1987 年党的十三大提出"为把我国建设成为富强、民主、文明的社会主义现代化国家而奋斗"[3];2007 年党的十七大提出"建设

---

① 习近平:《青年要自觉践行社会主义核心价值观》,《人民日报》2014 年 5 月 5 日。
② 《十二大以来重要文献选编》上,中央文献出版社 2011 年版,第 11 页。
③ 《十三大以来重要文献选编》上,中央文献出版社 2011 年版,第 13 页。

富强民主文明和谐的社会主义现代化国家"①;2012 年党的十八大又增加了生态文明建设方面的内容,也就是到新中国成立 100 周年时,把中国建设成为经济发展、政治民主、文化繁荣、社会和谐、生态良好的社会主义现代化国家。中国特色社会主义是全面发展、全面进步的社会,既需要不断完善经济、政治、文化、社会和生态文明等各方面的制度,也需要不断探索社会主义在价值层面的本质规定性。

自由、平等、公正、法治是社会层面的价值取向。关于社会主义核心价值观社会层面的价值取向,目前有一些不同理解,这是学术层面的探讨。不能认为这是把资本主义的普世价值机械照搬进来。首先,自由、平等、公正、法治属于人类文明的共同成果,不是资本主义的专利,中国共产党人曾经为此进行了艰辛探索。其次,从人类文明成果的继承来看,社会主义不是沙滩上盖高楼,也需要继承人类文明的积极成果。培育和弘扬社会主义核心价值观,我们需要继承中华优秀传统文化,或者说继承传统价值观,也应当继承自由、平等、公正、法治这一资产阶级在反对封建专制过程中提出的,但是属于人类文明的共同成果。"对历史文化特别是先人传承下来的价值理念和道德规范,要坚持古为今用、推陈出新,有鉴别地加以对待,有扬弃地予以继承,努力用中华民族创造的一切精神财富来以文化人、以文育人。"②对自由、平等、公正、法治的内涵,更应该结合时代特点,进行马克思主义的解读。既不要标签化,也不要机械拿来,以免误入普世价值的话语陷阱。

爱国、敬业、诚信、友善,是个人层面的价值准则。集中体现了社会主义公民道德的基本规范和要求,是新形势下对公民道德和价值理念的新发展。它覆盖了人们日常生活的各个领域,是公民应当恪守的基本道德准则,也是评价公民道德行为的基本价值标准。

2. 核心价值观是当代中国文化软实力的灵魂。习近平指出:"中华优秀传统文化是中华民族的突出优势,是我们最深厚的文化软实力。"③2014 年 2 月 24 日在中共中央政治局第十三次集体学习时的讲话中又指出:"核心价值观是文化软实力的灵魂、文化软实力建设的重点。这是决定文化性质和方向的最深层次要素。一个国家的文化软实力,从根本上说,取决于其核心价值观的生命力、凝聚

---

① 《十七大以来重要文献选编》上,中央文献出版社 2011 年版,第 9 页。
② 习近平:《把培育和弘扬社会主义核心价值观作为凝魂聚气强基固本的基础工程》,《人民日报》2014 年 2 月 26 日。
③ 习近平:《胸怀大局把握大势着眼大事努力把宣传思想工作做得更好》,《人民日报》2013 年 8 月 21 日。

力、感召力。"①关于这一问题,也有学者指出,中国的传统文化是其"软实力"的主要资源,但当代中国仍需要充实并完善有自己特色的政治意识形态价值和感召力,来平衡西方社会的以"自由民主"为核心的价值体系。"没有现代的核心价值体系,中国对内的凝聚力势必受到影响,对外则很难占领所谓"道德制高点。没有一个富有竞争性的政治价值体系,在国际上很难得到真正的尊重。其他国家只是根据他们是否可以在经济、安全和外交上得到好处来决定他们的对华政策,而不是出于他们对中国政治价值的认同。"②关于这一问题,习近平做了很深刻的阐述,我们要全面认识这一问题。中华优秀传统文化是我们最深厚的软实力源泉,但是,社会主义核心价值观是当代中国文化软实力的灵魂和建设的重点,这两者不能偏废,不能只强调一个方面而否定另一方面,只有注意到二者的辩证统一,核心价值观的培育和弘扬才不至于走偏。

培育和弘扬社会主义核心价值观,必须处理好马克思主义与中华优秀传统文化的关系。中华优秀传统文化是中华民族的"根"和"魂",积淀着中华民族最深沉的精神追求,包含着中华民族最根本的文化基因,代表着中华民族独特的精神标示。我们这样讲并不是否定马克思主义的指导地位,也并非是用中华优秀传统文化替代马克思主义,中华优秀传统文化与马克思主义并非一种相互替代的关系。马克思主义是中国共产党的指导思想,而且这一条也写进了宪法,这是必须坚持而不能动摇的。中华优秀传统文化是涵养社会主义核心价值观的重要源泉,这样讲不是否定马克思主义在意识形态领域的指导地位。

关于学习掌握马克思主义理论,习近平2010年3月1日在中共中央党校春季学期开学典礼上的讲话中,特别强调从七个方面学习和掌握马克思主义的基本观点。他认为,马克思主义观点是马克思主义关于自然、社会和人类思维规律的科学认识,是对自然界规律和人类社会实践经验的科学总结,体现在马克思主义哲学、政治经济学和科学社会主义这三个组成部分之中,涵盖面非常广泛。比如,关于世界观、人生观、价值观的基本观点;关于辩证唯物主义和历史唯物主义的基本观点;关于社会形态和社会基本矛盾运动规律的基本观点;关于社会主义必然代替资本主义的基本观点;关于社会主义革命和无产阶级专政的基本观点;关于无产阶级政党的基本观点;关于社会主义本质和社会主义建设的基本观点,等等。③

---

① 习近平:《把培育和弘扬社会主义核心价值观作为凝魂聚气强基固本的基础工程》,《人民日报》2014年2月26日。

② 裴敏欣:《"软硬失衡"影响国力"软实力"也是强国之本》,《环球时报》2004年4月16日。

③ 习近平:《深入学习中国特色社会主义理论体系努力掌握马克思主义立场观点方法》,《人民日报》2010年3月2日。

2013 年 1 月 5 日,习近平在新进中央委员会的委员、候补委员学习贯彻党的十八大精神研讨班开班式上的讲话中指出:"中国特色社会主义是社会主义而不是其他什么主义,科学社会主义基本原则不能丢,丢了就不是社会主义。一个国家实行什么样的主义,关键要看这个主义能否解决这个国家面临的历史性课题。历史和现实都告诉我们,只有社会主义才能救中国,只有中国特色社会主义才能发展中国,这是历史的结论、人民的选择。"①实践也证明,弘扬中华优秀传统文化,并不是要否定作为党和国家指导思想的马克思主义列宁主义,而且强调运用马克思主义基本原理,分析、研究和解决建设和发展中国特色社会主义面临的新情况、新问题,发展 21 世纪中国的马克思主义。

3. 培育和弘扬核心价值观要联系文化建设的具体实际。一是要切实把核心价值观的弘扬贯穿于社会生活方方面面,形成健康向上的文明规范和社会氛围。要通过教育引导、舆论宣传、文化熏陶、实践养成、制度保障等,使社会主义核心价值观内化为人们的精神追求,外化为人们的自觉行动。榜样的力量是无穷的,要通过先进人物的模范行为和高尚人格感召群众、带动群众。比如,通过评选和表彰感动中国的十大人物、道德模范的先进事迹、家风家教、校训校风等形式,以及寻找最美乡村教师、最美乡村医生等活动,都是培育和弘扬社会主义核心价值观的生动有效载体。

核心价值观要真正发挥作用,就需要融入人们日常的社会生活,让人们在实践中感知它、领悟它。习近平指出:"培育和践行社会主义核心价值观,贵在坚持知行合一、坚持行胜于言,在落细、落小、落实上下功夫。要注意把社会主义核心价值观日常化、具体化、形象化、生活化,使每个人都能感知它、领悟它,内化为精神追求,外化为实际行动,做到明大德、守公德、严私德。要面向全社会做好这项工作,特别要抓好领导干部、公众人物、青少年、先进模范等重点人群。"②要组织开展形式多样的重大纪念日的庆典活动,利用各种大型纪念活动积极传播主流价值,增强广大人民群众的认同感和归属感。把核心价值观的要求融入社会主义精神文明创建活动的方方面面,培育符合时代要求的新的文明风尚,形成有利于培育和弘扬社会主义核心价值观的生活情景和社会氛围,使核心价值观的影响像空气一样无所不在、无时不有。

二是用社会主义核心价值观引领社会思潮,凝聚社会共识。要发挥政策导向

① 《习近平谈治国理政》,外文出版社 2014 年版,第 22 页。
② 习近平:《当好全国改革开放排头兵不断提高城市核心竞争力》,《人民日报》2014 年 5 月 25 日。

作用,使中国特色社会主义经济、政治、文化、社会等方方面面政策都有利于核心价值观的培育,要用法律来推动核心价值观建设。最近几年来,一些引起社会广泛关注并引起强烈争议的案例,把法律和社会正义推向了冲突的对立面,导致出现"老人摔倒无人敢扶"等畸形社会心态的广泛传播,对于弘扬社会主义核心价值观带来了严重的消极影响。在强调法治社会的今天,必须要通过完善法律来为正确的价值观的培育和弘扬保驾护航,在全社会形成培育和弘扬社会主义核心价值观的法治环境。各种社会管理也要承担起倡导社会主义核心价值观的责任,注重在日常管理中体现价值导向,使符合核心价值观的行为得到鼓励、违背核心价值观的行为受到制约。

改革开放 30 多年来,我国正处在发展的重要战略机遇期,同时也进入了改革开放攻坚期和矛盾凸显期,经济体制深刻变革、社会结构深刻变动、利益格局深刻调整、思想观念深刻变化,人民思想活动的独立性选择性多变性差异性不断增强,特别是随着经济成分、组织形式、就业方式、利益关系和分配方式的日益多样化,社会思想文化更加活跃,人们的价值观念领域也日益呈现出多样化的趋势。这就需要我们在经济全球化和市场经济的背景下,逐步形成统一的指导思想、共同的理想信念、基本的道德规范,以解答广大人民群众的种种思想疑虑和各种困惑,为多元时代凝聚思想共识指明方向。弘扬主流价值观,形成多元时代的价值共识,提高中华民族的思想道德素质,树立良好的大国形象。

三是深入分析和研究网络文化的价值观问题,建设积极向上的网络文化,用核心价值观引领网络文化的发展方向。毋庸置疑,网络文化日益成为 21 世纪的一道势不可挡的文化景观,深刻影响着人们的社会生活和价值观的养成,网络文化对主流价值观建设和主流意识形态认同的消极影响不可低估。一些不稳定、不成型的价值态度、文化品位,一些玩世不恭、批判、围攻主流意识形态的段子和虚假信息,借助网络载体广泛流传,在思想内容和话语体系上构成了对主流意识形态和主流价值观的消解力量。而且碎片化、快餐化、平面化的网络文化产品大量吞噬和挤压主流意识形态文化产品,削减了主流文化的数量和空间。加强网络文化的价值引领,就是要突出核心价值观引领网络文化发展方向的作用,抵制腐朽的、错误的社会思潮,同时还要掌握引领网络文化的技巧,既要强调包容性,又要维持主流意识形态的底线,使核心价值观深入到广大网民的头脑中,成为人们的自觉追求,形成符合主流价值观的思维方式和价值认同。

(原载于《南京师范大学学报》社会科学版 2015 年第 6 期)

传统文化当代价值实现路径探析

——学习习近平总书记关于中国传统文化的重要论述

黄晓丹　孙代尧*

党的十八大以来,习近平十分强调传承和弘扬中华优秀传统文化,并将其作为治国理政的重要思想文化资源。习近平对传统文化的重视不仅仅是"厚古",更重要的是"鉴今"。从社会主义现代化建设的实际情况出发,习近平深入思考了传统文化与现代化、传统文化与马克思主义之间的关系,比较系统地回答了传统文化的当代价值及其实现途径的问题,这种新探索建立在他从广阔的时空视角和现代化视野来准确把握马克思主义基本原理的。

一、社会主义现代化进程中的传统文化

中国传统文化作为中华民族的精神血脉和文化之根,具有凝心聚力的能量,对于推动中国特色社会主义发展,实现中国现代化和中华民族伟大复兴具有十分重要的价值。在社会主义现代化建设的背景下认识传统文化的当代价值,需要理清两大关系。

首先,如何看待传统文化与现代化的关系。现代化理论认为,现代化是从农业社会向工业社会,从传统社会向现代社会的历史变迁。近代中国被迫开启现代化进程之前,是以农业为基础、延续数千年文明发展的传统社会,中华文化在其中自成系统并通过潜移默化的影响维系了经济、政治、社会的稳步发展。鸦片战争之后,近代中国的民族危机逐步加深,中国有志之士在寻找治世良方时开始用现代化视角对传统文化进行重新评估,主要有两种观点:或者将矛头指向中华传统文化,彻底否认传统文化在现代社会的作用,导致对传统文化的断裂性认识;或者

---

* 作者简介:黄晓丹,北京大学马克思主义学院博士生;孙代尧,北京大学马克思主义学院教授。

寻找传统文化对现代化可能具有的积极作用,主张对传统文化进行现代性调适以适应现代化发展的需要。在中国共产党领导中国革命取得胜利,开始社会主义现代化建设后,如何对待传统文化,避免视中国传统文化为"旧文化"而笼统加以排斥的文化虚无主义,发掘传统文化的价值,使之与社会主义现代化耦合,成为一项重大的理论工程。

其次,如何处理马克思主义和中国传统文化的关系。马克思主义中国化为中国传统文化与马克思主义的结合提供了理论前提和历史背景。但是,马克思主义和中国传统文化的契合关系是复杂的。一方面,马克思主义继承了启蒙思想以来的理性传统,在思辨形式上与中国传统文化存在很大差别。两种不同的思想系统和文化基因在中国融合,需要经过谨慎的思考和分析。另一方面,面对当今中国的实际情况,无论是把马克思主义运用到中国实际还是中华传统文化在社会主义中国的发展和实践,都遇到复杂的现实情况的限制。要顺利进行社会主义现代化建设,必须在巩固马克思主义指导思想地位的同时,深入思考如何实现马克思主义和传统文化的有机融合,为社会发展提供助力。

由此可见,在社会主义现代化建设的大背景下,对传统文化的认识不能继续停留在从文化层面思考文化问题的思维上,需要重新审视现代性和传统文化的关系,从而找到传统文化在当代中国的适用性;走中国特色社会主义道路离不开马克思主义的指导,因此必须深入思考马克思主义和中国传统文化之间的关系。党的十八大以来,习近平正是从上述两大问题出发,比较系统地回答了如何实现传统文化的当代价值。

二、传统文化当代价值的实现途径

要正确认识传统文化,首先必须理解什么是"传统"。传统无论在时间上还是空间上,是从绵延数千年的中华文明中逐渐形成的。因此,尊重和正视历史是理解传统文化的首要态度,"历史是最好的老师,它忠实记录下每一个国家走过的足迹,也给每一个国家未来的发展提供启示"①。前事不忘,后事之师。中华传统文化是过去历史的凝练,同时由于中华文明绵延千年的延续性,在每个中国人身上打下了"鲜明的中华文化烙印"。对此,习近平用一个生物学上的术语"基因"进行形象说明,"中华优秀传统文化已经成为中华民族的基因,植根在中国人内心,潜移默化影响着中国人的思想方式和行为方式"②。传统文化不但是深植于中华

---

① 《习近平谈治国理政》,外文出版社2014年版,第266页。
② 《习近平谈治国理政》,外文出版社2014年版,第170页。

民族和中国人民内心深处的"基因",而且在时空转换后的当代中国拥有强大的能量,在经济、政治、社会等各方面成为重要的影响因素。

（一）充分肯定并积极利用传统文化的有益因素

对一个国家或一个民族的人民来说,经过历史发展积淀下来的传统文化无疑构成了这个国家或民族最具黏附性的认同基础,"一国家一民族各方面各种样的生活,加进绵延不断的时间演进,历史演进,便成所谓'文化'"①。具有5000多年文明历史的中国,历史的延续性使传统文化潜移默化的影响作用愈加突出,现实文化的发展离不开传统文化的滋养。习近平十分强调发挥传统文化对当代中国发展和建设的积极作用,无论在传统文化适应中国现实需要还是在传统文化参与国际竞争上,他都能充分汲取传统文化的积极因素为我所用。一是将传统文化运用于治国理政的各个方面。他指出,传统文化是现代国家治理体系的形成因素之一,"一个国家选择什么样的治理体系,是由这个国家的历史传承、文化传统、经济社会发展水平决定的,是由这个国家的人民决定的。我国今天的国家治理体系,是在我国历史传承、文化传统、经济社会发展的基础上长期发展、渐进改进、内生性演化的结果"②。因此,提高国家治理体系的现代化水平,并不意味着抛弃传统文化,而要从传统文化中汲取丰富的资源。例如,在领导国家建设时,要有"如履薄冰,如临深渊"的自觉和"治大国若烹小鲜"的态度,夙夜在公,勤勉工作;在生态建设上,要从"天育物有时,地生财有限,而人之欲无极"的古代智慧中把握环境保护与人类生产生活之间的平衡;在廉政建设上,要在数千年的治国经验中了解反腐倡廉历史,了解古代廉政文化,考察历史上的成败得失,运用历史智慧推进反腐倡廉建设。二是通过传统文化展示文化魅力,提升国际竞争的"文化软实力"。在激烈的国际竞争中,文化成为提高一个民族国际竞争力的重要因素,这种竞争力即"文化软实力","文化的力量,或者我们称之为构成综合竞争力的文化软实力,总是'润物细无声'地融入经济力量、政治力量、社会力量之中,成为经济发展的'助推器',政治文明的'导航灯',社会和谐的'黏合剂'"③。要体现当代中国的"文化软实力",则要充分利用文化的"民族特色"来提升文化影响力,"提高国家文化软实力,要努力展示中华文化独特魅力"④。传统文化在现代化进程中为增强文化软实力提供了主要的文化基础,从而在一定程度上为现代化发展提供支

① 钱穆:《中国文化史导论》,商务印书馆2001年版,第231页。
② 《习近平谈治国理政》,外文出版社2014年版,第105页。
③ 习近平:《之江新语》,浙江人民出版社2007年,第149页。
④ 《习近平谈治国理政》,外文出版社2014年版,第161页。

撑,成为一个民族自立自强并保持该民族事业持续长久发展的助力之一。

(二)创造性转化和创新性发展:传统文化的现代化调适

在吸收传统文化有益因素过程中的与时俱进,强调的是传统文化的"时代性",即只有与现实相适应的传统文化才能成为积极因素。但是,传统文化是一种历史的产物,中华民族传统文化是在传统农业社会基础上发展而来的,它与以工业生产为主要特征的现代社会必然需要一定的调适和转化过程。习近平对传统文化的认识遵循了这一思路,提出要对传统文化进行必要的"创造性转化和创新性发展"以契合实际需要。这种现代性调适涉及文化载体、文化制度等自身建设,从全球性的视野看,还需要通过文化的对外交流拓展传统文化的开放性。首先,在传统文化的载体上"虚功实做",丰富传统文化的实现方式。弘扬中华优秀传统文化必须借助一定的载体才能实现学习、传播和交流的目的。就传播方式来说,习近平提出综合运用大众传播、群体传播、人际传播等多种方式展示中华文化魅力;在文化交流上,则强调要加强国际传播能力建设,构建对外话语体系,发挥新兴媒体作用,增强对外话语的创造力、感召力、公信力,讲好中国故事,传播好中国声音,阐释中国特色;在实现方式上,则通过学校教育、理论研究、历史研究、影视作品、文学作品等多种方式,加强爱国主义、集体主义、社会主义教育,引导人民树立和坚持正确的历史观、民族观、国家观、文化观,增强做中国人的骨气和底气。①其次,通过市场化和体制改革,发挥传统文化的经济效益和宣教功能。市场经济条件下,传统文化需要作为文化产品投入市场才可能充分发挥作用。此外,传统文化需要通过一定的制度和机制才能发挥最大效益,以文化体制改革为契机,传统文化才能以合理的方式与现代社会文化相适应。最后,在与世界文明的交流和互鉴中开发中华传统文化的当代价值。历史上,中华文化并不是在自我封闭下发展的。越是具有开放性包容性的文化就越有生命力。在当代,中华文明要想在全球化的背景下保存自身的传统文化并发挥其现代效应,不仅要在本文明体系内发掘传统文化的内在潜力,还要通过与其他文明的交流互鉴,在比较中认识自身的优势与局限,在尊重和包容他者中获得其他文化体系的理解和认同。因此,"继续弘扬中华文化,不仅自己要从中汲取精神力量,而且要积极推动中外文明交流互鉴,讲述好中国故事、传播好中国声音,促进中外民众相互了解和理解,为实现中国梦营造良好环境"②。

---

① 《习近平谈治国理政》,外文出版社 2014 年版,第 161 - 162 页。

② 《习近平谈治国理政》,外文出版社 2014 年版,第 64 页。

（三）以解决中国问题为中心实现马克思主义与传统文化的融合

对传统文化进行现代性调适，实现创造性转化和创新性发展，目的是要服务于建设和发展中国特色社会主义的实践。马克思主义与中国传统文化相融合不仅是可能的，而且不断产生新的结合形式，在马克思主义中国化的当代进程中形成了中国特色社会主义理论体系。首先，马克思主义和中华传统文化都是具有开放性和包容性的文化形态，存在融通和契合的可能。"中国古典哲学中有许多思想观念与马克思主义有相通互近之处。中国哲学中有一个唯物主义的传统，又富有辩证思维，这与马克思主义辩证唯物论有相互契合之处，这是应该深入理解的。"①中国革命和建设过程中形成"实事求是"的思想路线、"小康社会"的中国式现代化概念、"以人为本"的科学发展观和"和谐社会"理念等，都是中国共产党从传统文化中汲取合理成分形成的中国化马克思主义成果。其次，中国特色社会主义的"中国特色"需要从中华传统文化中汲取形成"特色"的文化基因。习近平在国内外不同场合中，都强调传统文化对形成"中国特色"的作用，认为中国特色社会主义必须植根于中华文化的沃土，同时反映中国人民的意愿，适应中国和时代发展进步要求。只有这样，才能说明中国特色社会主义是有着深厚历史渊源和广泛现实基础的。② 再次，中国特色社会主义理论体系在价值形态上表现为社会主义核心价值观，而传统文化为社会主义核心价值观提供了丰富的思想资源。对当代中国来说，能体现社会主义核心价值观的精神追求和价值标准必须综合考虑多方面因素：它不仅要能体现社会主义本质要求，还要能吸收世界文明有益成果；不仅要体现时代精神，也要继承历史文化。历史文化是构成社会主义核心价值观的重要组成部分，"培育和弘扬社会主义核心价值观必须立足中华优秀传统文化。牢固的核心价值观，都有其固定的根本。抛弃传统、丢掉根本，就等于割断了自己的精神命脉。博大精深的中华传统文化是我们在世界文化激荡中站稳脚跟的根基"③。

（四）传承和发展传统文化的"人"的主体因素

传统文化从产生、传播到稳定，需要以现实中的"人"为承载体，"文化，或者不用那么专门的字眼——传统，绝不外在或独立于由共同生存的个人所组成的社会。文化价值不是从天而降地对历史进程发生影响的，它是一种基于人的观察而

---

① 张岱年：《张岱年全集》第7卷，河北人民出版社1996年版，第159页。
② 《习近平谈治国理政》，外文出版社2014年版，第156页。
③ 《习近平谈治国理政》，外文出版社2014年版，第163－164页。

产生的抽象"①。从唯物史观的立场来看,这种对象的"人"必须是参与社会实践活动的具体的人。马克思主义不仅重视现实的"人"在社会中的作用,并认为社会主义和共产主义的最终目的是培育"全面而自由的人"。因此,认识"人"的作用,构成了理解传统文化在当代中国以及未来发展的一个重要线索:首先,中华优秀传统文化之所以得以传承延续,是由于生活在其中的人们的世代传承。其次,要在处于现代化发展进程中的中国继承和发展中华优秀传统文化,就要注意利用传统文化在形成文化软实力中的作用,通过"人"的因素作用于经济、政治、社会等各领域,"先进文化与生产力中的最活跃的人的因素一旦结合,劳动力素质会得到极大的提高,劳动对象的广度和深度会得到极大的拓展,人类改造自然、取得财富的能力与数量会成几何级数增加。……一定社会的文化环境,对生活其中的人们产生着同化作用。要化解人与自然、人与人、人与社会的各种矛盾,必须依靠文化的熏陶、教化、激励作用,发挥先进文化的凝聚、润滑、整合作用"②。再次,要保证中华优秀传统文化的延续性,需要以长远的眼光,注重对"未来的人"的培养和教育。习近平寄厚望于青少年群体,希望他们承担起传承中华文化的重任,"青少年是引风气之先的社会力量。一个民族的文明素养在很大程度上体现在青年一代的道德水准和精神风貌上"③。总之,传统文化的传承和现代化始终是一个向前延伸和发展的过程,需要一代代生活在中国社会的"人"进行积极的探索。

由上可见,习近平是依循"肯定—调适—融合—主体"的路径,层层递进地思考传统文化当代价值的实现方式的。从中华民族历史发展和现实治理的角度,他充分肯定了传统文化的价值,并将之灵活地运用于治国理政和国际事务的各个方面。同时,他认为必须对传统文化进行必要的现代性调适,这种调适不是简单的改头换面,而是充分发挥创造性和创新性以真正把握传统文化当代价值的脉搏。在此基础上,习近平进一步思考如何使传统文化服务于中国特色社会主义的建设,深入探索了马克思主义与中华传统文化在当代中国实现融通和结合的现实途径,而作为主体的"人"成为实现传统文化当代价值的最终落脚点。

三、把握传统文化当代价值的视角

习近平对传统文化当代价值的发掘和阐述,充分考虑了社会主义现代化建设

---

① [美]巴林顿·摩尔:《民主和专制的社会起源》,拓夫等译,华夏出版社1987年版,第394页。
② 习近平:《之江新语》,浙江人民出版社2007年版,第149页。
③ 《习近平谈治国理政》,外文出版社2014年版,第52页。

的现实需要和未来发展,在寻找中华民族的"根"和"魂"的过程中致力于确立中国特色社会主义的道路自信、理论自信和制度自信。他跳出从文化立场分析传统文化的思路,以深厚的马克思主义素养和宏阔的现代化视野对现代性和传统文化关系作了深入思考。

(一)从时间、空间、协同的角度全面把握传统文化的当代价值

传统文化是一个国家和民族经过一代代的历史传承积淀而来的,具有历史承袭性、稳定性和经典价值。但是,每个时代都有每个时代的特定任务,从传统社会进入现代社会之后,传统文化也要在现代化的条件下做出必要的现代性调适,在创新中实现其当代价值。这是从历史的时间发展序列来看必须注意的问题。从空间上来说,传统文化在当代中国发挥应有的作用,必须注意文化与社会其他方面的协调发展。社会是一个总体系统,经济、政治、文化、社会,乃至生态系统的协调发展方能构成现代社会的总体进步。传统文化不仅是文化软实力的重要组成部分,还能为经济、政治、社会等各方面提供丰厚的文化基底。在一个开放的世界体系里,现代化是所有国家和民族,特别是后发国家追求的目标。要想实现赶超,必须坚持在自身文化基础上选择的发展道路,同时吸收借鉴其他文明发展的成果,"我们要虚心学习借鉴人类社会创造的一切文明成果,但我们不能数典忘祖,不能照抄照搬别国的发展模式"①。只有切实以自身文化为根基,才能通过文明交流和互鉴,实现传统文化的现代转化,实现国家现代化的目标。

(二)以现代化视角把握传统文化的当代价值

从习近平对传统文化当代价值的认识中,可以看到,他充分尊重现代化发展的客观规律并希望通过对传统文化的创造性转化和创新性发展,使之符合中国特色的社会主义现代化建设的需要。长期以来,人们对传统文化的认识是一种二分法思维,即认为传统文化中有些部分能与现代生活相融合,有些则可能是影响现代化发展的落后因素。这种分析方法的视野依然停留在从文化本身分析传统文化。进入现代化进程之后,对传统文化的认识应该跳出传统文化,把关注重心转向现代化视角,分析文化在现代化进程中的作用。只有这样,才能清楚地看到传统文化在现代化进程中的发展脉络,"传统与现代性是现代化过程中生生不断的'连续体',背弃了传统的现代化是殖民地或半殖民地化,而背向现代化的传统则是自取灭亡的传统。适应现代世界发展趋势而不断革新,是现代化的本质,但成功的现代化运动不但在善于克服传统因素对革命的阻力,而尤其在善于利用传统

---

① 《习近平谈治国理政》,外文出版社 2014 年版,第 171 页。

因素作为革新的助力"①。纵观世界范围内成功实现现代化的国家和民族,都在一定程度上保存自身的文化传统为内核,从而得到存续和发展。因此,健康稳定发展应该建立在尊重传统的基础之上。

(三)在社会主义制度下探索传统文化的当代价值

现实社会主义国家建立在落后的生产力发展水平上,面临尽快实现现代化赶超的任务和挑战。但正如英克尔斯所说,"这种创造一种新型'社会主义的人'的努力远非一种独特的历史过程,它仅仅是人们所普遍关注的一个问题——把表现出传统价值观和按传统模式行动的人们转变成为在态度、价值观和行为上堪称现代化的男男女女——的一个特殊情况"②。对中国这样一个具有深厚传统文化基础的国家,要实现社会主义现代化,必须根据具体国情和现实需要,探索如何实现传统文化的当代价值,并以此为助力推动中国特色的社会主义现代化建设。其中,通过现实的、实践的"人"这一纽带实现传统文化和社会主义的联系和融合,以社会主义核心价值观培育社会主义公民是实现传统文化当代价值的最终落脚点。

与世界上其他实现现代化发展的国家相比,实行社会主义制度的中国在本质上更要求实现超越现代化的发展。对一个数千年文明不间断的国家而言,传统文化是深入骨髓的"精神基因",因此问题不是摆脱传统文化的束缚,而是如何在中国实现传统文化与现代化、传统文化与马克思主义的融合和互鉴。失去了传统文化涵养的"特色",任何现代化赶超不过是模仿和复制,而不是真正的超越,"历史条件的多样性,决定了各国选择发展道路的多样性。人类历史上,没有一个民族、没有一个国家可以通过依赖外部力量、跟在他人后面亦步亦趋实现强大和振兴。那样做的结果,不是必然遭遇失败,就是必然成为他人的附庸"③。

结　语

习近平对传统文化的认识,一方面深刻地把握了传统文化与现代化的关系,既充分肯定并积极借鉴传统文化的有益因素,又强调通过"创造性转化和创新性发展"对传统文化进行必要的现代性调适;另一方面,全面把握了马克思主义与传统文化的关系,既从传统文化中汲取"中国特色"的文化基因,又以传统文化涵养社会主义核心价值观,并强调以"人"为纽带实现马克思主义和传统文化的互鉴

---

① 罗荣渠:《现代化新论——世界与中国的现代性进程》增订本,商务印书馆 2009 年版,第358 页。
② [美]阿历克斯·英克尔斯:《人的现代化素质探索》,曹中德等译,天津社会科学院出版社1995 年版,第 336－337 页。
③ 《习近平谈治国理政》,外文出版社 2014 年版,第 29 页。

融合。

　　从总体上看,习近平对实现传统文化当代价值的论述具有宏阔的理论视野。一是全面性。既从时间上把握传统文化传承和创新的关系,又注重中国特定社会背景下的文化与经济、政治、社会的协同问题,同时将视野延展到国际,强调中国文化与世界其他文化的交流互鉴。二是现代性。习近平不是简单地从文化层面分析传统文化,而是以现代化的视野寻求现代性与传统文化的有机融合。三是超越现代性。基于社会主义现代化的本质要求,中国不仅要实现现代化的赶超,而且要在实现传统文化与马克思主义的融合中,走中国特色社会主义现代化道路。

　　　　　　　　　　　　　　(原载于《中国特色社会主义研究》2016 年第 1 期)

"原点"之思:历史、典籍中的执政理念源泉

——传统文化精华与习近平治国理念

叶自成*

从十八大就任党的总书记到十八届三中全会的一年时间中,无论是在中国的内政还是外交方面,习近平都提出了许多新理念。这种治国理念既来源于对中国改革开放三十多年来的实践发展的经验教训的总结,也来源于习近平对中国传统文化精华的学习、提炼和总结。正如习近平所说,"历史是最好的教科书。中国优秀传统文化,领导干部也要学习,以学益智,以学修身。中国传统文化博大精深,学习和掌握其中的各种思想精华,对树立正确的世界观、人生观、价值观很有益处",古人所说的"先天下之忧而忧,后天下之乐而乐"的政治抱负,"位卑未敢忘忧国""苟利国家生死以,岂因祸福避趋之"的报国情怀,"富贵不能淫,贫贱不能移,威武不能屈"的浩然正气,"人生自古谁无死,留取丹心照汗青""鞠躬尽瘁,死而后已"的献身精神等,都体现了中华民族的优秀传统文化和民族精神。① 中华传统文化精华,是习近平治国理念的重要来源。在习近平倡导的"中国梦"、以民为本、依法治国、人与自然和谐一体、新型国家利益观等重要的治国理念中,都能看到中华传统文化精华的厚重的历史影响。

习近平是我党历史上又一位熟知并广泛运用中华传统文化的新型领导人

习近平对博大精深的中国传统文化具有广泛的兴趣,是我党历史上继毛泽东之后,又一位熟知并广泛引用中国传统文化经典的领导人。在2003 - 2007年这四年多

---

* 作者简介:叶自成,北京大学国际关系学院教授、博导,院学术委员会主任,中国战略研究中心主任。研究方向为中国外交思想、对外开放与中国现代化。主要著作有《中国大战略》《春秋战国时期的中国外交思想》《新中国外交思想》《中国崛起——华夏体系500年的大历史》等。

① 《习近平在中央党校建校80周年庆祝大会暨2013年春季学期开学典礼上的讲话》,人民网,2013年3月4日。

时间里,习近平为《浙江日报》写了两百多篇短文,后来汇集为《之江新语》出版。在这本小书中,他先后引用过的经典不下数十本、篇,笔者在此试举其中数例如下。

在谈要有艰苦奋斗精神时,引"天将降大任于斯人也,……增益其所不能"(《孟子·告子下》);谈学习境界时,引王国维的治学三种境界:一是"昨夜西风凋碧树,独上高楼,望尽天涯路",二是"衣带渐宽终不悔,为伊消得人憔悴",三是"众里寻他千百度,蓦然回首,那人却在灯火阑珊处";谈努力打造信用浙江时,引"人而无信,不知其可"(《论语·为政》);谈领导人应有战略思维时,引"登东山而小鲁"、"登泰山而小天下"(《孟子·尽心上》);谈领导干部要珍惜在位时间时,引"先天下之忧而忧,后天下之乐而乐"(范仲淹《岳阳楼记》),"些小吾曹州县吏,一枝一叶总关情"(郑板桥《潍县署中画竹呈年伯包大中丞括》),"安得广厦千万间,大庇天下寒士俱欢颜"(杜甫《茅屋为秋风所破歌》)和"但愿苍生俱温饱,不辞辛苦出深林"(于谦《咏煤炭》);谈平安和谐时,引"大风起兮云飞扬,威加海内兮归故乡,安得猛士兮守四方"(刘邦《大风歌》);追求政通人和、安居乐业的平安社会、和谐社会,是中华文化的重要组成部分,中国古人就说"和为贵"(《论语·学而》),"和而不同"(《论语·子路》);在谈到文化是灵魂时,引"润物细无声"(杜甫《春夜喜雨》);在谈多读书、修政德时,引"修其心、治其身,而后可以为政于天下"(王安石《洪范传》),"为政以德,譬如北辰,居其所而众星拱之"(《论语·为政》);谈到弘扬正气时,引"诚欲正朝廷以正百官,当以激浊扬清为第一要义"(顾炎武《与公肃甥书》)、"富贵不能淫,贫贱不能移,威武不能屈"(《孟子·滕文公下》)、"子率以正,孰敢不正"(《论语·颜渊》);谈人人尽职工作时,引"敬业者,专心致志以事其业也"(朱熹《礼记·学记》注解);谈做人做事要力戒浮躁时,引"非淡泊无以明志,非宁静无以致远"(诸葛亮《诫子书》);谈求知善读、贵耳重目时,引"吾生也有涯,而知也无涯"(《庄子·养生主》);谈勇攀科学发展高峰时,引"莫言下岭便无难,赚得行人错喜欢。正入万山圈子里,一山放出一山拦"(杨万里《过松源晨炊漆公店》);谈要善于学典型时,引"三人行,必有我师焉"(《论语·述而》),"学所以益才也,砺所以致刃也"(《说苑·建本》);谈求真务实时,引"不受虚言,不听浮术,不采华名,不兴伪事"(《申鉴·俗嫌》);谈掌握正确的工作方法时,引"工欲善其事,必先利其器"(《论语·卫灵公》);谈为政者需要学与思时,引"仕而优则学,学而优则仕"(《论语·子张》),"学而不思则罔,思而不学则殆"(《论语·为政》)和"政如农功,日夜思之"(《左传》)。①

---

① 习近平:《之江新语》,浙江人民出版社 2007 年版,第 9、14、26、28、36、144、165、166、167、169、170、171、194、215、217、218 页。

这些引语中，以《论语》为主，有《孟子》《中庸》《左传》《老子》等广为人知的经典，还有许多是一般人甚至学者也不熟悉的，如郑板桥的《潍县署中画竹呈年伯包大中丞括》、于谦的《咏煤炭》、荀悦的《申鉴·俗嫌》，这说明习近平很早就开始广泛阅读，才能熟知于心，并能在适当的场合信手拈来，运用自如。

向国内国际传播中华传统文化精华的软实力

十八大后，习近平延续了这种讲话风格和习惯，无论是在国内讲学习的重要性，谈党的十八大精神，还是在出国访问的重要讲话和与外国记者的问答中，习近平总能根据当时讲话的主题，恰当地引用中华文化中的经典来表述他的思想。

2012年11月17日，习近平在谈到反对腐败、建设廉洁政治时，引苏轼《范增论》中的"物必先腐，而后虫生"来论证腐败问题越演越烈，最终必然会亡党亡国。①

2012年11月29日，习近平总书记在参观《复兴之路》大型展览时，引明末清初顾炎武的思想提出"空谈误国，实干兴邦"，引李白《行路难》中的"长风破浪会有时"说明我们比历史上任何时期都更接近中华民族伟大复兴的目标，比历史上任何时期都更有信心、有能力实现这个目标。

2012年12月5日，习近平同外国专家代表座谈时，引《尚书·大禹谟》中的"满招损，谦受益"，表明中国既不妄自菲薄，也不妄自尊大。

2013年3月1日，习近平在中共中央党校发表重要讲话，引用了大量的经典来强调学习的重要性以及如何学习。例如，他引《孟子·尽心下》"以其昏昏，使人昭昭"批评干部学风不浓、玩风太盛会贻误大事，引《论语·雍也》第六的"知之者不如好之者，好之者不如乐之者"强调学习的最好教师是兴趣，引《论语·为政》中的"学而不思则罔，思而不学则殆"说明学习与思考必须结合，引《礼记·中庸》中的"博学之，审问之，慎思之，明辨之，笃行之"来说明如何学习，引《荀子·大略》中的"学者非必为仕，而仕者必为学"强调领导干部学习的重要性。②

2013年3月17日，习近平引《诗经·召南·采蘩》中的"夙夜在公"表达他为民服务、为国尽力的决心。

2013年3月19日，习近平接受金砖国家媒体联合采访时，引《荀子·儒效》中的"积土为山，积水为海"来说明要坚持不懈推进中非合作，引《论语·颜渊》中的

---

① 《习近平总书记在十八届中央政治局第一次集体学习时的讲话》，中国政府网，2012年11月19日。
② 《习近平在中央党校建校80周年庆祝大会暨2013年春季学期开学典礼上的讲话》，人民网，2013年3月4日。

"君子一言,驷马难追"说明中国政府说话是算数的,引《诗经·小雅·小旻》中的"如履薄冰,如临深渊"表达履新职后深感责任重于泰山的心情,引李涉《题鹤林寺壁》中的"偷得浮生半日闲"表示自己最大的爱好是读书。

2013年3月22日,习近平访问俄罗斯时引中国古代格言"读万卷书,行万里路"说明中华民族自古就有把旅游和读书结合的传统。

2013年3月25日,习近平访问坦桑尼亚时引王安石《明妃曲》(其二)中的"人生乐在相知心"表达中国人民和非洲人民有着天然的亲近感。

2013年3月27日,习近平在南非出席金砖国家领导人第五次会晤时,引东晋葛洪《抱朴子外篇·博喻卷第三十八》中的"志合者,不以山海为远",肯定金砖五国为实现共同发展的宏伟目标走到一起。

2013年4月1日,习近平在博鳌亚洲论坛上引汉代桓宽《盐铁论》卷二之枕边第十二篇中的"明者因时而变,知者随事而制",说明要摒弃不合时宜的旧观念;引晋代袁宏的《三国名臣序赞》和《尚书·君陈》中的"海纳百川,有容乃大",强调应坚持开放包容,尊重各国自主选择社会制度和发展道路的权利。

2013年5月2日,习近平给北大学生回信中引用欧阳修"得其大者可以兼其小",指出只有把人生理想融入国家和民族的事业中,才能最终成就一番事业。

2013年5月4日,习近平同各界优秀青年代表座谈时,引宋代刘斧《青琐高议》中的"长江后浪推前浪",说明青年一代必将大有可为的历史规律和"一代更比一代强"的青春责任;引《尚书·周书》"功崇惟志,业广惟勤",勉励青年一代树立远大理想;引袁枚《续诗品·尚识》中的"学如弓弩,才如箭镞",鼓励青年人把学习作为首要任务,作为一种责任、一种精神追求、一种生活方式;引《大学》(第三章)中的"苟日新,日日新,又日新",鼓励青年勇于创新;引左丘明《国语·周语下》中的"从善如登,从恶如崩",勉励学生始终保持积极的人生态度、良好的道德品质、健康的生活情趣。

2013年5月31日至6月6日,在应邀对特立尼达和多巴哥、哥斯达黎加、墨西哥进行国事访问时,习近平用他所熟知的中国经典表达对拉美各国人民的友好情谊。如在墨西哥访问时,引《左传·襄公三十一年·子产坏晋馆垣》中的"宾至如归",表达对墨西哥人民的友好情谊;引孔子《论语·卫灵公》中的"己所不欲,勿施于人",强调国与国之间平等相待、相互尊重的原则;引庄子《逍遥游》中的"水之积也不厚,则其负大舟也无力",表示要让中墨两国人民友情汇聚成浩瀚的大海;引元代无名氏《争报恩》第一折中的"路遥知马力,日久见人心",比喻中墨两国人民友谊经得起时间的考验。①

　　大量广泛引用中国历史的这些经典名言名句,使得习近平的讲话既生动、精练、简洁,又高度概括、别有情趣,形成了与众不同的风格和鲜明的个性。习近平自觉和大量地引用中华传统文化的经典名句,大大激发了人们对中华传统文化的关注,也向国内国际展示了中华传统文化精华的非凡魅力。

从中华传统文化精华中吸取治国理念的思想养料

　　习近平不仅把大量引用经典作为讲话生动有趣的一种风格,而且从总体上更加强调中华传统文化中的精华对建设中国特色社会主义的重要意义,并从中吸取治理国家的思想养料。②

　　习近平在就任总书记后第一次记者见面会上讲话时,就高度评价中华传统文化:"我们的民族是伟大的民族。在五千多年的文明发展历程中,中华民族为人类的文明进步作出了不可磨灭的贡献……在漫长的历史进程中,中国人民依靠自己的勤劳、勇敢、智慧,开创了民族和睦共处的美好家园,培育了历久弥新的优秀文化。"③

　　习近平的"中国梦"这一重要概念,也是建立在大量吸收中华历史文化精华的基础上,正如学者所说,"实现中国梦必须充分汲取优秀传统文化的正能量"。④

　　习近平是自觉地把中华历史文化精华与中国特色社会主义进行紧密对接的实践者。他在全国宣传思想工作会议上的重要讲话中,高瞻远瞩地指出了两者的关系,强调中国特色社会主义"是在对中华民族5000多年悠久文明的传承中走出来的,具有深厚的历史渊源和广泛的现实基础",他特别强调指出,宣传阐释中国特色就是要做到"四个讲清楚":讲清楚每个国家和民族的历史传统、文化积淀、基本国情不同,其发展道路必然有着自己的特色;讲清楚中华文化积淀着中华民族最深沉的精神追求,是中华民族生生不息、发展壮大的丰厚滋养;讲清楚中华优秀传统文化是中华民族的突出优势,是我们最深厚的文化软实力;讲清楚中国特色社会主义植根于中华文化沃土、反映中国人民意愿、适应中国和时代发展进步要

① 《习近平在墨演讲的幕后故事:引用了哪些经典词句》,中国网,2013年6月7日。
② 叶自成:《如何以华夏主义滋养中国特色社会主义——关于中国传统文化精华与中国特色社会主义的关系》,凤凰网,2013年10月17日。
③ 《习近平在常委见面会上的讲话》,新浪网,2012年11月15日。
④ 湖南省中国特色社会主义理论体系研究中心:《从优秀传统文化中汲取实现中国梦的精神力量》,人民网,2013年7月22日。

求,有着深厚历史渊源和广泛现实基础。①

在习近平的人与自然和谐一体、以民为本、依法治国、解放思想和发挥社会及民间积极性等治国的基本理念中,都可以清楚地看到中华传统治国思想的影响。

生态文明建设。早在 2005 年 2 月 23 日习近平写的一篇文章中就强调:"建设资源节约型社会是一场关系到人与自然和谐相处的社会革命。"②习近平指出,坚持节约资源和保护环境是中国的基本国策,中国必须努力走向社会主义生态文明新时代,必须树立尊重自然、顺应自然、保护自然的生态文明理念。党的十八届三中全会也指出,建设"生态文明,推动形成人与自然和谐发展现代化建设新格局,必须建立系统完整的生态文明制度体系"。老子思想可以从两个方面滋养可持续发展观:第一,老子思想是人类社会最早的可持续发展观,老子是人类世界中最早提倡崇尚自然、尊重自然、顺应自然、享受自然的思想家,最早提出人类社会应与自然和谐一体。他的"道法自然"、"莫之爵而常自然"、"辅万物之自然"的思想,他的如果人类"遵道而行,则万物将自宾(自然服务于人类)"的思想,在整个人类世界都是领先的,也被西方世界广泛接受;第二,老子不仅从宏观上倡导人类与自然和谐一体,也从个人微观层面上提出了具体的个人修身养性之道,倡导个人生活要自然而然,不要过多追求各种难得之货,不要超越人的自然而然的需求去追求奢靡的生活,以朴为美,以简约为美,人反而可以达到长生的目标。

以民为本。2007 年 1 月,时任浙江省委书记的习近平先后写了《为民办实事旨在为民》(5 日)、《为民办实事重在办事》(6 日)、《为民办实事成于务实》(7 日)三篇文章,表达了坚持以人为本、执政为民思想,认为应该如贤者所说,"乐民之乐者,民亦乐其乐;忧民之忧者,民亦忧其忧"(《孟子·梁惠王下》),必须重民生、办实事,解决人民群众最关心、最直接、最现实的利益问题,满足人民群众最基本、最紧迫的需求,做到让人民群众参与、让人民群众做主、让人民群众受益、让人民群众满意,真正使群众成为利益的主体。③

习近平在十八大以来的历次讲话中,"人民"都是一个突出的关键词。他强调,人民对美好生活的向往,就是我们的奋斗目标,要始终把人民放在心中最高的位置,始终植根人民、造福人民,始终保持党同人民群众的血肉联系,始终与人民心连心、同呼吸、共命运,中国梦归根到底是人民的梦,必须紧紧依靠人民来实现,必须不断为人民造福,要随时随刻倾听人民呼声、回应人民期待,保证人民平等参

---

① 《习近平在全国宣传思想工作会议上的讲话》,新华网,2013 年 8 月 20 日。
② 习近平:《之江新语》,浙江人民出版社 2007 年版,第 120 页。
③ 习近平:《之江新语》,浙江人民出版社 2007 年版,第 219 ~ 221 页。

与、平等发展权利,维护社会公平正义,在学有所教、老有所得、病有所医、老有所养、住有所居上持续取得新进展,不断实现好、维护好、发展好最广大人民根本利益。这充分体现了中国传统文化中以民为本的价值观念的当代价值,也是民本思想与中国特色社会主义的直接对接。

在党的十八届三中全会的决定中,也有多处体现以民为本思想的内容:"坚持以人为本,尊重人民主体地位,发挥群众首创精神,紧紧依靠人民推动改革,促进人的全面发展";"以增进人民福祉为出发点和落脚点";"以保证人民当家作主为根本";"让发展成果更多更公平惠及全体人民";"让广大农民平等参与现代化进程、共同分享现代化成果";等等。①

所有这些,都可以在道家和儒家的民本思想中找到丰富的资源。老子所说的圣人无常心,以百姓之心为心的思想,不知有之、亲而誉之的善治和以百姓的态度为最高和最后的政治评价标准;孔子使民富庶教的思想,把广施于民而能济众作为治理国家贤治境界的思想,使老有所终、壮有所用、幼有所长、鳏寡孤独废疾者皆有所养和关于养老恤孤制度的思想;孟子的民为贵的思想;贾谊所说的国以民为本,国以民为命,国以民为力,国以民为功的思想等,都是滋养当下以民为本实践的宝贵思想资源。

政府与市场的关系。习近平在任浙江省省委书记时,已经开始较多地引用老子的思想,例如:"为之于未有,治之于未乱"(《老子64章》,2004年1月13日引用);"上善若水(《老子8章》,2007年1月17日引用),"圣人无常心,以百姓之心为心"(《老子49章》,2007年2月5日引用);等等。② 习近平还曾向浙江的专家学者请教道家所谓的"治大国,若烹小鲜"作何解。③ 2013年3月19日,在接受金砖国家媒体联合采访时,他再次引用老子的"治大国如烹小鲜"这一名句。④

而早在2001年5月,时任福建省省长的习近平就明确提出,今后政府职能转变的关键是做到有所为有所不为,使政府成为"有限政府",更多地向社会提供"公共服务"。现在的主要问题是政府管得太多,必须简政放权,用老子的语言表达就是,政府做政府应该做的,社会做社会应该做的,各按自己的本来的特性和规律办事。⑤

---

① 《中共中央关于全面深化改革若干重大问题的决定》,《人民日报》2013年11月16日第1~3版。
② 习近平:《之江新语》,浙江人民出版社2007年版,第35、220、230、232页。
③ 吴光:《读经是一次文化补课》,温岭新闻网,2008年4月24日。
④ 《习近平接受金砖国家媒体联合采访 阐述政策主张》,中国政府网,2013年3月19日。
⑤ 姚冬琴等:《全会经济体制改革解读:从全能政府到有限政府》,《中国经济周刊》2013年第44期。

十八届三中全会提出,加快发展社会主义市场经济、紧紧围绕使市场在资源配置中起决定性作用、核心问题是处理好政府和市场的关系,使市场在资源配置中起决定性作用和更好发挥政府作用。市场决定资源配置是市场经济的一般规律,健全社会主义市场经济体制必须遵循这条规律,着力解决市场体系不完善、政府干预过多和监管不到位的问题。①

这些都与老子的无为而治思想相通。老子的"我无为而民自化,我好静而民自正,我无事而民自富,我无欲而民自朴"的思想,被一些西方思想家认为是自由放任和小政府大社会的思想之源。许多外国领导人喜欢老子的名句,如里根在1982年国情咨文中曾引用"治大国如烹小鲜";时任俄罗斯总统梅德韦杰夫在2010年的一次国际会议上曾引用老子的"知止不殆";联合国秘书长潘基文在2011年的一次讲话中曾引用老子的"圣人之道,为而不争"。据介绍,《老子》一书是国际社会中被翻译成外国文本最多的著作。

以法治国。习近平一直非常重视以法治国的思想,他在2006年4～5月曾先后写下《建法治安村》(4月28日)、《法治:新形势的新要求》(5月10日)、《市场经济必然是法治经济》(5月12日)、《和谐社会本质上是法治社会》(5月15日)、《弘扬法治精神,形成法治风尚》(5月17日)、《坚持法治与德治并举》(5月19日)等六篇文章,提出要建立一种符合农村经济社会发展要求的"法治秩序",进一步落实依法治国基本方略、积极建设"法治浙江",逐步把经济、政治、文化和社会生活纳入法治轨道;他认为,社会主义和谐社会的"六大特征"都具有法治的属性,和谐社会本质上是法治社会,法治也为社会和谐提供重要保证,法治通过调节社会各种利益关系来维护和实现公平正义,法治为人们之间的诚信友爱创造良好的社会环境,法治为激发社会活力创造条件,法治为维护社会安定有序提供保障,法治为人与自然的和谐提供制度支持;他强调,法治精神是法治的灵魂,人们没有法治精神、社会没有法治风尚,法治只能是无本之木、无根之花、无源之水;他还主张法治和德治相结合,依法治国是维护社会秩序的刚性手段,以德治国是维护社会秩序的柔性手段,只有把两者有机地结合起来,才能有效地维护社会的和谐,保障社会健康协调地发展。②

习近平在纪念中国现行宪法施行30周年大会上强调:"必须全面贯彻实施宪法";"全国各族人民、一切国家机关和武装力量、各政党和各社会团体、各企业事

---

① 《中共中央关于全面深化改革若干重大问题的决定》,《人民日报》2013年11月16日第1～3版。

② 习近平:《之江新语》,浙江人民出版社2007年版,第182～189页。

业组织,都必须以宪法为根本的活动准则";"任何组织或者个人,都不得有超越宪法和法律的特权";"宪法的生命在于实施,宪法的权威也在于实施";"党必须在宪法和法律范围内活动";"一切违反宪法和法律的行为,都必须予以追究"。① 他还在政治局集体学习上提出了坚持法治国家、法治政府、法治社会一体建设的重要思想,特别强调"要确保审判机关、检察机关依法独立公正行使审判权、检察权",强调不论什么人,不论其职务多高,只要触犯了党纪国法,都要受到严肃追究和严厉惩处,绝不是一句空话。从严治党,惩治这一手决不能放松。要坚持"老虎""苍蝇"一起打。② 十八大后,我们党对包括薄熙来、刘志军等在内的一大批贪腐官员依法进行了严惩。

党的十八届三中全会指出,要加快推进社会主义民主政治制度化、规范化、程序化,建设社会主义法治国家,促进社会公平正义;要建设法治中国,必须坚持依法治国、依法执政、依法行政共同推进,坚持法治国家、法治政府、法治社会一体建设,必须坚持法律面前人人平等,任何组织或者个人都不得有超越宪法法律的特权,一切违反宪法法律的行为都必须予以追究,要确保依法独立公正行使审判权、检察权。③

而以商鞅为代表的法家的法治思想可以在这一方面提供宝贵的思想支撑。这主要体现商鞅的以法治国、刑无等级、法官独立、法治而不是权治、法大而不是权大、统治者和官员必须首先守法、法律符合国情民情简明公开让民众充分了解等内容。商鞅变法首先拿秦孝公的儿子、亲哥哥开刀,提出了一整套以法治国的思想,建立了人类历史上第一个具有现代意义的国家雏形。商鞅的法治成果和思想仍然值得今天中国的法治建设借鉴。

习近平也引用了不少法家的经典来强调依法治国的重要性,他在 2006 年 5 月所写的文章就谈到"国皆有法,而无使法必行之法"(《商鞅·画策》),并解释说,使法必行之法就是弘扬法治精神。从客观上说,法治也并不体现于普通民众对法律条文有多么深透的了解,而在于努力把法治精神、法治意识、法治观念熔铸到人们的头脑之中,体现于人们的日常行为之中。这包括培养人们的理性精神、诚信守法的精神、尊重法律权威的精神、权利与义务对称的精神、依法维权和依法解决纠纷的习惯,等等。他还引《韩非子·显学篇》中的"宰相必起于州部,猛将必

---

① 《习近平在首都各界纪念现行宪法公布施行 30 周年大会上的讲话》,新华网,2012 年 12 月 4 日。
② 《习近平强调:依法治国依法执政依法行政共同推进》,新华网,2013 年 2 月 24 日。
③ 《中共中央关于全面深化改革若干重大问题的决定》,《人民日报》2013 年 11 月 16 日第 1~3 版。

发于卒伍"说明古往今来将才良相大都经历过艰苦环境的磨炼。①

外交理念。习近平不仅把中华历史文化精华用于治理国内事务,还将其应用于对外事务的治理。习近平担任党政军最高领导职务后,先后把儒家的和为贵、考虑他者利益等观念用于中国的对外政策中,提出了以合作共赢为核心的国际秩序观。尤其是在国家利益观念上,更是直接引用中华历史文化精华中的"义利观",提出了新的国家利益观,要求在处理国家利益时,"一定要坚持正确义利观。只有坚持正确义利观,才能把工作做好、做到人的心里去"。② 从正确义利观出发来处理国家利益,正是习近平提出的新型国家利益观的理论基础,也是习近平把中国传统文化的精华运用于中国外交实践的一个典型。正如外交部部长王毅指出的那样,正确对待和处理"义"与"利"的关系,重视道义与责任,是我国优秀传统文化的重要内容,也是新中国外交的一个鲜明特色。我国传统文化一向强调正确处理"义"和"利"的关系,突出"义"的价值。③

什么是传统义利观的精华? 在利益和道义面前,孔子提出了"见利思义"的观点,主张要正确处理义与利的关系,义就是指本着做人的根本道德行事,利就是指具体的利益(声名利禄等),君子可以为义而舍利,但如果义利兼得,又何乐而不为?④ 荀子认为求利是人的本性,无可厚非,但应当以礼义节制求利的欲望,先义后利者荣,反对唯利之求。⑤

习近平提出的正确义利观指导下的新型国家利益观包括以下几个方面。第一,正确对待义与利的关系。习近平提出正确义利观的题中之义,就是反对不正确的义利观,就是反对义与利的极端。第二,坚定不移地维护、争取、扩大中国的核心利益和重大利益,任何时候不拿中国的主权、尊严、统一做交换。"我们要坚持走和平发展道路,但决不能放弃我们的正当权益,决不能牺牲国家核心利益。任何外国不要指望我们会拿自己的核心利益做交易,不要指望我们会吞下损害我国主权、安全、发展利益的苦果。"⑥第三,共同发展是世界各国和各国人民共同的大利益。习近平指出,义反映的是我们的一个理念,共产党人、社会主义国家的理念。这个世界上一部分人过得很好,一部分人过得很不好,不是个好现象。真正

---

① 习近平:《之江新语》,浙江人民出版社 2007 年版,第 188、201 页。
② 王毅:《坚持正确义利观积极发挥负责任大国作用》,载《深入学习习近平同志重要论述》,人民出版社 2013 年版,第 185 页。
③ 王毅:《坚持正确义利观积极发挥负责任大国作用》,载《深入学习习近平同志重要论述》,人民出版社 2013 年版,第 183 页。
④ 叶自成、龙泉霖:《华夏主义》,人民出版社 2013 年版,第 257 页。
⑤ 叶自成:《中国崛起》,人民出版社 2013 年版,第 331 ~332 页。
⑥ 王建华、张硕:《习近平阐明中国和平发展原则底线》,新华网,2013 年 1 月 30 日。

的快乐幸福是大家共同快乐、共同幸福。我们希望全世界共同发展,特别是希望广大发展中国家加快发展。① 第四,利是共赢之利。习近平指出,利就是要恪守互利共赢原则,不搞我赢你输,要实现双赢。"合作共赢"作为习近平倡导的新型国际秩序观的核心,当然也体现在国家利益上。只有合乎义的利才能是共赢的,共赢的利一定是合乎义的,共赢就是义与利的结合,是义与利的平衡。第五,中国既坚持国际正义,也讲友好国家情义。中国在国际政治上"要秉持公道正义"。在首次出访非洲时,习近平用"真、实、亲、诚"来概括中国对非政策,就是从中国与非洲国家的友好情义上来讲的。第六,平等但有区别的义利观。习近平多次指出,平等互利,是对待所有国家的公认的国际准则。但对周边国家和发展中国家,除了利益对等原则之外,还必须尽中国的义务,给予一定的单方面优惠和照顾;而对那些"贫穷的国家",尤其是那些"长期对华友好而自身发展任务艰巨的周边和发展中国家,要更多考虑对方利益,不要损人利己、以邻为壑","绝不能惟利是图、斤斤计较"。② 第七,"力所能及"原则。无论是维护国际正义,还是援助别的国家,都有一个能力和愿望的平衡问题,要避免"不及",也要避免"过"。"不及"就是惟利是图、斤斤计较,该援助时不援助;"过"就是打肿脸充胖子,以损害本国利益来追求虚名虚利。在"过"与"不及"之间的举动就是义,即宜,适宜,在适当的时候采取适当的行动。正如习近平所言,中国"有义务对贫穷的国家给予力所能及的帮助"。③ 第八,在追求本国利益时兼顾他国合理关切。④ 中国也在追求本国的国家利益,但在这一过程中,必须关切他国的利益和他国的感受。尤其要照顾对方核心关切,妥善处理两国间存在的问题和分歧。⑤

从以上论述可见,习近平的治国理念,大量地借鉴了中华历史文化的精华,并紧密结合当前的现实情况,赋予其新的意义,即使中国的社会发展实践从中国的历史文化中获取正能量,又反过来使中国的历史文化精华在新的实践中获得新的生命力,使得中国的历史文化真正历久弥新。二者正好相得益彰。

(原载于《二十四个重大问题研究》2014 年第 1 期)

---

① 王毅:《坚持正确义利观积极发挥负责任大国作用》,载《深入学习习近平同志重要论述》,人民出版社 2013 年版,第 185 页。

② 王毅:《坚持正确义利观积极发挥负责任大国作用》,载《深入学习习近平同志重要论述》,人民出版社 2013 年版,第 185 页。

③ 王毅:《坚持正确义利观积极发挥负责任大国作用》,载《深入学习习近平同志重要论述》,人民出版社 2013 年版,第 185 页。

④ 习近平:《共同创造亚洲和世界的美好未来——在博鳌亚洲论坛 2013 年年会上的主旨演讲》,《新华每日电讯》2013 年 4 月 7 日第 2 版。

⑤ 《习近平接受金砖国家媒体联合采访》,《人民日报》2013 年 3 月 20 日。

民族复兴的价值基座：
习近平传统文化观研究评析

江运东[*]

党的十八大以来,以习近平同志为总书记的党中央就思想文化建设问题发表了一系列重要讲话,形成了独特的传统文化观,为民族复兴奠定文化底蕴和价值基座。特别是 2013 年 8 月 19 日在全国宣传思想工作会议的讲话和 2014 年 9 月 24 日在纪念孔子诞辰 2565 周年国际学术研讨会暨国际儒学联合会第五届会员大会开幕会上的讲话,为习近平同志传统文化观的形成奠定了理论基础。同时,就习近平同志的著作而言,无论是《之江新语》(本书共有短文 232 篇,其中论及古代典籍的至少有 61 篇),还是《习近平谈治国理政》(此书有 79 篇文稿,论及传统文化的至少有 43 篇)等,都洋溢着习近平同志对中国传统文化的挚爱,以及对实现马克思主义与中华传统文化相结合的卓越贡献。随着以习近平同志为总书记的党中央对文化强国战略和中华传统文化当代价值的高度重视,学术界兴起了一股研究习近平同志传统文化观的热潮,围绕习近平同志关于弘扬传统文化的重大意义、科学方法、立场与态度、内在精髓、未来建设方向等问题进行了详细研究。本文就近年来国内学术界关于习近平同志传统文化观的研究进行梳理、评析并提出深化研究的若干视角与思路。

一、习近平同志传统文化观的形成背景与演进脉络

学界关于习近平同志传统文化观的形成背景的研究尚处于起步阶段,现有成果着重从当前我国文化建设面临的机遇和挑战的视域进行分析。而关于习近平同志传统文化观的演进脉络的分析,相关论者主要是以重大会议、内在演进逻辑

---

[*] 作者简介:江运东(1985—),男,四川成都人,电子科技大学马克思主义教育学院博士研究生,主要从事马克思主义中国化理论研究。

等作为划分的依据。

(一)习近平同志文化建设思想形成的背景

关于习近平同志文化建设思想得以形成的背景,有论者分析了我国文化建设面临的机遇与挑战、国内与国际形势,并指出正是习近平同志的文化自觉,对文化建设经验教训的总结和科学把握文化建设内在规律的基础上,进而实现了文化理论的突破性发展①。该论者主要论述了后金融危机的大背景下,西方媒体主导的国际话语日趋加强,而我国社会道德危机凸显、文化事业发展薄弱,对中国特色社会主义文化建设提出严峻挑战。但这还不能足以说明习近平同志传统文化观形成的背景。

当前应该着重从经济发展新常态下实现中华民族复兴面临的经济转型、民主诉求、思想文化激荡、生态危机和国际发展环境等角度对习近平同志传统文化观的形成背景进行详细剖析。

(二)习近平同志论述传统文化的思想脉络

关于习近平同志论述传统优秀文化的思想脉络问题,有学者对其从 2013 年 3 月 1 日在中央党校 80 周年庆祝大会上的讲话至 2014 年 12 月 20 日视察澳门大学的讲话进行了梳理,指出习近平同志把传统文化的当代价值上升到了国家的战略高度,具体表现是"四个讲清楚"、"民族复兴以中华文化繁荣为条件"、"提高国家文化软实力"、"挖掘、阐发、传承、弘扬和发展中华文化"、"强调中华文化的和谐宇宙观、国际观、社会观和道德观"②。可以说,习近平同志关于文化建设的一系列论述,实现了"马、中、西"的三者有机统一(以马克思主义为指导、传承中国传统优秀文化、借鉴西方优秀思想文化资源)。

也有论者将习近平同志文化建设思想的形成与发展大致分为初步形成(党的十八大至 2014 年 2 月中央政治局第 13 次集体学习时期)和深化拓展(2014 年 2 月《深化文化体制改革实施方案》的通过至今)两个阶段③。这种划分的依据和观点不一定恰当,但该论者能够尝试对这一问题进行初步探索,还是比较可贵的。

关于习近平同志传统文化观的多重视域与内在演进逻辑的研究,有论者从"道德观视阈、价值观视阈、政治观视阈、民族观视阈、国际观视阈"来进行探索,并指出习近平同志传统文化观"分别指向个体、社会、国家、民族以及国际等渐次递

---

① 李国泉:《习近平文化建设思想研究》,山东大学硕士学位论文 2015 年。

② 刘仓:《习近平论中华优秀传统文化的当代价值》,《高校马克思主义理论研究》2015 年第 1 期,第 78 - 85 页。

③ 李国泉:《习近平文化建设思想研究》,山东大学硕士学位论文 2015 年。

升的多个层级"①。该论者从多重视域来论述习近平同志传统文化观的内在思想逻辑,具有重要的方法论意义。

二、习近平同志对待传统文化的态度与方法

既坚持继承,又创新发展,是中国共产党人对待中国传统文化的基本态度与立场。习近平同志对待传统文化具有鲜明的时代印记和特点,做到了坚持"马"(马克思主义)、继承"中"(中国传统优秀文化)、借鉴"西"(西方的一切有益文化成果)三者的有机统一。

(一)习近平同志对待传统文化的态度以及海外媒体学者的误解

关于习近平同志对待传统文化的态度问题,有学者做了总结分析,认为其不仅是马克思主义者,更是打通了"马、中、西"的马克思主义综合创新论者。习近平同志"既不是保守主义的尊孔崇儒派,也不是激进主义的反孔批儒派,马魂、中体、西用是习近平文化思想的宗纲"②。习近平同志的思想既传承了毛泽东、邓小平等人的文化观,又有自己的独特特点,即"马学为魂,中学为体,西学为用,三流合一,综合创新"③。这一论述直接回击了西方媒体和一些学者的错误认识(譬如,有学者偏见地认为近些年大陆在搞"消马归儒",错误地认为大陆把儒学看成挽救社会道德危机的唯一良药)。还有西方媒体大肆报道说,"习近平尊孔是因为马克思主义不灵了,开启了中国尊孔崇儒的新时代,一厢情愿地夸奖习近平同志所谓的'儒化共产党'"④。

笔者认为,针对海外媒体和一些学者的错误认识,我们要有理论自觉和清醒认识。中国共产党人历来都是马克思主义者,也是辩证的历史唯物主义者,从以儒学为代表的中国优秀传统文化,到中国共产党人的先进文化思想,我们都要很好地传承和发扬。同时,马克思主义作为党的指导思想和理论旗帜的政治地位,任何时候都不能动摇。中国共产党在推进马克思主义在中国民族化当代化的进程中,把马克思主义与我国传统优秀文化结合起来,与中国历史、中国实践结合起来,用于指导改革开放和现代化建设。此外,中国共产党人也积极吸收西方国家

---

① 周秀红,孙宪峰:《论习近平关于中华优秀传统文化重要论述的多重视阈》,《广西社会科学》2015 年第 2 期,第 175－179 页。
② 方克立:《"马魂、中体、西用"是习近平文化思想的宗纲》,《思想理论教育导刊》2015 年第 5 期,第 52 页。
③ 方克立:《"马魂、中体、西用"是习近平文化思想的宗纲》,《思想理论教育导刊》2015 年第 5 期,第 52 页。
④ 方克立:《"马魂、中体、西用"是习近平文化思想的宗纲》,《思想理论教育导刊》2015 年第 5 期,第 53 页。

的优秀思想文化成果,这是我们经济发展、民主进步和社会和谐文明的"密码",也是实现民族复兴的有益借鉴。习近平同志对待中国传统文化的态度,正是全面深化改革背景下推动文化繁荣发展和实现民族复兴的现实要求。

(二)习近平同志对待传统文化的科学方法

关于习近平同志对待传统文化的方法问题,有论者指出,习近平同志在认真总结我国文化发展历程中的经验教训和把握世界主流文化发展态势的基础上,阐述了对待我国传统优秀文化必须遵循的根本方法,包括"有扬弃地予以继承,创造性转化,创新性发展;立足本国又面向世界;既反对文化复古主义,又反对历史虚无主义"①。这些科学方法为我国文化现代化和增强"四个自信"提供了重要支撑。

此外,还有学者分析了习近平同志关于正确对待中国传统文化的方法论,认为习近平同志关于正确对待中国传统文化主要是坚持了"辩证地继承、创造性转化、创新性发展、反对教条主义和反对历史虚无主义相结合"②的重要方法。这一论述相对系统全面,笔者认同这一观点。

三、习近平同志传统文化观的思想内涵与基本特点

学界主要是从精神标识、历史底蕴、转化发展、精神实质等方面阐述习近平同志传统文化观的思想内涵。对习近平同志传统文化观主要特点的研究主要是从全面性、创新性、现代化、时代性等方面进行论述。笔者认为,习近平同志传统文化观是以民族复兴为核心,主要回答了中华传统优秀文化的当代价值、重要地位以及对待传统文化的正确态度、立场等。其主要特点表现为习近平同志高度的文化自觉性和综合创新性。

(一)习近平同志传统文化观的主要思想内涵

关于习近平同志传统文化观的思想内涵问题,有学者指出,习近平同志关于中华文化的系列论述推动我们党在中华文化的认识层面上进入一个新的境界,为实现民族复兴和再铸辉煌提供了基本遵循,包括"精神标识、历史底蕴、转化发展"三个方面。而且,习近平总书记的传统文化观在思想实质上"不仅强调了'创造性转化',更强调了对传统文化的'创新性发展'上,这一'双创原则'为新时期再创

---

① 冯纪元:《论习近平传统文化观》,《湖北社会科学》2016年第2期,第9-10页。
② 韩振峰:《习近平关于中国传统文化的方法论思想》,《团结报》2014年11月1日。

中华文化辉煌提供了思想指南"①。

　　还有论者将习近平同志的中华传统文化观思想体系的精髓概括为:"一个中心(民族复兴)、两个统一(传统文化与现实文化的统一、民族精神与时代精神的统一)、三个层面(国家、社会、个人)、四种方法(固本培元、扬弃继承、创造转化、深度挖掘)"②。

　　(二)习近平同志文化建设思想的基本特征

　　关于习近平同志文化建设思想的特征问题,有论者指出"文化自觉是习近平文化观最为鲜明的特点"③。有论者从"时代性、先进性、与时俱进性与鲜明的中国特色"④等方面对习近平同志的文化发展思想的特点进行了梳理。有论者认为习近平同志的传统文化思想具有"全面性、现代化和超越现实性"⑤的特点。

　　还有论者指出习近平同志的文化建设思想体现了"马克思主义社会有机体的整体性、发展性、开放性和人本性的特点"⑥。另有学者认为,习近平同志的传统文化观具有三个特点:"丰富性、全面性、创新性"⑦。也论者指出,习近平同志的文化观体现出"深邃的历史视野、独特的现实观照、宽广的世界眼光、通透的哲学思考"⑧等特点。还有论者梳理了习近平同志文化建设的多方面特征,包括"坚持先进性要求和广泛性要求的统一、继承性和创新性的统一、内容与形式的统一、原则的坚定性与策略的灵活性的统一"⑨。该论者对习近平同志文化建设特征的概括还是有一定价值的,但尚未全面反映习近平同志的文化思想的独特特点。

　　笔者认为,我们可以尝试从有的学者关于"综合创新论"的思路来把握习近平同志的传统文化思想的特征,实际上就是三点:坚持"马"、继承"中"、借鉴"西",

---

① 黎康:《精神标识·历史底蕴·转化发展——习近平关于"中华文化"重要论述的理论蕴含与实践指向》,《社会科学家》2015 年第 9 期,第 34 页。

② 李净,谢霄男:《浅谈习近平中国传统文化观》,《人民论坛》2015 年第 8 期,第 179 页。

③ 吴桂韩:《文化自觉:习近平文化观最鲜明的特点》,《山西社会主义学院学报》2015 年第 2 期,第 5 页。

④ 胡剑:《习近平文化发展思想及其制度价值研究》,《广西社会科学》2015 年第 4 期,第 190 页。

⑤ 黄晓丹,孙代尧:《传统文化当代价值实现路径探析——学习习近平关于中国传统文化的重要论述》,《中国特色社会主义》2016 年第 1 期,第 73 页。

⑥ 李欢,周建超:《论习近平的文化建设思想——基于马克思社会有机体理论的视阈》,《广西社会科学》2015 年第 7 期,第 184 页。

⑦ 董根洪:《论习近平的传统文化观》,《思想政治工作研究》2014 年第 9 期,第 6 页。

⑧ 吴桂韩:《习近平文化观的多维性特征》,《山西社会主义学院学报》2015 年第 4 期,第 5 页。

⑨ 冯纪元:《习近平总书记关于文化建设思想的鲜明特征》,《福建理论学习》2015 年第 10 期,第 16 - 18 页。

从而实现了对整个人类优秀文化的坚持、继承与借鉴的有机统一。

四、习近平同志传统文化观的基本内容与逻辑体系

学界对习近平同志传统文化观的内容体系和逻辑架构的研究成果较多,在很多方面基本达成共识。但分析的角度稍有不同,主要包括历史、现实、未来等角度。

(一)习近平同志传统文化观的内容体系与逻辑架构

关于习近平同志传统文化观的内容体系与逻辑架构问题,有学者从"传统文化有何当代价值"和"如何实现传统文化的当代价值"两个方面对习近平同志系列重要讲话中关于传承和弘扬优秀传统文化的思想内容体系进行了初步构建①。有论者从历史、现实、未来、世界四个层面论述了习近平同志的传统文化观②。也有论者从历史维度、现实维度、世界维度、哲学维度等方面对习近平同志文化观进行了全面分析③。还有论者指出,习近平同志的传统文化观的内容体系具体包括三个层面:"一是传统文化的历史定位,二是优秀传统文化的时代价值,三是弘扬传统文化的正确态度"④。

有学者从弘扬中华民族文化的重要地位、传统优秀文化的时代价值、对待传统文化的科学态度等三个方面,对习近平同志传统文化观的内容体系进行解读⑤。也有论者指出习近平同志对中国传统文化发展与社会主义文化有着深刻的论述,其主要内容体系包括"中国文化形象建设、意识形态阵地建设、文化发展制度建设、网络文化建设、礼仪文化建设"⑥。还有论者从精神内涵、当代价值和未来走向三个维度考察了习近平同志传统文化观的内容体系⑦。

(二)习近平同志文化建设思想的内容体系

关于习近平同志文化建设思想的内容体系问题,有论者在肯定习近平同志文化建设思想是其治国理政思想的重要组成部分的基础上,指出习近平同志的文化

---

① 李国泉,周向军:《学习习近平总书记关于传承和弘扬中华优秀传统文化的重要论述》,《思想理论教育》2014 年第 10 期,第 39 页。
② 冯思淇:《论习近平同志的传统文化观》,《毛泽东思想研究》2015 年第 2 期,第 76 页。
③ 吴桂韩:《习近平文化观的多维性特征》,《山西社会主义学院学报》2015 年第 4 期,第 5 页。
④ 董根洪:《论习近平的传统文化观》,《思想政治工作研究》2014 年第 9 期,第 6 - 7 页。
⑤ 郑吉伟,常佩瑶:《论习近平的传统文化观》,《理论学刊》2016 年第 1 期,第 4 - 10 页。
⑥ 胡剑:《习近平文化发展思想及其制度价值研究》,《广西社会科学》2015 年第 4 期,第 190 页。
⑦ 王征国:《习近平三维视野的传统文化观》,《理论学习》2014 年第 11 期,第 4 - 7 页。

建设思想是"以意识形态、核心价值观和共产主义理想信念为基石,以弘扬优秀传统文化、提升文化软实力、大力发展文艺事业为途径,以文化体制改革为保障"①。还有论者认为习近平同志的文化建设思想可以作为当前进一步推进中国特色社会主义文化大发展大繁荣的行动纲领与理论指南。同时,也分析了习近平同志的文化建设思想具体包括:"战略地位论、指导思想论、工作导向论、重点任务论……政治保障论"②。笔者认为该论者比较系统地论述了习近平同志文化建设思想体系的核心内容,体现了改革开放以来文化建设的经验和规律。

五、习近平同志传统文化观的理论价值与当代意义

习近平同志传统文化观无疑具有重大的理论价值和当代意义。学者们从哲学、政治学、党史、马克思主义中国化等学科角度进行了详细探讨。

（一）习近平同志传统文化观的理论意蕴

关于习近平同志传统文化观的理论意蕴问题,有论者梳理了习近平同志系列重要讲话中关于中华传统文化的理念与情怀,主要包括四个方面:"精神标识层面(对中华传统文化认知的新高度)、成人之学层面('内圣'修养的道德关怀)、平治天下层面('外王'理想的使命担当),以及文化自信层面(创造中华文化的新辉煌)"③。还有学者"从本体论、意识论、系统论、矛盾论和价值论等层面对习近平的文化思想的哲学底蕴进行解读"④,认为习近平同志的文化思想从深层次上指明了我国传统文化的起源、本质和价值。

（二）习近平同志传统文化观的当代价值

关于习近平同志传统文化观的当代价值问题,有论者指出习近平同志的文化思想对发展马克思主义哲学,铸就文化"活的灵魂"以及建设文化强国等具有重大实践价值⑤。有论者认为,把握习近平同志弘扬传统优秀文化的当代价值一定要认识到这一问题的实质与精髓,即"为解决中国走什么路、创造什么文明、中华文明在世界文明中占据什么样的地位的根本问题,而不是搞'中共第三套话语体系'

---

① 田建军:《简论习近平文化建设思想》,《党史文苑》2015 年第 24 期,第 47 页。
② 李国泉:《习近平文化建设思想论纲》,《理论导刊》2016 年第 1 期,第 85 页。
③ 范赟,王月清:《论习近平总书记系列重要讲话中的中华传统文化理念与情怀》,《理论学刊》2014 年第 9 期,第 8 页。
④ 张永奇:《文化"活的灵魂"的时代反映与实践价值——习近平文化思想的哲学底蕴及其现实意义》,《学习论坛》2015 年第 10 期,第 63 - 37 页。
⑤ 张永奇:《文化"活的灵魂"的时代反映与实践价值——习近平文化思想的哲学底蕴及其现实意义》,《学习论坛》2015 年第 10 期,第 63 页。

和'儒家社会主义宪政'"①。循着这个思路,该论者指出习近平同志传统文化观的当代价值主要表现在:"记忆中国民族的基因、积淀中华民族的精神追求、对中华文化的转化与发展、推动中华文化'走出去'"②。也有论者指出习近平同志主要是"从实现民族复兴中国梦、培育和弘扬社会主义核心价值观、推进国家治理体系和治理能力现代化、提升国家文化软实力、坚持和发展中国特色社会主义"③等层面论述中国传统文化的当代价值。

有学者认为,习近平同志的传统文化观与毛泽东、邓小平等人的传统文化观具有内在的一致性,更有自己独特的时代特点和独特意义。具体包括四个方面:"改变了从时代性看待中国传统文化的思维定式,实现了当代中国文化发展中的通古今之变,突显了中国马克思主义与中华文化传统之间传承发展的关系,肯定了中华优秀传统文化作为根基和命脉的当代价值"④。

笔者认为,习近平同志的传统文化观还需伴随着改革开放和现代化建设实践的推进而进一步完善,但实际上习近平同志已做到了以马克思主义为指导,立足改革开放和现代化建设实践诉求,与我国传统优秀文化相结合,从而在文化现代化层面上实现了马克思主义中国化的新发展。正如有论者指出,习近平同志关于弘扬传统文化的时代意义主要是"在理论与实践的结合上推进了马克思主义中国化的历史进程"⑤。

六、习近平同志对中华传统文化与马克思主义、社会主义核心价值观之间关系的认识

理解中华传统文化与马克思主义、社会主义核心价值观之间的关系,成为近年来学术界亟须破解的重大问题。习近平同志的相关认识为我们提供了方法论指导。

---

① 刘仓:《习近平论中华优秀传统文化的当代价值》,《高校马克思主义理论研究》2015 年第 1 期,第 78 页。

② 刘仓:《习近平论中华优秀传统文化的当代价值》,《高校马克思主义理论研究》2015 年第 1 期,第 78 – 85 页。

③ 李国泉,周向军:《学习习近平总书记关于传承和弘扬中华优秀传统文化的重要论述》,《思想理论教育》2014 年第 10 期,第 39 页。

④ 李翔海:《从延续民族文化血脉中开拓前进——论习近平中国传统文化观的时代意义》,《中共中央党校学报》2015 年第 6 期,第 22 – 27 页。

⑤ 杨瑞森:《弘扬中华优秀传统文化四题——学习习近平同志关于弘扬中华优秀传统文化重要论述的几点体会》,《思想理论教育导刊》2014 年第 12 期,第 47 页。

（一）习近平同志理解马克思主义与中国传统文化关系的维度

有学者从孔子诞辰 2565 周年学术研讨会暨国际儒学联合会的讲话中,梳理出了习近平同志理解中国传统文化与马克思主义之间关联的维度,主要体现在"中国共产党人是马克思主义者""中国共产党人不是文化虚无主义者""中国共产党人始终是中国优秀传统文化的忠实继承者和弘扬者"①。该论者还认为这三个方面全面地论述了"三个怎么看":怎么看以马克思主义为指导地位;怎么看中国传统优秀文化的地位;怎么看中国传统优秀文化的价值。同时,该论者强调只有解决了这三个"怎么看"的问题,马克思主义与中国传统优秀文化的有机结合才有可能性。

（二）习近平同志对马克思主义与社会主义核心价值观之间关系的理解

有学者指出,习近平同志传统文化思想中关于"涵养、滋养、营养"的关键词,深刻论述了传统文化与社会主义核心价值观之间的关联,强调了要使中华优秀传统文化成为涵养核心价值观的重要源泉②。这一论述对培育和践行社会主义核心价值观具有重要现实意义。

七、当前学界研究的整体状况与未来展望

当前学界围绕习近平同志传统文化观的形成背景、思想内涵与特点、内容体系与演进脉络、理论价值与当代意义,习近平同志对待传统文化的态度与方法,以及习近平同志关于中华传统文化与马克思主义、社会主义核心价值观之关系的理解等方面进行了创造性研究。由于研究视角的局限和分析框架不够科学,致使关于习近平同志传统文化观的精神实质、演进历程、内在理念与情怀等研究还比较薄弱。未来需要拓宽研究视角和思路,具体可以从以下四个方面努力。

一是从马克思主义中国化思想史的视阈,研究习近平同志传统文化观形成的思想背景、创新性以及发展脉络。马克思主义中国化内在地包括了马克思主义与中国传统优秀文化的结合维度,因此,从马克思主义中国化思想史的角度就更能科学地阐述习近平同志传统文化观的演进脉络与创新性。

二是从全面建成小康社会和实现中华民族伟大复兴的现实高度,深入挖掘习

---

① 高长武:《理解马克思主义与中国传统文化关系的三个维度——学习习近平关于中国传统文化的重要论述》,《党的文献》2015 年第 1 期,第 24 - 30 页。

② 肖贵清:《中华优秀传统文化与社会主义核心价值观的内在联系——学习习近平系列重要讲话精神》,《南京师范大学学报》社会科学版 2015 年第 6 期,第 5 - 12 页。

近平同志传统文化观的理论价值和当代意义。文化的复兴与繁荣是全面建成小康社会的内在要求,是实现中华民族伟大复兴的条件。那么,从全面建成小康社会和实现中华民族伟大复兴的现实高度,就更加容易透视习近平同志传统文化观的价值所在。

三是从中华传统文化与马克思主义中国化大众化时代化内在关联的角度,审视习近平同志传统文化观的理论突破和思想贡献。马克思主义的中国化要求马克思主义与中国传统文化相结合;马克思主义的大众化需要吸收和借鉴中国传统优秀文化的有益成分和内在基因;马克思主义的时代化要求实现中国传统文化的现代开展。鉴于此,从马克思主义中国化大众化时代化与中国传统文化内在关联的角度,就能更加科学地阐述习近平同志传统文化观的思想贡献。

四是从毛泽东、邓小平及习近平同志等中国共产党领导人的传统文化观之间相互比较的视野,考察习近平同志传统文化观的独特精神实质和内在情怀。毛泽东、邓小平与习近平同志对传统文化的现代开展都做出了卓越贡献,他们在坚持马克思主义和实现传统文化现代化层面是一脉相承的。习近平同志的传统文化观形成于全面深化改革、全面建成小康以及实现中华民族伟大复兴的关键时期,具有独特的时代印记。只有比较毛泽东、邓小平与习近平同志等中国共产党领导人的传统文化观之间形成的不同时代背景,审视他们试图要解答的时代课题以及肩负着不同的时代使命,才能从整体性的视野透析习近平同志传统文化观的精神实质、内在理念和情怀。

(原载于《毛泽东思想研究》2016 年第 6 期)

从延续民族文化血脉中开拓前进[*]

——论习近平总书记中国传统文化观的时代意义

李翔海

如何对待中国传统文化的问题,既是近现代以来中国社会和思想文化界关注的热点问题之一,也是当代中国特色社会主义建设中的重要课题。近年来,习近平总书记站在中国特色社会主义建设和中华民族现代复兴的历史高度,围绕中国传统文化发表了一系列重要讲话。这些讲话既多方阐发了中国传统文化的重要内涵,也深度阐述了中国传统文化的历史作用与当代价值,并阐明了中国文化传统当代转化与发展的基本方针,形成了相对完整的中国传统文化观。作为马克思主义中国化的最新成果,习近平总书记的中国传统文化观在坚持马克思主义的指导地位,立足于中国社会主义建设与中华民族现代复兴的实践要求,批判继承和弘扬发展中华优秀传统文化等基本立场上,与毛泽东、邓小平等老一辈中国共产党人的相关认识具有内在的一致性,但同时又与时俱进,体现出了一些新的内容,具有新的时代意义。

一、改变了从时代性看待中国传统文化的思维定式

2012 年 11 月 15 日,刚刚在中国共产党第十八届一中全会上当选为中共中央总书记的习近平在同中外记者见面时的讲话中指出:"我们的人民是伟大的人民。在漫长的历史进程中,中国人民依靠自己的勤劳、勇敢、智慧,开创了民族和睦共

* 作者简介:李翔海(1962—),男,湖北荆门人,哲学博士,北京大学马克思主义学院暨中国文化发展研究中心教授,博士研究生导师,马克思主义学院学术委员会主任。
基金项目:国家社会科学基金重大项目"20 世纪中国传统哲学与马克思主义哲学、西方哲学关系研究"(13&ZD056);北京市中国特色社会主义理论体系研究中心重大项目"弘扬中华优秀文化与培育践行社会主义核心价值观研究"(ZT2014002)。

处的美好家园,培育了历久弥新的优秀文化。"①在这里,习近平用了"历久弥新"这一词来形容中国传统文化,突破了过去长期以来主要是从时代性来看待中国传统文化的思维定式,让人耳目一新。

作为人类文化的主流传统之一,中国文化曾经创造了辉煌的历史成就,长期处于周边文化的中心,不仅对于塑造包括日本、朝鲜半岛在内的东亚传统社会发挥了重要作用,而且经过明末清初西方传教士的回传,对于启蒙时代的欧洲亦产生过广泛影响。但是,随着资本主义制度的兴起与全球扩张,中华文明在西方现代文明的强力冲击下,在1840年之后迅速陷入了衰颓之中。如果说鸦片战争时期"师夷长技以制夷"口号的提出是在中国文化传统发展演进的历史上第一次明确承认必须"以夷为师",戊戌维新运动时期提出的对中国传统的制度"统筹全局而全变之"则可以看作是已经在制度的层面开了"一切悉从泰西"的先河,五四新文化运动经过从器物到制度再到精神理念的通盘反省之后得出的"我们百不如人"的结论,则已经是对中国传统文化的整体否定。伴随着西方文化的大量涌入,正是在五四新文化运动时期,中国学界不仅在将西方现代文化视为"新文化"的同时,将中国文化传统看作"旧文化",而且将以现代新儒家之开山鼻祖梁漱溟等为代表的力图以中国文化传统为本位而谋求中国文化现代化的中国现代文化保守主义者也归入"旧文化"的阵营。② 以时代性为基本标尺来论衡中国文化传统的致思取向由此开启并逐渐积淀而形成中国现代思想史上产生了长期影响的一种思维定式。它至少包含了以下三个方面的主要内容③。

首先,在评价中国文化的基本尺度上,主要甚至仅仅突显了"时代性"的单一维度,即只以文化发展的不同阶段来衡断中国文化。其结果是在认为只有西方文化才是代表了今天人类文化之现代形态的"新文化"的同时,在整体上把中国文化定位为停滞于现代化之前的、已经落后于时代要求的"旧文化"。

其次,在看待中西文化的差别上,把中国文化所有不同于西方文化的特点均归结为是时代性或发展程度的不同,即西方文化已经发展到了现代,而中国文化则仍然停滞在古代。由此而指明的中国文化的未来发展方向就是:在整体上抛弃不符合时代要求的旧特质而全盘承袭现代文化的基本要素与精神。

再次,在看待中国文化的现代价值方面,认定中国文化的价值系统在整体上

---

① 习近平:《人民对美好生活的向往就是我们的奋斗目标》,《人民日报》2012年11月15日。
② 李翔海:《文化保守主义是怎样被归入"旧文化"阵营的——一个观念史的考察》,《社会科学阵线》2015年第9期。
③ 李翔海:《对中国现代哲学研究中"时代性"观念的反省》,《南京大学学报》2006年第6期。

已经不具备根本的现代意义，其所具有的零星的现代价值也只有通过按照外在于中国文化传统的现代化的标准加以择取并碎片化地融入"现代文化"之中才能获取。

本来，时代性与民族性一起共同构成了一个具体的文化系统的基本属性，因此，从时代性的维度来考察一个文化系统，不仅有其内在的合理性，而且对于正处于从传统向现代转型进程之中的中国文化传统而言更具有必要性。众所周知，中国文化的现代转型具有一定程度的后发性，在最初阶段相当程度上是在西方文化的外在冲击下被迫开始的。因此，从时代性的维度来看待中国文化，有利于摆脱此前由于长期浸润于中国文化中心论之中而形成的只注重从民族文化的单向度看待中国文化的思维习惯，而在西方现代文化的比照之下对中国文化特别是其不足之处有一个更为完整而自觉的认识。这也是秉持时代性标准最为坚执的自由主义西化派在现代中国思想史上曾经具有的重要的积极意义。但是，当此后的一个长时期里，时代性演变成为论衡中国文化的主要甚至唯一尺度，由此带来的缺失也是明显而突出的。在这样的视野之下，不仅中国传统文化自身的现代价值在整体上被否定，而且中国文化不同于西方现代文化的民族特质在现代社会中存在的合法性也归根结底遭到质疑乃至否定。应当说，这是中国现代思想史上中国传统文化一直处于被批判地位甚至在整体上被判定为逆现代化而动的精神力量的根本缘由。改革开放以来，特别是进入 21 世纪，随着中国特色社会主义事业的不断推进，中国传统文化的现实存在境遇虽然不断得到改善，但是，由于以时代性作为评断中国传统文化之基本标准的思维定式堪称根深蒂固，人们对中国传统文化的基本认识并没有得到根本的改变。在社会大众层面，不少人一提到作为中国文化传统之主流的儒学就目之为反现代化的"封建遗毒"，就是这种状况的一个鲜明表征。

习近平用"历久弥新"来形容中国文化传统，一针见血地突破了此前这种思维定式的藩篱。在这里，"时代性"不再简单地被认定为评断某种思想文化之"进步"与"落后"的标准。不仅如此，与这种思维定式的基本缺失在于忽略了文化之"民族性"的向度形成鲜明对比，习近平恰恰着重突显了文化的民族性所具有的重要意义。这在他对中华文化与中华民族血肉相连的内在关系的强调中得到了集中体现。

习近平总书记明确指出："民族文化是一个民族区别于其他民族的独特标

识。"①就中华文化与中华民族而言,"中华文化源远流长,积淀着中华民族最深层的精神追求,代表着中华民族独特的精神标识,为中华民族生生不息、发展壮大提供了丰厚滋养。"②换言之,"我们生而为中国人,最根本的是我们有中国人的独特精神世界,有百姓日用而不觉的价值观"。"中华文明绵延数千年,有其独特的价值体系。中华优秀传统文化已经成为中华民族的基因,植根在中国人内心,潜移默化影响着中国人的思想方式和行为方式。"③

这就突出地强调了特定文化的民族性与特定民族之间不可分割的内在关联。在这个意义上,我们应当有理由认为,"中华民族"与"中华文化"是紧密联系而不可分割的生命共同体。没有中华民族及其历史实践,所谓中华文化就只能是无源之水、无本之木;另一方面,如果没有深入血脉与骨髓的中华文化的浸润与熏陶,所谓"中华民族"也就不再成其为中华民族。由此不难见出中华优秀民族传统文化所具有的不可或缺的重要价值。

民族性维度的突显,改变了过去长期以来主要是从时代性来看待中国传统文化的思维定式,对于我们在新的时代背景下更为完整、深入地认知中国传统文化,具有重要的理论意义与现实意义。与此同时,习近平总书记对民族性维度的突显又不是要以民族性维度来替代时代性维度,正如他所指出的,"传统文化在其形成和发展过程中,不可避免会受到当时人们的认识水平、时代条件、社会制度的局限性的制约和影响,因而也不可避免会存在陈旧过时或已成为糟粕性的东西。这就要求人们在学习、研究、应用传统文化时坚持古为今用、推陈出新,结合新的实践和时代要求进行正确取舍,而不能一股脑儿都拿到今天来照套照用。要坚持古为今用、以古鉴今,坚持有鉴别的对待、有扬弃的继承,而不能搞厚古薄今、以古非今,努力实现传统文化的创造性转化、创新性发展,使之与现实文化相融相通,共同服务于文化人的时代任务。"④民族性与时代性并重的双重维度,将为我们面向未来更为辩证地对待中国传统文化提供有力的思想保障。

---

① 习近平:《完善和发展中国特色社会主义制度推进国家治理体系和治理能力现代化》,《人民日报》2014 年 2 月 18 日。

② 习近平:《把培育和弘扬社会主义核心价值观作为凝魂聚气强基固本的基础工程》,《人民日报》2014 年 2 月 26 日。

③ 习近平:《青年要自觉践行社会主义核心价值观——在北京大学师生座谈会上的讲话》,《人民日报》2014 年 5 月 5 日。

④ 习近平:《在纪念孔子诞辰 2565 周年国际学术研讨会暨国际儒学联合会第五届会员大会开幕会上的讲话》,《人民日报》2014 年 9 月 25 日。

二、实现了当代中国文化发展中的"通古今之变"

文化的民族性与历史性和继承性紧密相连。在突显中华文化民族性之重要价值的基础上，习近平进而从中华文明数千年传承繁衍的历史性与继承性的高度，强调中华文明自古及今发展演进的内在一致性，实现了当代中国文化发展中的"通古今之变"，畅通了中华文化的精神生命。

近代以来，由于历史的机缘巧合，中华大地成为马克思主义、中国文化传统与西方现代文化的汇聚之地。与中国社会的巨大变革相伴随，中国文化的现代转型也取得了重要成就，形成了马克思主义主导下的中国马克思主义、自由主义西化派与文化保守主义的现代新儒家三大现代思潮对立互动的思想格局，实现了价值系统的现代转化，初步建成了以"民族的、科学的、大众的"为基本特色的社会主义新文化。但是，与主要是从"时代性"的维度来看待文化的基本价值取向相联系，中国新文化的建设也存在着一个历史性的内在局限。这就是，由于过于强调"新"与"旧"之间的对立，中国文化的精神生命出现了古今脱节、滞涩不通的问题。这一问题在中国三大现代思潮中均有不同程度的表现。

正如上文已经指出的，以时代性作为论衡文化的基本维度在自由主义西化派那里得到了最为典型的体现。作为自由主义西化派最重要的代表人物，胡适曾经明确指出："我们承认各民族在某一个时代的文化所表现的特征，不过是环境与时间的关系，……我们拿历史眼光去观察文化，只看见各种民族都在那'生活本来的路'上走，不过因环境有难易，问题有缓急，所以走的路有迟速的不同，到的时候有先后的不同。"①立足于这样的认识，在西化派那里，中国文化传统完全被限定在现代之前，在现代社会中已经成为不再具有鲜活生命力的、类似于陈列于博物馆中让人凭吊的"古董"。这样，由于中国文化传统在进入世界历史的现代阶段事实上已经停滞乃至死亡，因而中国文化仅仅只属于过去而没有今天更没有未来。作为自由主义西化派的直接理论对立面，现代新儒家根本反对西化派认定中国文化早就已经死亡的一偏之见，坚心要为中国文化在现代社会依然"活着"做见证②。但是，由于现代新儒家力图在中国文化与马克思主义之间"严辨夏夷"，在拒斥马克思主义的同时，根本不承认以马克思主义为主流意识形态的中国现代文化是统

---

① 胡适：《读梁漱溟先生的〈东西文化及其哲学〉》，《胡适文存》第二集，黄山书社1996年版，第179页。
② 唐君毅，牟宗三，张君劢，徐复观：《为中国文化敬告世界人士宣言》，封祖盛：《当代新儒家》，北京三联书店1989年版，第7页。

一的"中国文化"的组成部分。这样,尽管现代新儒家肯定了中国文化在现代社会中依然具有内在生命力,但这种肯定在现实之中并没有真正落到实处。归根结底,同自由主义西化派一样,在现代新儒家这里,在中国古代文化与中国近现代文化之间是横亘着历史性沟壑的,两者之间不存在也不可能存在内在的统一性。对于中国马克思主义而言,在相当长的一个历史时期,也事实上存在着着力强调马克思主义与中国传统文化之对立而对其继承关系揭示不够的偏颇,中国古代文化与中国近现代文化之间同样没有得到很好的贯通。由于中国古代文化与中国现代文化被打成两橛,中国文化的精神生命就是阻隔不通的。随着中国社会的不断发展与综合国力的不断提高,如何畅通中国文化的精神生命,以使其焕发出充沛的生命活力,就成为一个等待破解的重要时代课题。

在全面建成小康社会的新的历史时期,习近平总书记做出了新的论述。他高度重视"历史"本身的重要意义,指出:"历史就是历史,历史不能任意选择,一个民族的历史是一个民族安身立命的基础"。① 这样的"历史"显然应当是一脉相承而不应当是阻隔、滞塞的:"中华民族具有 5000 多年连绵不断的文明历史,创造了博大精深的中华文化,为人类文明进步作出了不可磨灭的贡献。经过几千年的沧桑岁月,把我国 56 个民族、13 亿多人紧紧凝聚在一起的,是我们共同经历的非凡奋斗,是我们共同创造的美好家园。"②中华民族与中华文明何以能够如此呢? 习近平指出:"中华民族有着 5000 多年的悠久历史和灿烂文化,而且中华文明从远古一直延续发展到今天。为什么中华民族能够在几千年的历史长河中顽强生存和不断发展呢? 很重要的一个原因,是我们民族有一脉相承的精神追求、精神特质、精神脉络。今天我们使用的汉字同甲骨文没有根本区别,老子、孔子、孟子、庄子等先哲归纳的一些观念也一直延续到现在。这种几千年连贯发展至今的文明,在世界各民族中是不多见的。"③这在中华民族的一些基本的精神品格或曰"基因"中得到了数千年一以贯之的清楚表现:"中华民族是爱好和平的民族。一个民族最深沉的精神追求,一定要在其薪火相传的民族精神中来进行基因测序。有着5000 多年历史的中华文明,始终崇尚和平,和平、和睦、和谐的追求深深植根于中华民族的精神世界之中,深深溶化在中国人民的血脉之中。中国自古就提出了'国虽大,好战必亡'的箴言。'以和为贵''和而不同''化干戈为玉帛''国泰民

---

① 习近平:《在纪念毛泽东同志诞辰 120 周年座谈会上的讲话》,《人民日报》2013 年 12 月27 日。

② 《习近平谈治国理政》,外文出版社 2014 年版,第 39 页。

③ 习近平:《从小积极培育和践行社会主义核心价值观——在北京市海淀区民族小学主持召开座谈会时的讲话》,《人民日报》2014 年 5 月 31 日。

安''睦邻友邦''天下太平''天下大同'等理念世代相传。中国历史上曾经长期是世界上最强大的国家之一,但没有留下殖民和侵略他国的记录。我们坚持走和平发展道路,是对几千年来中华民族热爱和平的文化传统的继承和发扬。"①正是立足于这样的认识,习近平归结说:"总之,只有坚持从历史走向未来,从延续民族文化血脉中开拓前进,我们才能做好今天的事业。"②显然,在这样的思想视野之下,中华民族与中华文化的历史不再是因为阻隔而滞塞不通的,而是自古及今一脉相承、连绵不断的,这就站在时代的高度实现了当代中国的"通古今之变",从而畅通了中华文化传统的精神生命,为中华文化面向未来创造新的辉煌提供了重要前提。

三、突显了中国马克思主义与中华文化传统之间"传承发展"的关系

在如何对待中华传统文化的问题上,在中国马克思主义的早期探索中曾出现过某些偏颇。如陈独秀、瞿秋白曾把中西之异视为古今之别,从而直接将中华文化等同于封建文化。即使经过其后的发展,对文化"民族性"的理解,也主要是停留在"形式"层面。在这方面,胡绳发表于 1946 年的《新文化的方向和途径——抗战时期的文化运动的回顾》一文颇具典型意义。在他看来,"20 多年来,自'五四'运动以后,中国新文化运动的主流方向一直是朝着民主与科学的方向,但是也曾有过一个错误,以为既然是新文化,就不能带有任何民族的色彩,因此就抹杀了一切民族文化的传统,甚至抹杀中国民族生活的特点。这样就使得新文化难以在民族的土壤中根深蒂固。抗战时期的文化运动,一方面克服了抗战初期的一时偏向,并与倒退的民族思想坚决对立,一方面又改正了过去文化运动中抹杀民族特征的错误。……人们懂得了中国新文化的进一步的发扬光大,一定是民族的形式,民主科学的内容。这样就解决了文化的民族特征的问题。这在文化发展史上,很显然的,是具有极其重大的意义的。"③在这里,有两方面的信息值得注意:其一,在早期的中国马克思主义者那里,曾出现过"抹杀了一切民族文化的传统"的问题;其二,即使是对于在抗战期间得到进一步发展的中国马克思主义者而言,中国新文化的民族性特质也只是体现在"民族的形式"的层面,而与新文化的内容缺少必要的联系。1949 年之后的一段时间里,这种状况不仅没有得到根本改变,

---

① 习近平:《在德国科尔伯基金会的演讲》,《人民日报》2014 年 3 月 3 日。

② 习近平:《在纪念孔子诞辰 2565 周年国际学术研讨会暨国际儒学联合会第五届会员大会开幕会上的讲话》,《人民日报》2014 年 9 月 25 日。

③ 胡绳:《新文化的方向和途径——抗战时期的文化运动的回顾》,《胡绳文集》(1935 - 1948),重庆出版社 1990 年版,第 279 - 280 页。

甚至还出现过从整体上突显两者尖锐对立的情况。这就不能不对马克思主义的中国化特别是大众化带来不利影响。进而言之，要通过马克思主义中国化而成就中国化的马克思主义，就必须把中华民族的智慧精神融入其中。这种状况显然是与马克思主义中国化的深度要求不相应的。

在明确宣示"中国共产党人是马克思主义者，坚持马克思主义的科学学说，坚持和发展中国特色社会主义"①的同时，习近平鲜明地突显了中国马克思主义与中华文化传统之间"传承发展"的关系。在他看来，"中国共产党人始终是中国优秀传统文化的忠实继承者和弘扬者"。② 他指出："中国特色社会主义这条道路来之不易，它是在改革开放 30 多年的伟大实践中走出来的，是在中华人民共和国成立 60 多年的持续探索中走出来的，是在对近代以来 170 多年中华民族发展历程的深刻总结中走出来的，是在对中华民族 5000 多年悠久文明的传承中走出来的，具有深厚的历史渊源和广泛的现实基础。"③这也就是说，"中华优秀传统文化是我们最深厚的文化软实力，也是中国特色社会主义植根的文化沃土。"④他强调，培育和弘扬社会主义核心价值观必须立足中华优秀传统文化。牢固的核心价值观，都有其固有的根本。抛弃传统、丢掉根本，就等于割断了自己的精神命脉⑤。这就明确突显了中国马克思主义与中华文化传统之间"传承发展"的内在联系。

与此同时，习近平立足于马克思主义的基本立场，明确强调了"应该科学对待民族传统文化"⑥。他明确指出，在传统文化形成和发展过程中，不可避免会受到当时人们的认识水平、时代条件、社会制度等方面的局限性的制约和影响，因而也不可避免会存在陈旧过时或已成为糟粕性的东西。在今天学习、研究、应用传统文化时应该坚持古为今用、推陈出新的原则，结合新的实践和时代要求正确取舍，而不能照套照用。要坚持古为今用、以古鉴今，坚持有鉴别的对待、有扬弃的继承，而不能搞厚古薄今、以古非今。他多次强调要重点做好传统文化的创造性转

---

① 习近平：《在纪念孔子诞辰 2565 周年国际学术研讨会暨国际儒学联合会第五届会员大会开幕会上的讲话》，《人民日报》2014 年 9 月 25 日。

② 习近平：《在纪念孔子诞辰 2565 周年国际学术研讨会暨国际儒学联合会第五届会员大会开幕会上的讲话》，《人民日报》2014 年 9 月 25 日。

③ 习近平：《在对历史的深入思考中更好走向未来　交出发展中国特色社会主义合格答卷》，《人民日报》2013 年 6 月 27 日。

④ 习近平：《牢记历史经验历史教训历史警示，为国家治理能力现代化提供有益借鉴》，《人民日报》2014 年 10 月 14 日。

⑤ 习近平：《把培育和弘扬社会主义核心价值观作为凝魂聚气强基固本的基础工程》，《人民日报》2014 年 2 月 26 日。

⑥ 习近平：《在纪念孔子诞辰 2565 周年国际学术研讨会暨国际儒学联合会第五届会员大会开幕会上的讲话》，《人民日报》2014 年 9 月 25 日。

化、创新性发展,赋予其新的时代内涵和现代表达形式。

总而言之,在处理中国马克思主义与中华传统文化关系的问题上,习近平一方面站在时代的高度明确突显了中国马克思主义与中华文化传统之间"传承发展"的内在联系,另一方面又强调了"应该科学对待民族传统文化""重点做好创造性转化和创新性发展",从而体现出高度辩证的思考,为进一步推进中国马克思主义与中华优秀传统文化之间从形式到内容的深度结合指明了基本的精神方向。

四、肯定了中华优秀传统文化作为"根基"和"命脉"的当代价值

1840 年以来,在西方中心论的时代背景中,在西方现代文化的强力冲击下,中国文化传统的现代意义被整体否定,最多只能在其中找到为今天所用的零星价值。在中国现代思潮中,虽亦出现过以阐扬中国文化传统之现代价值为职志的流派如现代新儒家,但不仅长期难以产生广泛的社会影响,而且时至今日还依然被一些人视作"旧文化"的代表。在西化派那里,早就已经"死亡"的中国传统文化显然是不可能在整体上具有现代意义的。中国马克思主义虽然早就明确强调了"批判继承"的方针,但就其实际情况来看,即使在完成了从"抹杀了一切民族文化的传统"到肯定"民族的形式"的转变过程之后,中国文化传统的现代价值在内容上也主要是停留在以科学、民主为标准去到已经被整体打碎的中国文化传统中找寻片段性的价值意义的层面。这样的状况,显然是与中华民族现代复兴的时代要求不相应的。正如习近平总书记 2013 年 11 月视察山东时所指出的,中华优秀传统文化是中华民族的突出优势,中华民族伟大复兴需要以中华文化发展繁荣为条件,必须大力弘扬中华优秀传统文化①。人类历史的发展表明,没有文化的引领和推动,国家民族的强盛归根结底只能是水中月、镜中花。中国特色社会主义道路是植根于中华文化沃土之中的,"不论树的影子有多长,根永远扎在土里"②。离开了中国优秀文化之根,中国特色社会主义道路就是无源之水、无本之木。中华文化的发展繁荣不仅构成了中华民族现代复兴的重要前提,更是引领和推进中华民族的现代复兴的精神动力。正是立足于中华民族现代复兴的时代要求,习近平总书记从多方面高度肯定了中华优秀传统文化的当代价值。

中华优秀传统文化是中华民族最根本的精神基因与独特的精神标识。习近

① 中共中央宣传部:《习近平总书记系列重要讲话读本》,学习出版社、人民出版社 2014 年版,第 99 - 100 页。
② 中共中央文献研究室:《习近平关于实现中华民族伟大复兴的中国梦论述摘编》,中央文献出版社 2013 年版,第 42 页。

平总书记指出:"中华文化积淀着中华民族最深沉的精神追求,包含着中华民族最根本的精神基因,代表着中华民族独特的精神标识,是中华民族生生不息、发展壮大的丰厚滋养。"①

中华优秀传统文化是中华民族的"根""魂"与"精神命脉"。2012 年 12 月,在广东考察工作时,习近平指出:"中华民族有着五千多年的文明史,创造和传承下来丰富的优秀文化传统。一方而,随着实践发展和社会进步,我们要创造更为先进的文化。另一方而,在历史进程中凝聚下来的优秀文化传统,决不会随着时间推移而变成落后的东西。我们决不可抛弃中华民族的优秀文化传统,恰恰相反,我们要很好传承和弘扬,因为这是我们民族的'根'和'魂',丢了这个'根'和'魂',就没有根基了。"②2014 年 10 月 15 日,习近平在主持召开的文艺工作座谈会上指出:"中华优秀传统文化是中华民族的精神命脉,是涵养社会主义核心价值观的重要源泉"。③

中华优秀文化不仅在历史上为中华民族提供了丰厚滋养,而且今天依然是中华民族不断前行的强大精神动力:"中华文化源远流长,积淀着中华民族最深层的精神追求,代表着中华民族独特的精神标识,为中华民族生生不息、发展壮大提供了丰厚滋养。"④"中华文明源远流长,孕育了中华民族的宝贵精神品格,培育了中国人民的崇高价值追求。自强不息、厚德载物的思想,支撑着中华民族生生不息、薪火相传,今天依然是我们推进改革开放和社会主义现代化建设的强大精神力量。"⑤

中华优秀传统文化是培育和弘扬社会主义核心价值观的根本,是涵养社会主义核心价值观的源泉。习近平强调,培育和弘扬社会主义核心价值观必须立足中华优秀传统文化。牢固的核心价值观,都有其固有的根本。抛弃传统、丢掉根本,就等于割断了自己的精神命脉。他指出:"要认真汲取中华优秀传统文化的思想精华和道德精髓,大力弘扬以爱国主义为核心的民族精神和以改革创新为核心的

---

① 中共中央宣传部:《习近平总书记系列重要讲话读本》,学习出版社,人民出版社 2014 年版,第 99 - 100 页。

② 中共中央文献研究室:《习近平关于实现中华民族伟大复兴的中国梦论述摘编》,中央文献出版社 2013 年版,第 42 页。

③ 习近平:《坚持以人民为中心的创作导向,创作更多无愧于时代的优秀作品》,《人民日报》2014 年 10 月 16 日。

④ 习近平:《把培育和弘扬社会主义核心价值观作为凝魂聚气强基固本的基础工程》,《人民日报》2014 年 2 月 26 日。

⑤ 习近平:《深入开展学习宣传道德模范活动为实现中国梦凝聚有力道德支撑》,《人民日报》2013 年 9 月 27 日。

时代精神,深入挖掘和阐发中华优秀传统文化讲仁爱、重民本、守诚信、崇正义、尚和合、求大同的时代价值,使中华优秀传统文化成为涵养社会主义核心价值观的重要源泉。"①要大力弘扬中华传统美德,不断夯实中国特色社会主义的思想道德基础:"今天,中华民族要继续前进,就必须根据时代条件,继承和弘扬我们的民族精神、我们民族的优秀文化,特别是包含其中的传统美德。"②

　　中华优秀传统文化是我们在世界文化激荡中站稳脚跟的根基。习近平总书记指出:"博大精深的中华优秀传统文化是我们在世界文化激荡中站稳脚跟的根基。"③面向全球化时代,能不能保持民族文化精神的主体性,能不能通过培育和践行社会主义核心价值观切实而充分发挥当代中国文化的精神动力作用,以为中国现代化提供民族生命力的精神支柱、民族凝聚力的精神纽带、民族创造力的精神源泉,堪称是一个关系到中华民族现代复兴之成败的关键性问题。正是在这样的时代背景下,通过继承和发扬博大精深的中华优秀传统文化而自觉自主地保持"中华民族独特的精神标识",就为我们在世界文化激荡中站稳脚跟奠定了坚实的根基。

　　2014年3月7日,习近平总书记在参加贵州代表团审议政府工作报告时曾经指出:"一个国家综合实力最核心的还是文化软实力,这事关精气神的凝聚,我们要坚定理论自信、道路自信、制度自信,最根本的还要加一个文化自信。"④总而言之,习近平总书记的中国传统文化观,充分展示了当代中国的文化自信,为理论自信、道路自信与制度自信奠定了更为深厚的思想基础,开拓了马克思主义中国化的新境界,必将对于当代中华文化建设、对于中国特色社会主义事业产生深远影响。

（原载于《中共中央党校学报》2015年第6期）

① 习近平:《把培育和弘扬社会主义核心价值观作为凝魂聚气强基固本的基础工程》,《人民日报》2014年2月26日。
② 习近平:《从小积极培育和践行社会主义核心价值观——在北京市海淀区民族小学主持召开座谈会时的讲话》,《人民日报》2014年5月31日。
③ 习近平:《把培育和弘扬社会主义核心价值观作为凝魂聚气强基固本的基础工程》,《人民日报》2014年2月26日。
④ 《习近平参加贵州团审议:弘扬传统增强文化自信》,金黔在线,2014年3月7日。

以高度的文化自信推动中华文化繁荣发展

——学习习近平总书记关于中华优秀传统文化的重要论述

庄 严*

习近平总书记在文艺工作座谈会重要讲话中指出,中华优秀传统文化是中华民族的精神命脉,是涵养社会主义核心价值观的重要源泉,也是我们在世界文化激荡中站稳脚跟的坚实根基。认真学习领会习近平总书记有关文化发展的一系列重要论述,必须以高度的文化自觉和文化自信推动中华优秀传统文化的创造性转化和创新性发展,推进马克思主义与中华优秀传统文化相结合,提升文化在国家治理体系和治理能力现代化中的价值引领作用,用文化的力量托起实现中华民族伟大复兴的中国梦。

一、推动中华优秀传统文化的创造性转化和创新性发展

文化是孕育梦想的精神家园,是民族强盛的重要支撑。习近平总书记指出:"实现中华民族伟大复兴的中国梦,是中国各族人民的共同愿景。"这一共同愿景蕴含着国家富强、民族振兴、人民幸福的价值理想,成为当下中华民族共同的理想信念和价值追求。实现中华民族伟大复兴,必然伴随着中华文化的繁荣发展,而中华文化的繁荣发展,又引领和支撑中国梦的不断实现。推动中华文化繁荣发展,需要我们站在时代高度,礼敬和传承中华优秀传统文化,实现其创造性转化和创新性发展。

中华优秀传统文化是中华民族的突出优势,积淀着中华民族最深沉的精神追求,为中华民族生生不息、发展壮大提供了丰厚滋养。中华文化绵延5000年,有其独特的价值体系,已成为中华民族的基因,植根于中国人内心,潜移默化影响着中国人的思想方式和行为方式。至今仍具有鲜活的时代价值。中华优秀传统文

* 作者简介:庄严,中共吉林省委常委、宣传部部长。

化蕴含着丰富的思想资源和强大的精神力量,历久弥新,是我们最深厚的文化软实力。充分发挥中华优秀传统文化优势,展示中华文化独特魅力,实现中华文化的伟大复兴,是我们义不容辞的责任。

中华文化的繁荣发展重在转化和创新。发挥中华优秀传统文化的突出优势,需要以马克思主义为指导,做好转化和创新这篇大文章。中华文化有着强劲的生命力,但在近代迫于西方列强的外来冲击而转型,今天我们仍处在这个文化转型进程中。从传统社会到现代社会,从农业文明到工业文明,从计划经济到社会主义市场经济,社会结构发生了深刻变化,随着全面深化改革的不断推进,中华文化必将重现勃勃生机,成为实现中国梦的坚实根基。我们必须整理和挖掘中华传统文化,提炼中华传统文化的时代内涵和当代价值,使中华优秀传统文化成为涵养社会主义价值观的重要源泉。坚持古为今用、以古鉴今,着眼于时代的新发展新要求,进行文化创新,不断丰富和发展中华文化。大力弘扬中华文化的包容开放气度,推进人类各种文明的交流交融、互学互鉴,以高度的文化自信实现中华传统文化的创造性转化和创新性发展,使人类文明中的优秀文化基因与当代中国文化相适应、与现代社会相协调,把跨越时空、超越国度、富有永恒魅力、具有当代价值的文化精神弘扬起来,努力用中华民族创造的一切精神财富支撑中国梦的实现。

二、推进马克思主义与中华优秀传统文化相结合

马克思主义与中国实际相结合,使中国人民的面貌、社会主义中国的面貌、中国共产党的面貌为之一新,开拓了中国特色社会主义道路,彰显了中华文化发展的时代走向和恢宏气势。实现中华民族伟大复兴中国梦,需要不断推进马克思主义中国化,在马克思主义指导下不断发展中华文化。

马克思主义之所以能够为中国共产党人所掌握,并为中国人民所认同,关键就在于马克思主义中国化。正如习近平总书记指出的那样:"马克思主义也好,社会主义也好,能够在中国取得胜利,关键就是我们不断推进其中国化,紧密结合中国实际加以运用。"马克思主义与中华优秀传统文化的结合,既不是词汇概念上的诠释注解,也不是形式和话语上的简单模拟,而是促进马克思主义中国化、提升中华优秀传统文化的现代性,使二者互为作用、互相促进,真正在文化精神上融为一体。在这个意义上,马克思主义中国化既是理论和实践的中国化,也是文化的中国化。在这个历史进程中,我们党反对教条主义、本本主义,坚持马克思主义活的灵魂,让马克思主义说中国话,形成马克思主义中国化的理论成果。毛泽东思想中的很多重要内容,比如实事求是、群众路线、独立自主等,既继承了中华优秀传统文化,又与马克思主义基本原理相一致。同样,中国特色社会主义理论体系作为马克思主义中国化的理论成果,也在于我们党反对历史虚无主义、文化虚无主义,既不走老路,也不走邪路,而是坚持中国特色社会主义,因为它植根于中华文化沃土,反映中国人民意愿,适应中国和时代发展进步要求,有着深厚历史渊源和广泛现实基础,就是说,中国特色社会主义道路、理论体系、制度源于中华优秀传统文化的深厚历史积淀,也与马克思主义基本原理相一致。

独特的文化传统、独特的历史命运、独特的基本国情,注定了中国必然要走适合自己特点的发展道路。中国的发展道路是在把脉中国现实、关照中国文化、回答时代课题、解决中国问题的过程中走出来的,并形成中国特色社会主义理论体系。这一理论体系既是中国道路的理论总结,也是中国道路的理论反思,蕴含着中华文化的深厚底蕴和精神气质,凝结着当代中国理论创新与实践创新的新成果,是我们党一脉相承的理论优势,具有强大的真理的力量和道义的力量,是当代中国的马克思主义。它是历史的必然选择,符合中华文化发展的内在逻辑,是实现中华民族伟大复兴找寻到的唯一正确道路。未来中国的发展,必然越来越依赖于中华文化的发展活力,需要更加自觉地把握马克思主义与中华文化的内在联系、发展脉络和未来走向,不断推进马克思主义理论创新,不断概括出理论联系实际的、科学的、开放融通的新概念、新范畴、新表述,使之具有更加鲜明的中国特色、中国风格、中国气派。而脱离中国的历史和现实,脱离了中国的文化,脱离了中国人的精神世界,都不会有正确的认识,更不会有坚定的道路自信、理论自信、制度自信。

三、提升文化在国家治理体系和治理能力现代化中的价值引领作用

习近平总书记指出,推进国家治理体系和治理能力现代化,要大力培育和弘扬社会主义核心价值体系和核心价值观,加快构建充分反映中国特色、民族特性、时代特征的价值体系。就是要把制度建设和价值观培育内在统一起来,更好地发挥文化的价值引领作用。

发挥文化在国家治理体系和治理能力建设中的定向导航作用。价值体系是国家治理之基,决定着国家治理的方向。国家治理体系既包括制度层面,也包括价值层面。在我的国家治理体系中,既包括制度层面的中国特色社会主义制度,也包括价值层面的社会主义核心价值观。只有制度层面,缺少价值层面,就不是完整的国家治理体系,二者相得益彰、相辅相成。国家治理能力也包括制度执行力和精神凝聚力,只有制度缺少精神不行,因为价值认同是制度执行的基础。一个好的国家治理,既要讲制度安排,又要讲精神力量,既要严格执行法律,又要善于道德教化。我国历史上强调礼法合治、德主刑辅,形成了中国传统治理的文

化思维。推进国家治理体系和治理能力现代化,仍需要把依法治国与以德治国有机结合起来,把加强法治文化建设与发挥道德教化作用内在统一起来,既要见物也要见人,既要有制度自信也要有文化自觉。随着改革进入啃硬骨头的攻坚期和涉险滩的深水区,亟须构建反映中国特色、民族特性和时代特征的价值体系,在制度取向、制度整合、制度评价、制度修正等方面发挥定向导航、凝心聚力、评价判断、调节规范作用,推进国家治理体系和治理能力现代化。

把社会主义核心价值观融入国家治理体系和治理能力现代化建设。习近平总书记指出,培育和弘扬核心价值观,有效整合社会意识,是社会系统得以正常运转、社会秩序得以有效维护的重要途径,也是国家治理体系和治理能力的重要方面。我们要从国家、社会、公民三个层面着手,把社会主义核心价值观灌注到国家治理体系和治理能力建设之中。在国家层面,倡导富强、民主、文明、和谐的价值目标,把社会主义核心价值观纳入国家总体战略布局,渗透到国家权力运行各个层面之中,全力推进经济、政治、文化、社会、生态文明建设,增进人民福祉,让全体人民共享发展成果。在社会层面,倡导自由、平等、公正、法治的价值取向,充分调动各方面积极性,把社会主义核心价值观基本要求,融入行业规章制度、社会行为准则、日常生活,成为人们的基本遵循,发挥自我约束、自我监督的作用,人人讲道德、尊道德、守道德,建设充满活力又和谐有序的现代社会。在公民层面,倡导爱国、敬业、诚信、友善的价值准则,使社会主义核心价值观深入人心,内化为精神追求,外化为实际行动,人人崇善向上,人人见贤思齐。让社会主义核心价值观"顶天"、国家治理体系"立地",制度与文化融为一体。

以文化之力提升领导干部的人格精神。实现国家治理体系和治理能力现代化,关键在人。领导干部应始终坚持把党性锻炼与人格修养贯穿于改革发展全过程,自觉以弘扬中华文化为己任,以中华优秀文化精神立身行事,引领世道人心。自觉涵养为政以德的政治品格,按照习近平总书记的要求,明大德、守公德、严私德。做到明大义、悟深远、抵诱惑、有定力,立党为公、执政为民,正确对待权力、对待名利、对待群众,在全心全意为人民服务中彰显党性光辉。领导干部必须坚定信仰、志存高远,坚信中国特色社会主义事业的正义性和信仰的科学性,在为党和人民建功立业中实现人生价值。发扬夙夜在公的实干精神,刚健笃行、身体力行,勇于攻坚克难、锲而不舍、埋头苦干,以钉钉子精神谋改革、促发展,为实现中华民族伟大复兴的中国梦努力奋斗。

(原载于《求是》2015 年 1 月 15 日)

两个文明协调发展与当代中国文化发展战略

金民卿*

无论从理论上还是从实践上来看,物质文明与精神文明的辩证关系及协调发展,都不是一个新问题。中共十八届五中全会通过的《中共中央关于制定国民经济和社会发展第十三个五年规划的建议》(简称《建议》),再次把两个文明协调发展问题加以强调,既是对历史经验教训的深刻总结,对精神文明建设在新的历史任务中特殊重要地位的理论自觉,也是对当代中国文化发展的战略性部署。

一、两个文明协调发展问题的历史反思与当代观照

从历史发展来看,近代中国文化之内生性变革与重建的任务没有很好地完成。进入近代以后,西方文明急遽发展,曾经雄踞东方的天朝帝国则黯然落幕,在历史衰变的进程中迅速下滑,半殖民地半封建社会逐步形成。近代中国面临着社会制度变革和文化形态变革的双重历史任务,然而这两方面的变革都步履艰辛。一方面,内生性政治制度变革的任务没有真正完成。洋务运动、戊戌变法、君主立宪等内生性的改良主义自我重建未能成功,辛亥革命在中断了这种渐进性的自存变革后,把外来的共和政治体制挪移到中国。但照搬过来的新型政体一开始就遭遇到了严重阻力,未能形成主导性的政治建构,最后为封建军阀所中断而失败。另一方面,内生性的文化变革与重生任务也没有完成。中国文化在强大的外力冲击下,进入了一个"中体西用"的渐进改良历程,试图在传统文化结构中加入外来

---

* 作者简介:金民卿,男,哲学博士,中国社会科学院马克思主义研究院研究员、博士生导师、马克思主义中国化研究部主任,中国社会科学院马克思主义理论创新智库秘书长,中国社会科学院创新工程"马克思主义中国化思想通史"项目首席专家,中国历史唯物主义学会秘书长,中央马克思主义理论研究和建设工程课题组专家,主要从事马克思主义哲学、马克思主义中国化、文化和意识形态研究。

文化的内容,以求在异质重构过程中既维护自身的主导性地位又实现浴火重生。龚自珍、魏源提出"师夷长技以制夷",洪秀全把基督教同中国传统文化杂糅一起创立了"拜上帝教",洋务派经过长期努力后形成了"中学为体西学为用"的主张,康有为把中国古代思想同近代西方文明进行整合,提出了"托古改制"的变革方略。但是,这一切都没有能够完成中国传统文化的创造性转换,中国人无法从传统文化中获得支撑中国社会变革的思想资源,于是新文化运动试图以彻底颠覆的方式根本性地置换中国文化。

历史推动着中国人必须进一步做出选择和努力。五四运动以后,马克思主义在各种思潮的交锋中被一批先进的中国知识分子所接受,作为改造中国社会和文化的行动指南。中国共产党人从一开始就承担起了政治变革和文化变革的双重任务,马克思主义中国化在政治和文化两个向度上同时展开:把马克思主义普遍原理同中国革命的具体实践相结合,力求实现中国社会制度的根本性变革;把马克思主义普遍原理同中国文化的具体特点相结合,力求实现中国文化的创造性转化和创新性发展。但是,由于历史和现实等原因,马克思主义中国化的政治向度和文化向度在现实展开过程中是不均衡的。政治进程上顺利发展,文化进程上则相对曲折并长期滞后。一方面,中国共产党人成功地把马克思主义普遍原理同中国革命、建设、改革的具体实际创造性地结合起来,开辟了中国特色社会主义道路,实现了中国经济社会的跨越式发展,同时创立了中国化马克思主义的理论体系,形成和发展了中国社会主义意识形态,比较好地完成了内生性的政治建构任务。另一方面,中国共产党人很早就有了把马克思主义普遍原理同中国传统文化创造性结合的理论自觉,并制订了一整套文化建设和发展的原则和方针。1938年毛泽东在提到马克思主义中国化概念时就特别强调:"从孔夫子到孙中山,我们应当给以总结,承继这一份珍贵的遗产。"[1]把学习和继承中华民族优秀传统文化的历史遗产,用马克思主义给予批判性的总结,作为中国共产党人的一项重要任务。1943年5月,中共中央在一份文件中明确指出:"中国共产党人是我们民族一切文化、思想、道德的最优秀传统的继承者,把这一切优秀传统看成和自己血肉相连的东西,而且将继续发扬光大……就是要使马克思列宁主义这一革命科学更进一步地和中国革命实践、中国历史、中国文化相结合起来。"[2]但是,因为政治和经济变

① 毛泽东:《中国共产党在民族战争中的地位》,载《毛泽东选集》第2卷,人民出版社1991年版,第534页。
② 《中国共产党中央委员会关于共产国际执委主席团提议解散共产国际的决定》,《中共中央文件选集》第14册,中共中央党校出版社1992年版,第41页。

革与发展的任务先后处于核心地位,文化建设在一定程度上始终处于辅助地位,传统文化创造性转化和创新性发展的任务并没有很好地完成,内生性文化重建的任务依然在路上。这也正是目前反复强调中国传统文化创造性转化和创新性发展的原因所在。

改革开放以来,中国在坚持以经济建设为中心、推动经济社会快速发展的同时,精神文明建设长期滞后于经济发展,导致了当代中国思想文化领域出现了一些不容忽视的问题。特别是在以市场化为取向的经济体制改革过程中,一些人过分强调经济增长,忽视了人自由全面发展的根本目标,在突出经济建设时严重挤压了精神文明建设的空间,甚至将市场化原则蔓延到了政治、文化、社会等领域,导致了社会生活的严重物质化,社会精神生产领域遭受了极大冲击,社会大众包括一些党员领导干部的理想信念严重滑坡。早在改革开放开创阶段,邓小平对精神文明建设领域中的这些问题就高度重视与关注,多次讲到精神文明建设方面的失误问题,"我们最大的失误在教育,对年轻娃娃、青年学生教育不够……要说失误,我们确实有失误,许多思想工作没有做,好多话没有讲清楚"①。邓小平看到的问题,迄今仍未得到很好的解决,尤其是在理想信念问题上特别突出。传统文化中的伦理道德体系在市场化和外来思潮的冲击下迅速溃退,而中华人民共和国成立后建立起来的共产主义理想信念体系也在社会大众乃至一些党员干部中遭到很大程度的削弱,出现了"精神缺钙"现象。十八届五中全会在《建议》中谈到我们面临的重大问题时,也明确指出,国民文明素质和社会文明程度有待提高。

精神文明特别是理想信念问题,绝不是一个小问题。当今世界是一个文化相互激荡的全球化世界,文化软实力特别是核心价值观的竞争,是国际文化关系的焦点问题。某些西方强势国家处心积虑地对其他国家进行渗透和干预,给其他国家的发展甚至独立带来了严重挑战。文化安全已经成为国家安全的重要内容,成为民族独立发展的重要指标,精神文明建设如果搞不好,就有可能造成整个社会的不稳定,甚至危及国家安全。如果社会信仰体系开始肢解,信仰的稳定性和连续性就会受到严重影响,整个社会的信仰体系会逐渐走向紊乱,从而导致政局不稳定、政策不合理、社会动荡。在分析诸多方面问题的基础上,党的十八届五中全会通过的《建议》强调了在协调发展方面的新理念:必须牢牢把握中国特色社会主义事业总体布局,正确处理发展中的重大关系,重点促进城乡区域协调发展,促进经济社会协调发展,促进新型工业化、信息化、城镇化、农业现代化同步发展,在增

---

① 《邓小平文选》第3卷,人民出版社1993年版,第327页。

强国家硬实力的同时注重提升国家软实力,不断增强发展整体性①。《建议》在阐述协调发展理念时,突出强调了两个文明协调发展的问题:坚持两手抓、两手都要硬,坚持社会主义先进文化前进方向,坚持以人民为中心的工作导向,坚持把社会效益放在首位、社会效益和经济效益相统一,坚定文化自信,增强文化自觉,加快文化改革发展,加强社会主义精神文明建设,建设社会主义文化强国②。这些论述成为当代中国共产党人对历史经验教训的深度总结,成为对新的历史条件下精神文明建设的高度理论自觉,成为对中国特色社会主义文化建设的战略性选择。

二、精神文明建设是完成新历史任务的重要内容和思想保证

在发展中国特色社会主义、实现中华民族伟大复兴中国梦、推动全面建成小康社会的历史进程中,精神文明建设的重要性日益凸显。《建议》突出强调精神文明建设,不仅是对历史经验教训的深度总结,更是对精神文明建设在新的历史任务中特殊重要地位的自觉把握。中国特色社会主义正在进入一个全面发展的新时代,精神文明建设是发展中国特色社会主义总体布局的重要组成部分。20 世纪50 年代中期,随着中华人民共和国各项事业的全面开展,以毛泽东同志为核心的第一代中央领导集体明确提出,要走自己的路,独立自主地探索适合中国国情、具有中国特色的社会主义建设道路,实现马克思主义同中国实际的"第二次结合",开启了中国特色社会主义的奠基和探索阶段。这些探索虽然历经艰辛甚至出现了严重曲折,却取得了重大成就,为实现马克思主义中国化的第二次历史性飞跃做了理论准备,是中国特色社会主义理论、道路、制度形成的历史和逻辑起点。以邓小平同志为核心的第二代中央领导集体,根据新的实际和发展要求确立中国社会主义现代化建设正确道路,在深刻总结我国社会主义建设正反两方面经验的基础上,紧紧围绕中国特色社会主义主题制定基本路线,规划发展战略,确立各项政策,推进伟大实践,成功开辟了在改革开放中实现社会主义现代化的新道路——中国特色社会主义道路,开创了中国特色社会主义的新时代。继而,第三代中央领导集体带领全党全国人民,在开创中国特色社会主义的道路上继续谱写了新的篇章。邓小平同志曾经在南方谈话中明确提出,经过 30 年时间,中国特色社会主义要在各方面形成一整套更加成熟、更加定型的制度。在这个制度下的方针、政

---

① 《中共中央关于制定国民经济和社会发展第十三个五年规划的建议》,《人民日报》2015年 11 月 4 日。
② 《中共中央关于制定国民经济和社会发展第十三个五年规划的建议》,《人民日报》2015年 11 月 4 日。

策,也将更加定型化①。经过全党全国人民的共同努力,这个任务已经基本实现,中国特色社会主义的经济制度、政治制度以及各方面的制度都已经基本成型,中国特色社会主义进入到了一个大发展的新时代。发展中国特色社会主义是一个总体性的任务,必须要全面落实经济建设、政治建设、文化建设、社会建设、生态文明建设五位一体总体布局,促进现代化建设各方面相协调。在这个总体布局中,精神文明建设是一个不可或缺的重要组成部分。正如习近平同志所指出的:只有物质文明和精神文明建设都搞好,国家物质力量和精神力量都增强,全国各族人民物质生活和精神生活都改善,中国特色社会主义事业才能顺利向前推进②。

实现中华民族伟大复兴是一个总体性目标,我们如今比任何时代都更接近于这一伟大目标的实现,这一目标包含精神文明建设的重要内容,同时也离不开它所提供的思想理论的支撑。实现中华民族伟大复兴的中国梦,体现了中华民族和中国人民的整体利益,是近代以来中华民族和中国人民的共同夙愿,承载着全体中华儿女的共同向往。为实现这一宏伟目标,必须全面推进经济建设、政治建设、文化建设、社会建设、生态文明建设五位一体的总体布局,必须坚持中国道路,凝聚中国力量,弘扬中国精神。弘扬中国精神是实现中华民族伟大复兴必不可少的理论支撑和精神共识,正如习近平同志所强调指出的:全国各族人民一定要弘扬伟大的民族精神和时代精神,不断增强团结一心的精神纽带、自强不息的精神动力,永远朝气蓬勃迈向未来③。经过全党全国各族人民的共同努力,全面建成小康社会已经进入到了决胜时期。全面建成小康社会是改革开放以来引领中国人民开拓前进的总体性奋斗目标,精神文明建设是这个总体性目标中的至关重要的指标和任务。《建议》在有关论述的基础上,从经济保持中高速增长、人民生活水平和质量普遍提高、国民素质和社会文明程度显著提高、生态环境质量总体改善、各方面制度更加成熟、更加定型等五个方面,对全面建成小康社会新的目标要求,进行了系统论述。其中,在讲到"国民素质和社会文明程度显著提高"时,明确提出:中国梦和社会主义核心价值观更加深入人心,爱国主义、集体主义、社会主义思想广泛弘扬,向上向善、诚信互助的社会风尚更加浓厚,人民思想道德素质、科学文化素质、健康素质明显提高,全社会法治意识不断增强。公共文化服务体系基本建成,文化产业成为国民经济支柱性产业。中华文化影响持续扩大④。突出

---

① 《邓小平文选》第 3 卷,人民出版社 1993 年版,第 372 页。
② 《习近平谈治国理政》,外文出版社 2014 年版,第 153 页。
③ 《习近平谈治国理政》,外文出版社 2014 年版,第 40 页。
④ 《中共中央关于制定国民经济和社会发展第十三个五年规划的建议》,《人民日报》2015 年 11 月 4 日。

地强调了在全面建成小康社会决胜阶段,精神文明建设成为新的目标要求和重大任务。

精神文明建设的重要性,不仅体现为它是当前各项重大历史任务的组成部分,更体现为它在实现这些重大历史任务中的思想共识功能。首先,它能够不断强化全国各族人民对中国特色社会主义道路的共同理想信念。精神文明建设的核心任务,就是要在全社会弘扬和树立共产主义远大理想,强化中国特色社会主义的共同理想,形成理想引领力量和目标召唤力量,从而不断增强道路自信、理论自信和制度自信,抵制和消解错误思想的影响,引领党和国家事业发展前进的正确方向。其次,它能够提高人们对中国特色社会主义理论体系的思想认同,巩固当代中国发展实践的科学理论基础。社会主义精神文明建设是要通过推进马克思主义中国化理论创新成果的武装,使科学思想走向广大民众的头脑并转化为全社会的集体共识,从科学理论形态转化为群众实践形态,从而形成改造世界的强大物质力量。这其实是一个融理论普及、思想共识和实践展开为一体的系统工程,可以使广大干部群众更加深刻地认识中国特色社会主义力量的科学性,更加坚定走中国特色社会主义道路的坚定性,更加自信地捍卫和坚持中国特色社会主义制度。最后,它能够形成积极向上的社会道德氛围和价值共识,为全面建成小康社会、实现中华民族伟大复兴的中国梦提供强大的思想保证力量。中华传统文化高度重视人格完善和道德养成,蕴含了丰富的道德文化内容,为社会主义核心价值观提供了宝贵的文化土壤。社会主义核心价值观充分体现了中国特色社会主义的制度特征和实践要求,反映了中国人民的共同愿望和理想追求。精神文明建设的重要任务就是要弘扬社会主义核心价值观、弘扬中华民族的优秀美德,在全社会形成良好的道德氛围和价值基础,从而释放出强大的精神力量。

三、在两个文明协调发展中实现当代中国文化发展战略

党的十八届五中全会通过的《建议》指出,实现"十三五"时期发展目标,破解发展难题,厚植发展优势,必须牢固树立创新、协调、绿色、开放、共享的发展理念。五大发展理念的提出,是《建议》最突出的理论创新,必将引领我国发展全局产生深刻变革。推动物质文明和精神文明协调发展,增强精神文明建设的发展后劲,拓展精神文明建设的发展空间,实现两大文明的并重与平衡,是协调发展理念的内在要求和具体体现,也是当代中国文化发展战略的现实展开。

国家文化发展战略,是一个主权国家立足于自身经济社会文化发展的具体实际,着眼于时代特征和国际社会的未来走向而做出的文化发展总体规划和战略设计,同时又是一个国家和地区发展文化的指导思想、根本目标、战略重点和基本方

略,各种相互作用、相互影响、相互制约的要素构成了一个总体系统,其中每种要素都对系统本身的产生与发展发生重要作用。国家经济社会文化发展实际是制定和实施文化发展战略的根本基础,任何主权国家的文化发展战略都必须立足于本国具体实际,依据自身的现实需要和发展前景来考虑自身的文化发展。离开自身的社会发展阶段和发展水平,一味地追求向其他国家看齐或听命于某些国家的要求,走依附发展的模式,将会在发展思路上陷入重复、模仿、追随的路径。我们在汲取历史和他国发展经验教训的基础上,必须始终保持高度的清醒。《建议》中论述的两个文明协调发展战略,是基于对我国经济社会文化发展的具体实际以及面临的国际形势进行深刻而全面分析的基础上提出的。《建议》指出:随着"十二五"规划目标的即将实现,我国的经济实力、科技实力、国防实力等方面以及国际影响力又上了一个新的台阶;特别是党的十八大以来,党中央毫不动摇坚持和发展中国特色社会主义,勇于实践、善于创新,深化对三大规律的认识,形成一系列治国理政的新理念、新思想、新战略;我国物质基础雄厚、人力资本丰富、市场空间广阔、发展潜力巨大,经济发展方式加快转变,新的增长动力正在孕育形成。但是,发展不平衡、不协调、不可持续问题仍然突出。从国际上来看,和平与发展的时代主题没有变,世界多极化、经济全球化、文化多样化、社会信息化深入发展,国际力量对比逐步趋向平衡。但是,我们面临的外部环境不稳定、不确定因素也在增多。总的来说,我国发展仍处于可以大有作为的重要战略机遇期,也面临诸多矛盾叠加、风险隐患增多的严峻挑战。我们进入到了全面建成小康社会的决胜阶段,各项工作都必须紧紧围绕这个奋斗目标来展开,这就是我们大力加强精神文明建设,推动中国特色社会主义文化繁荣发展,制定和实施文化发展战略的现实依据①。

文化发展的指导思想决定着文化战略的性质和方向,也是文化战略能否真正实施的思想前提,在整个战略中处于灵魂地位。当今世界,一些国家把霸权主义作为文化发展的指导思想和根本宗旨,总是从渗透和入侵他国的立场上去考虑问题,通过所谓的"人权战略""民主引领"去实施文化霸权,把自身的特殊性文化幻化为普世性文化,并用所谓"文明冲突"解释当今世界的国际格局,结果必然引起与他国的文化冲突。与此同时,一些国家或者自觉地,或者被迫地把模仿和追随其他国家的文化发展理念作为文化发展的指导思想,总是难以摆脱别国的文化制约,结果不仅丧失了自己的文化传统,而且成为某些强势国家的文化俘虏。中华

---

① 《中共中央关于制定国民经济和社会发展第十三个五年规划的建议》,《人民日报》2015年11月4日。

民族是一个爱好和平的民族,绝不搞文化霸权主义;同时也是一个自立自强的民族,绝不搞文化依附主义。中华人民共和国成立后,中国共产党在领导中国人民制定自己文化发展战略时,就始终坚持独立自主的方针,突出强调文化发展的指导思想问题。《建议》在部署我国文化建设时鲜明地指出:坚持用邓小平理论、"三个代表"重要思想、科学发展观和习近平总书记系列重要讲话精神武装全党、教育人民,用中国梦和社会主义核心价值观凝聚共识、汇聚力量。深化马克思主义理论研究和建设工程,加强思想道德建设和社会诚信建设,增强国家意识、法治意识、社会责任意识,倡导科学精神,弘扬中华传统美德,注重通过法律和政策向社会传导正确价值取向①。这是我国文化发展战略的核心内容,也是文化建设沿着中国特色社会主义正确方向发展的根本思想保证。

文化发展的根本目标是文化指导思想的具体化,影响和约束着文化建设的整体规划,它建立在国家综合国力基础之上,同时也是综合国力的重要组成部分,对整个文化建设具有强大的牵引力量和导向动力,并为综合国力进一步发展提供理论指导和精神支持。正因为如此,国家制定文化发展战略,总是力求根据我国经济社会文化的具体实际和发展前景,确定符合国家和人民利益、符合历史发展规律的文化建设目标,不断丰富人们的精神世界,增强人们的精神力量,不断增强中国特色社会主义文化的吸引力和感召力。正如《建议》所明确提出的:坚持"两手抓、两手都要硬",坚持社会主义先进文化的前进方向,坚持以人民为中心的工作导向,坚持把社会效益放在首位、社会效益和经济效益相统一,坚定文化自信,增强文化自觉,加快文化改革发展,加强社会主义精神文明建设,建设社会主义文化强国②。这样的文化发展目标,必将产生巨大的激发性力量,凝聚全国人民建设中国特色社会主义文化的集体合力。

文化发展的指导思想和战略目标要通过各项任务来落实和展开,选择并实施正确的重点任务关系到发展战略的成败。为此,必须着眼于文化发展的总体布局,正确处理文化发展各个环节、各个要素之间的关系,既要有总体性规划又必须抓住重点,既总揽全局又有轻重缓急,推动全局的顺利发展。党的十八届五中全会关于精神文明建设的部署突出地体现了这一点,《建议》在关于精神文明建设重点任务问题上强调:扶持优秀文化产品创作生产,加强文化人才培养,繁荣发展文

---

① 《中共中央关于制定国民经济和社会发展第十三个五年规划的建议》,《人民日报》2015年11月4日。

② 《中共中央关于制定国民经济和社会发展第十三个五年规划的建议》,《人民日报》2015年11月4日。

学艺术、新闻出版、广播影视事业;实施哲学社会科学创新工程,建设中国特色新型智库;构建中华优秀传统文化传承体系,加强文化遗产保护,振兴传统工艺,实施中华典籍整理工程;加强和改进基层宣传思想文化工作,深化各类群众性精神文明创建活动。《建议》在关于文化体制改革问题上强调:实施重大文化工程,完善公共文化服务体系、文化产业体系、文化市场体系;推动基本公共文化服务标准化、均等化发展,引导文化资源向城乡基层倾斜,创新公共文化服务方式;推动文化产业结构优化升级,发展骨干文化企业和创意文化产业,培育新型文化业态,扩大和引导文化消费。《建议》还结合当前文化发展的最新形态和国际化发展需要,特别指出要牢牢把握正确舆论导向,健全社会舆情引导机制,传播正能量;加强网上思想文化阵地建设,实施网络内容建设工程;推动传统媒体和新兴媒体融合发展,加快媒体数字化建设,打造一批新型主流媒体;优化媒体结构,规范传播秩序;加强国际传播能力建设,创新对外传播、文化交流、文化贸易方式,推动中华文化走出去①。通过完成这些重点任务,我们一定能够迎来社会主义文化建设的新高潮,创造出更加辉煌的先进文化,增强我国文化的整体实力和综合竞争力。

(原载于《中原文化研究》2016 年第 1 期)

---

① 《中共中央关于制定国民经济和社会发展第十三个五年规划的建议》,《人民日报》2015年 11 月 4 日。

马克思主义与中国特色社会主义文化自信*

辛向阳

党的十八届六中全会通过的《关于新形势下党内政治生活的若干准则》强调中国特色社会主义文化自信,指出全党同志必须把对马克思主义的信仰、对社会主义和共产主义的信念作为毕生追求,"必须坚定对中国特色社会主义的道路自信、理论自信、制度自信、文化自信。"不仅如此,《关于新形势下党内政治生活的若干准则》进一步从坚持四项基本原则的角度,阐发了坚持中国特色社会主义文化自信的重要性,指出:"全党必须毫不动摇坚持四项基本原则,根本是坚持党的领导,坚持中国特色社会主义道路、中国特色社会主义理论体系、中国特色社会主义制度、中国特色社会主义文化,做到头脑清醒、立场坚定,矢志不移坚持和发展中国特色社会主义。"我们党把坚持中国特色社会主义文化提升到坚持四项基本原则的高度加以认识。2016 年 11 月 8 日,王岐山同志在《人民日报》发表题为《全面从严治党 承载起党在新时代的使命》的文章,认为"中国特色"最好的诠释就是文化自信:"习近平总书记'七一'重要讲话在阐述道路自信、理论自信、制度自信后,特别强调文化自信。文化自信是民族自信的源头,历史文化传统决定着道路选择。中国共产党把马克思主义同 5000 年绵延不断、博大精深的中华文明融合起来,不断推进马克思主义中国化。中国特色社会主义道路,正是深深植根于中华民族独具特色的历史文化,文化自信是对'中国特色'的最好诠释。"为什么说文化自信是对"中国特色"最好的诠释? 因为文化自信集中体现了中国特色社会

---

* 作者简介:辛向阳(1965—),男,山东安丘人,中国社会科学院马克思主义研究院研究员,博士研究生导师,法学博士,从事马克思主义中国化研究。

基金项目:2015 年国家社科基金项目马克思主义理论研究和建设重大工程"国家治理体系和治理能力现代化问题研究"(2015MZD027)、中国社会科学院创新工程重点项目"传统文化扬弃研究"、文化名家暨"四个一批"人才项目"国家治理体系和治理能力现代化基本问题研究"(2016 年度)阶段性成果。

主义道路、理论体系和制度的精神与理念。这种自信来自哪里？最根本的就是来自马克思主义，马克思主义使优秀传统文化展现出勃勃生机。

一、马克思主义赋予优秀传统文化以正确的价值取向，使之转化为中国特色社会主义文化的重要基础

中国传统文化是在特定的历史条件下和特定的社会形态基础上产生的，在当代其优秀的程度应当用马克思主义的政治立场加以辨析，而不能泛泛而谈。1943年2月8日，八路军副总司令彭德怀在华北局太行分局高干会上就教育问题发言，提出民主革命的共同口号是自由、平等、博爱，所谓博爱，是使人与人之间巩固团结，加强抗战力量，在人与人之间发扬互爱、互敬、互助，"己所不欲，勿施于人"。1943年6月6日，也就是彭德怀发言4个月、发表两个月之后，毛泽东致电彭德怀，严肃指出，在政治上提出"己所不欲，勿施于人"的口号，是不适当的，"现在的任务是用战争及其他政治手段打倒敌人，现在的社会基础是商品经济，这二者都是己所不欲，要施于人。只有在阶级消灭后，才能实现己所不欲，勿施于人的原则，消灭战争、政治压迫与经济剥削。"①显然，毛泽东是站在马克思主义政治立场上来看待这一问题的。

从一般意义上讲，特别是从做人行事的角度讲，"己所不欲，勿施于人"有其合理的一面。但在阶级社会中，由于存在阶级利益的根本对立，一个阶级的"己所不欲"往往是施于其他阶级的。资产阶级把"己所不欲"的贫困，以种种方式施加于广大无产阶级。恩格斯早在1845年撰写的《英国工人阶级状况》一书中就指出："从格拉斯哥到伦敦的整个工人阶级对富有者的极大的愤怒，这些富有者有系统地剥削他们，然后又冷酷地让命运去任意摆布他们。这种愤怒经过不长的时间（这个时间几乎是可以算出来的）就会爆发为革命，和这个革命比起来，法国第一次革命和1791年简直就是儿戏。"②反过来，适应社会化大生产发展的要求，无产阶级要把"己所不欲"的消灭剥削施加于剥削者，"资本主义私有制的丧钟就要响了。剥夺者就要被剥夺了"③。只有在阶级消灭后，才能真正实现"己所不欲，勿施于人"的要求。未来社会是生产力高度发达的社会，这种高度发达的生产力，再加上完全社会化的生产关系，为实现"己所不欲，勿施于人"提供了真正基础。恩格斯在《反杜林论》中断言，在未来新社会里，生产力将获得迅速发展。社会在生

---

① 《毛泽东文集》第3卷，人民出版社1996年版，第26－27页。
② 《马克思恩格斯文集》第1卷，人民出版社2009年版，第404页。
③ 《马克思恩格斯文集》第5卷，人民出版社2009年版，第874页。

产力的高度发展中为全体社会成员提供丰裕的物质生活,并保证其自由而全面的发展。

2014年9月24日,在纪念孔子诞辰2565周年国际学术研讨会上的讲话中,习近平列举了15个优秀传统文化思想:世界上一些有识之士认为,包括儒家思想在内的中国优秀传统文化中蕴藏着解决当代人类面临的难题的重要启示,比如,关于道法自然、天人合一的思想,关于天下为公、大同世界的思想,关于自强不息、厚德载物的思想,关于以民为本、安民富民乐民的思想,关于为政以德、政者正也的思想,关于苟日新日日新又日新、革故鼎新、与时俱进的思想,关于脚踏实地、实事求是的思想,关于经世致用、知行合一、躬行实践的思想,关于集思广益、博施众利、群策群力的思想,关于仁者爱人、以德立人的思想,关于以诚待人、讲信修睦的思想,关于清廉从政、勤勉奉公的思想,关于俭约自守、力戒奢华的思想,关于中和、泰和、求同存异、和而不同、和谐相处的思想,关于安不忘危、存不忘亡、治不忘乱、居安思危的思想。"中国优秀传统文化的丰富哲学思想、人文精神、教化思想、道德理念等,可以为人们认识和改造世界提供有益启迪,可以为治国理政提供有益启示,也可以为道德建设提供有益启发"。习近平总书记在这里是站在马克思主义立场上来阐述优秀传统文化的。我们讲的"道法自然、天人合一",是尊重自然规律、推进社会主义生态文明建设;我们讲的"天下为公、大同世界",是以公有制为基础、消灭剥削的共产主义;我们讲的"以民为本、安民富民乐民",是以最广大人民群众的利益为根本,是以实现共同富裕社会为追求;我们讲的"自强不息、厚德载物",是强调奋发有为、建设物质文明和精神文明比翼齐飞的现代化国家;我们讲的"为政以德、政者正也",是建设廉洁政治、使领导干部有强大的人格力量;我们讲的"脚踏实地、实事求是",就是立足基本国情、探索客观规律、真抓实干;我们讲的"革故鼎新、与时俱进",是不断推进理论创新、制度创新、科技创新和文化创新;我们讲的"经世致用、知行合一、躬行实践",是把理论与实践结合起来、做到"踏石留印、抓铁有痕";我们讲的"集思广益、博施众利、群策群力",是要做到"涉及全国各族人民利益的事情,力求在全体人民和全社会中广泛商量,使广大群众能够真正当家做主;涉及一个地方人民群众利益的事情,要努力在这个地方的人民群众中广泛商量,使人民群众的意志得到切实反映;涉及一部分群众利益、特定群众利益的事情,应当在这部分群众中广泛商量,使这些特定群众的利益得到有效维护;涉及基层群众利益的事情,必须在基层群众中广泛商量,使基层群众的利益得到最大限度的实现"。我们讲的"俭约自守、力戒奢华"就是要"反对享乐主义,重在解决追名逐利、贪图享受,讲究排场、玩物丧志等问题;反对奢靡之风,重在解决铺张浪费、挥霍无度,骄奢淫逸、腐化堕落等问题"。

二、马克思主义赋予优秀传统文化以科学要求,使之成为中国共产党的思想路线和党内政治生活基本规范

马克思主义在中国化过程中,不断吸收中国优秀传统文化,使之焕发出勃勃生机。毛泽东和习近平对于实事求是进行的马克思主义的阐释就体现了这一点。

"实事求是"最早出自汉代班固的《汉书·河间献王刘德传》:河间献王刘德"修学好古,实事求是。"颜师古注:"务得事实,每求真是也。"班固认为,刘德在学经典、修礼乐时,喜好先秦诸子的古书,对旧书"求真是","留其正本"。也就是说,刘德的"实事求是"是考证古书时求其真本,讲的是实证的治学态度和方法。明代张居正《辛未会试程策二》:"惟其实事求是,而不采虚声"。清朝乾嘉庆年间的考据学派把"实事求是"当作治学的宗旨和基本方法。钱大昕提出,"实事求是,护惜古人之苦心,可与海内共白";汪中自述其治学宗旨是"为古之学,惟实事求是,不尚墨守";洪吉亮反对宋儒的空疏,推崇"推本述原,实事求是"。当然,这里"实事求是"的本意是恢复儒学经典的本来面目,探讨圣贤之道的真实含义。

1941 年 5 月 19 日,毛泽东在《改造我们的学习》中,对实事求是进行马克思主义的新解析。毛泽东汲取"实事求是"的中国表达。毛泽东从辩证唯物主义的高度对它进行科学阐释,赋予它新的含义,使它成为中国共产党思想路线的简明概括。毛泽东对实事求是做出经典性的阐述:"'实事'就是客观存在的一切事物,'是'就是客观事物的内部联系,即规律性,'求'就是我们去研究。"①经过这样的解释,实事求是就成为我们党宝贵的精神财富。70 多年来,实事求是不但成为共产党人取得革命、建设、改革胜利的思想路线,而且成为共产党保持先进性和纯洁性的党内政治生活基本规范之一。2016 年 6 月 28 日,中央政治局就严肃党内政治生活、净化党内政治生态进行第三十三次集体学习。在学习时,习近平强调,开展严肃认真的党内政治生活,是我们党的优良传统。我们党从成立之日起,就高度重视党内政治生活,在长期实践中逐步形成以实事求是、理论联系实际、密切联系群众、批评和自我批评、民主集中制、严明党的纪律等为主要内容的党内政治生活基本规范。在这里,实事求是被作为党内政治生活基本规范之一提了出来。党的十八届六中全会通过的《新形势下党内政治生活的若干准则》把"实事求是"作为党的政治生活六大基本规范之一:在长期实践中,我们党坚持把开展严肃认真的党内政治生活作为党的建设重要任务来抓,形成以实事求是、理论联系实际、密切联系群众、批评和自我批评、民主集中制、严明党的纪律等为主要内容的党内政

---

① 《毛泽东选集》第 3 卷,人民出版社 1991 年版,第 801 页。

治生活基本规范。作为党内政治生活基本规范,"实事求是"有很丰富的内涵和要求。

坚持实事求是,就要清醒认识和正确把握我国仍处于并将长期处于社会主义初级阶段这个基本国情。2012 年 11 月 17 日,在党的十八届中央政治局第一次集体学习时,习近平强调:"社会主义初级阶段是当代中国的最大国情、最大实际。我们在任何情况下都要牢牢把握这个最大国情,推进任何方面的改革发展都要牢牢立足这个最大实际。不仅在经济建设中要始终立足初级阶段,而且在政治建设、文化建设、社会建设、生态文明建设中也要始终牢记初级阶段;不仅在经济总量低时要立足初级阶段,而且在经济总量提高后仍然要牢记初级阶段;不仅在谋划长远发展时要立足初级阶段,而且在日常工作中也要牢记初级阶段。"①许多同志认为,中国的 GDP 总量已经位居世界第二位,人均 GDP 也已经达到 8000 美元,没有必要讲初级阶段了。这种看法是不正确的,如果离开了初级阶段这一基本国情,就容易偏离初级阶段的基本路线和基本经济制度,就容易制定出不符合实际的政策和措施。

坚持实事求是,就要善于把握共产党执政规律、社会主义建设规律、人类社会发展规律。2015 年 12 月 11 日,在全国党校工作会议上的讲话中,习近平明确指出:"要防止出现颠覆性错误,就要深入认识共产党执政规律、社会主义建设规律、人类社会发展规律,而要认识规律,就要牢牢掌握和运用辩证唯物主义和历史唯物主义,牢牢掌握和运用中国特色社会主义理论体系。"只要我们坚持马克思主义的世界观和方法论,就能够科学认识政党执政规律、共产党执政规律、中国共产党执政规律,使党能够长期执政;就能够深入把握社会主义建设的普遍规律和中国社会主义建设的特殊规律,使中国的社会主义现代化建设取得更大胜利;就能够正确认识自然界、人类社会、人类思维发展的普遍规律,使中国特色社会主义事业健康发展。

坚持实事求是,就要为了人民利益坚持真理、修正错误,一定要透过现象看本质,自觉地坚持一切能够实现人民利益的真理,对不符合人民利益要求的事情做到坚决不做。坚持实事求是要有光明磊落、无私无畏的政治态度,要有以事实为依据、敢于说出事实真相的勇气和正气,及时发现和纠正思想认识上的偏差、决策中的失误、工作中的缺点,及时发现和解决存在的各种矛盾和问题,使我们的思想和行动更加符合客观规律、符合时代要求、符合人民愿望。

---

① 《十八大以来重要文献选编》上,中央文献出版社 2014 年版,第 76 页。

三、马克思主义赋予优秀传统文化以新的社会要求，使之成为中国梦的奋斗目标和实现中国梦的重要制度保障

中国文化中一直有一个小康梦想。小康，最早出自《诗经》："民亦劳止，汔可小康"，大意是百姓倘若也能有劳有休，就可以说接近小康水平了。几千年来，这样的梦想始终无法实现，即使是资产阶级改良派和革命派都无法实现这样的小康梦想。2016年11月11日，习近平在纪念孙中山诞辰150周年大会讲话中，提到孙中山先生在从事紧张的革命活动的过程中，一直思考着建设中国的问题。1917年到1919年，他写出《建国方略》一书，构想了中国建设的宏伟蓝图，其中，提出要修建约16万公里的铁路，把中国沿海、内地、边疆连接起来；修建160万公里的公路，形成遍布全国的公路网，并进入青藏高原；开凿和整修全国水道和运河，建设三峡大坝，发展内河交通和水利、电力事业；在中国北部、中部、南部沿海各修建一个世界水平的大海港；大力发展农业、制造业、矿业；等等。"孙中山先生擘画的这个蓝图，显示了他对中国发展的卓越见解和强烈期盼。当时，有的外国记者认为孙中山先生的这些设想完全是一种空想，是不可能实现的"①。因为无论是资产阶级改良派，还是革命派，他们都不可能真正找到实现未来社会的主体力量和道路。

共产党人赋予小康社会以马克思主义的含义，并且真正找到实现这一梦想的途径和方法，使这样一个理想在2020年就会实现。党的十八大以后，以习近平为核心的党中央站在中华民族伟大复兴的战略高度，把全面建成小康社会作为实现中国梦的重要内容。再过四年的时间，中国将全面建成小康社会。这样一个社会承载着几千年来中国人对美好生活的追求，更承载着共产党人对中华民族的承诺。全面建成的小康社会是能够不断推动生产力解放和发展的社会，是使人民有更高水平的获得感的社会；全面建成的小康社会是创新发展的社会，是能够在理论、文化、科技、制度等方面进行创新的社会；全面建成的小康社会是发展协调性明显增强的良性社会，通过多层面、多领域、多方向的互动，为经济社会发展带来强大新动力；全面建成的小康社会是人民生活水平和质量普遍提高的健康社会，人民的满足感、幸福感得到极大提升；全面建成的小康社会是初步解决人与自然矛盾的美丽社会，为人民提供更多优质生态产品。共产党人继承优秀传统文化中"小康"的思想，并且发扬光大，变成以社会主义为基础的全面小康社会，使小康成为"活生生的东西"。

---

① 习近平：《在纪念孙中山先生诞辰150周年大会上的讲话》，《人民日报》2016年11月12日。

实现中国梦,很重要的就是要完善产权保护制度。孟子在《孟子·滕文公上》谈到国家治理时,讲到财产对于社会的意义:"民事不可缓也。《诗》云:'昼尔于茅,宵尔索绹。亟其乘屋,其始播百谷。'民之为道也,有恒产者有恒心,无恒产者无恒心。苟无恒心,放辟邪侈,无不为已。"意思是说,人们白天的时间用来割草,晚上的时间都用来编制茅草绳,然后等到把自己的茅草屋建造好了,就会开始想到去播种耕地,种植百谷。"有恒产者有恒心,无恒产者无恒心"意味着:人们有了属于自己的财产了,就会有与社会相适应的道德观念和行为准则;没有一定的财产收入,便不会有相应的道德观念和行为准则。几千年来,这种"有恒产者有恒心,无恒产者无恒心"的理想始终无法实现,因为在新中国成立之前,广大人民群众是不可能有自己的财产权的,财产基本上掌握极少数剥削者手中。我们党坚持马克思主义的立场,把"有恒产者有恒心"的思想变成发展社会主义市场经济的要求,即有效地保护产权。2016年11月4日,《中共中央、国务院关于完善产权保护制度依法保护产权的意见》明确指出:"产权制度是社会主义市场经济的基石,保护产权是坚持社会主义基本经济制度的必然要求。有恒产者有恒心,经济主体财产权的有效保障和实现是经济社会持续健康发展的基础。"这种保护是平等的:毫不动摇巩固和发展公有制经济,毫不动摇鼓励、支持、引导非公有制经济发展,公有制经济财产权不可侵犯,非公有制经济财产权同样不可侵犯。这种保护是全面的:保护产权不仅包括保护物权、债权、股权、期权,还包括保护知识产权及其他各种无形财产权。

四、马克思主义赋予优秀传统文化以崭新的时代内涵,使之成为建设中国特色社会主义的有力支撑

在建设中国特色社会主义的过程中,我们党善于汲取优秀传统文化的营养,使优秀传统文化有丰腴的成长土壤。以马克思主义为指导,胡锦涛赋予"和合"以社会和谐的时代特色。胡锦涛在2005年2月在省部级主要领导干部提高构建社会主义和谐社会能力专题研讨班上的讲话时,指出我国历史上就产生过不少有关社会和谐的思想。比如,孔子说过"和为贵";墨子提出"兼相爱""爱无差等"的理想社会方案;孟子描绘了"老吾老以及人之老,幼吾幼以及人之幼"的社会状态;《左传·襄公》讲:"八年之中,九合诸侯,如乐之和,无所不谐";《国语·郑语》盛赞"商契能和合五教,以保于百姓者也";《礼记·礼运》描绘了"大道之行也,天下为公,选贤与能,讲信修睦。故人不独亲其亲,不独子其子,使老有所终,壮有所用,幼有所长,矜、寡、孤、独、废、疾者皆有所养"这样一种理想社会。不仅古人提出和谐的理想,近代以来,许多人也为和谐的理想而奋斗,太平天国运动的领袖洪秀全提出要建立"使天下共享""有田同耕,有饭同食,有衣同穿,有钱同使,无处不均匀,无人不饱暖"的社会;康有为在《大同书》中提出要建立一个"人人相亲,人人平等,天下为公"的理想社会。"这些思想虽然带有不同时代和提出者阶级地位的烙印,但都在一定程度上反映了广大人民群众对美好生活的向往"①。经过马克思主义的改造,无论是"老吾老以及人之老,幼吾幼以及人之幼"的社会追求,还是"人人相亲,人人平等,天下为公"的理想向往,都成为社会主义和谐社会建设的重要因素。党的十七大报告提出的"努力使全体人民学有所教、劳有所得、病有所医、老有所养、住有所居"的要求,是在社会主义基础上实现了《礼记·礼运》中描绘的"使老有所终,壮有所用,幼有所长,矜、寡、孤、独、废、疾者皆有所养"的理想。没有社会主义,不可能实现这样的理想。

以马克思主义为指导,习近平总书记正确地把握"以和为贵""和而不同"等中国优秀文化的精髓,在此基础上提出构建"命运共同体"理念,推动形成人类命运共同体和利益共同体。这就把中国优秀传统文化扎根在世界发展的土壤之中。2014 年 3 月 27 日,在法国巴黎联合国教科文组织总部演讲时,习近平生动地阐释了中国人"和而不同"的思想,他说,中国人早就懂得"和而不同"的道理。生活在2500 年前的中国史学家左丘明在《左传》中记录了齐国上大夫晏子关于"和"的一段话:"和如羹焉,水、火、醯、醢、盐、梅,以烹鱼肉""声亦如味,一气,二体,三类,四物,五声,六律,七音,八风,九歌,以相成也""若以水济水,谁能食之? 若琴瑟之专一,谁能听之?"②基于这样的思想,我们强调,世界上不存在完全相同的政治制度,也不存在适用于一切国家的政治制度模式。我们应该维护各国各民族文明多样性,加强相互交流、相互学习、相互借鉴,而不是相互隔膜、相互排斥、相互取代,甚至相互敌对。2017 年 1 月 18 日,习近平在联合国日内瓦总部发表主旨演讲时,"海纳百川,有容乃大",我们要推进国际关系民主化,不能搞"一国独霸"或"几方共治"。这是基于我们民族的优秀传统文化而得出的结论。

赋予"和而不同"以时代内涵,我们始终坚持走和平发展道路。和为贵、和而不同、协和万邦等理念在中国代代相传,和平的基因根植于中华民族的血脉之中。中国发展绝不以牺牲别国利益为代价,我们绝不做损人利己、以邻为壑的事情,将坚定不移做和平发展的实践者、共同发展的推动者、多边贸易体制的维护者、全球经济治理的参与者。赋予"和而不同"以时代内涵,我们提出"一带一路"建设。"一带一路"建设坚持各国共商、共建、共享,遵循平等、追求互利,不仅造福中国人

① 《胡锦涛文选》第 2 卷,人民出版社 2016 年版,第 279 – 280 页。
② 习近平:《在中法建交五十周年纪念大会上的讲话》,《人民日报》2014 年 3 月 29 日。

民,还造福沿线各国人民,"一带一路"要成为绿色丝绸之路、健康丝绸之路、智力丝绸之路、和平丝绸之路。赋予"和而不同"以时代内涵,我们不断推动人类命运共同体建设。强调尊重各国自主选择的社会制度和符合国情发展道路,尊重彼此核心利益和重大关切,客观理性看待别国发展壮大和政策理念,努力求同存异、聚同化异;要摒弃零和博弈、你输我赢的旧思维,树立双赢、共赢的新理念,在追求自身利益时兼顾他方利益,在寻求自身发展时促进共同发展。

五、马克思主义赋予优秀传统文化以现实的要求,使之成为中国特色社会主义事业的重要组成部分

中国人自古以来就奉行一个道理:"百善孝为先",把孝放在十分崇高的地位。"孝"既是和谐社会建设的一个重要基石,也是我们传统文化中的一个非常重要的文化符号。孙中山先生说,"现在世界中最文明的国家,讲到孝字,还没有像中国讲到这么完全"。"孝"不仅是家庭的"孝道",还有为国尽忠的"大孝"。这种"大孝"往往在国家危亡时期和关键时期发挥重要作用。1939 年 3 月 12 日,国民政府国防最高委员会在颁布的《国民精神总动员纲领及实施办法》中指出:"唯忠与孝,是中华民族立国之本,五千年来先民所遗留于后代子孙之宝,当今国家危机之时,全国同胞务必竭忠尽孝,对国家尽其至忠,对民族行其大孝。"与此同时,中国共产党人站在历史唯物主义的高度,阐述了"孝"的人民性,强调要为最大多数人的利益去奉献。1939 年 4 月 26 日,中国共产党的《为开展国民精神总动员告全党同志书》指出:"一个真正的孝子贤孙,必然是对国家民族尽忠尽责的人,这里唯一的标准,是忠于大多数与孝于大多数,而不是忠于少数和孝于少数。违背了大多数人的利益就不是真正的忠孝,而是忠孝的叛逆。"在这里,"孝"成为民族团结、兴旺的精神基础,成为中华民族凝聚力的重要载体。当代,弘扬"孝"的基本精神,既是家庭建设的重要内容,也是社会建设的重要内容。国家富强、民族复兴、人民幸福,不是抽象的概念,最终要体现在千千万万个家庭都幸福美满上。而家庭的幸福美满,在很大程度上就来自家庭的尊老、忠诚、责任、亲情等"孝"文化的培育上。

中国优秀传统文化一直强调的德治和法治的相互结合,提出"明礼义以化之,起法正以治之,重刑罚以禁之"的国家治理思想。不但《论语·为政》认为"道之以德,齐之以礼,有耻且格",而且即使是法家的代表人物商鞅也强调法治建设中的德治问题。商鞅在《定分》中指出:"故圣人立天下而无刑死者,非不刑杀也,行法令明白易知,为置法官吏为之师以道之,知万民皆知避就,避祸就福而皆以自治也。故明主因治而终治之,故天下太治也。"其大意是,法律必须让百姓通俗易懂,使百姓知道守法和不守法的利害之处,从而能够自觉地遵守法律,变成一种自律行为即"自治",这种自治可以使社会走向大治。我们党十分重视法治与德治有机结合的问题。党的十八大以来,习近平总书记多次谈到这一结合。2013年2月23日,中央政治局就全面推进依法治国进行第四次集体学习时,习近平指出:"要坚持依法治国和以德治国相结合,把法治建设和道德建设紧密结合起来,把他律和自律紧密结合起来,做到法治和德治相辅相成、相互促进。"2016年12月9日,中央政治局就我国历史上的法治和德治进行第三十七次集体学习时,习近平再次指出:中国特色社会主义法治道路的"一个鲜明特点,就是坚持依法治国和以德治国相结合,强调法治和德治两手抓、两手都要硬。这既是历史经验的总结,也是对治国理政规律的深刻把握。"法治建设中的立法、执法、司法各个环节都要体现社会主义道德和社会主义核心价值观基本要求,使社会主义法治成为良法善治;我们还要及时总结道德建设中的一些好的做法,把能够约束全社会的道德要求上升为法律规范,引导全社会崇德向善。

（原载于《理论探讨》2017年第2期）

文化建设思想的核心要义

高长武*

党的十八大以来,习近平总书记高度重视文化建设,坚持社会主义先进文化前进方向,围绕建设社会主义文化强国的总目标,在系统总结我们党领导开展文化建设经验的基础上,结合今天我们面临的新形势新任务新需要,提出了一系列新论断新理念新战略,进一步回答了我们为什么要重视文化建设、建设什么样的文化、怎样进行文化建设系列问题,进一步指明了我国文化建设的前进方向和发展路径,丰富和发展了我们党的文化建设思想,为实现中华民族伟大复兴的中国梦提供了精神支撑和文化引领。本文旨在以习近平的相关论述为主要文献论据,对习近平文化建设理念的核心要义做些归纳和分析。

一、中华文化发展繁荣是实现中华民族伟大复兴中国梦的重要条件和支撑

人类历史的发展经验反复表明,文化是民族生存和发展的重要力量,文化的发展繁荣是社会文明进步的重要目标和标志,也是推动社会文明进步的重要条件和手段。人类社会文明程度的每一次跃进和升华,无不伴随着文化的历史性进步;一个国家、一个民族的强盛,总是以文化兴盛为支撑的,没有文化的兴盛,这个国家、这个民族的强盛是不可能的。特别是在当今世界,文化在国家和社会发展中的作用更为重要,文化战略已经成为国家发展战略的重要组成部分,文化软实力则成为一国综合国力的重要标志。

高度重视文化在国家和社会发展中的重要地位和作用,加强党对文化建设的领导,是我们党领导全国人民进行革命、建设、改革并不断取得一个又一个胜利的重要经验。早在革命战争年代,毛泽东就文化的地位和作用深刻指出:"一定的文

---

* 作者简介:高长武(1981—),男,中共中央文献研究室科研管理部编辑二处处长、副研究员。

化是一定社会的政治和经济在观念形态上的反映"①,"文化是不可少的,任何社会没有文化就建设不起来"②。基于这样的认识,他提出要发挥文武两条战线的重要作用,强调"我们不但要武的,我们也要文的了,我们要文武双全"③。新中国成立后,毛泽东、周恩来等领导人在提出四个现代化发展战略时,又明确把科学文化的现代化纳入到中国社会主义现代化的具体目标中。改革开放后,我们党又进一步提出了建设社会主义精神文明的战略任务,确立了物质文明和精神文明"两手抓、两手都要硬"的战略方针,在此方针指引下,我们不但创造了物质文明发展的伟大成就,也创造了精神文明发展的丰硕成果。

党的十八大以来,以习近平同志为核心的党中央提出了实现中华民族伟大复兴中国梦的重大战略思想,并就此进行了深刻阐释和周密部署,而文化建设就是习近平和党中央高度重视的一个重要方面。

关于文化建设的重要意义和地位,习近平反复指出:"中华民族伟大复兴需要以中华文化发展繁荣为条件"④;实现中华民族伟大复兴的中国梦,进行具有许多新的历史特点的伟大斗争,需要"振奋起全民族的'精气神'"⑤,"当高楼大厦在我国大地上遍地林立时,中华民族精神的大厦也应该巍然耸立"⑥;"一个国家综合实力最核心、最高层的还是文化软实力,这事关精气神的凝聚"⑦。在此基础上,他提出了推动物质文明和精神文明协调发展的重要论断,并进一步阐释了物质文明建设与精神文明建设的辩证关系,丰富了两个文明"两手抓、两手都要硬"的思想。他强调,"巩固党的群众基础和执政基础,不能说只要群众物质生活好就可以了,这个认识是不全面的。党的群众基础和执政基础包括物质和精神两方面。精神上丧失群众基础,最后也要出问题。只有物质文明建设和精神文明建设都搞好,国家物质力量和精神力量都增强,全国各族人民物质生活和精神生活都改善,中国特色社会主义事业才能顺利向前推进"⑧。物质文明建设和精神文明建设,是人类文明进步的辩证统一的两个基本组成部分,犹如推动社会发展进步的鸟之

---

① 《毛泽东选集》第 2 卷,人民出版社 1991 年版,第 694 页。
② 《毛泽东文集》第 3 卷,人民出版社 1996 年版,第 110 页。
③ 《毛泽东文集》第 1 卷,人民出版社 1993 年版,第 461 页。
④ 《习近平总书记系列重要讲话读本》,学习出版社、人民出版社 2016 年版,第 201 页。
⑤ 《习近平关于实现中华民族伟大复兴的中国梦论述摘编》,中央文献出版社 2013 年版,第 39 页。
⑥ 习近平:《在文艺工作座谈会上的讲话》,《人民日报》2015 年 10 月 14 日。
⑦ 《"改革的集结号已经吹响"——习近平总书记同人大代表、政协委员共商国是纪实》,《人民日报》2014 年 3 月 13 日。
⑧ 《习近平关于全面建成小康社会论述摘编》,中央文献出版社 2016 年版,第 103、122 页。

双翼、车之两轮,相辅相成、不可偏废。一方面,"仓廪实而知礼节,衣食足而知荣辱",物质文明对精神文明起决定性作用,如果没有物质文明的进步作为根本保障,人们的生存和发展都存在问题,就根本谈不上精神文明的进步;另一方面,精神文明也会反作用于物质文明,精神文明的进步会带动物质文明的发展。社会的进步、国家的强盛,既需要强大的物质力量,也需要强大的精神力量,既体现在物质文明的进步上,也体现在精神文明的进步上。一个没有精神力量的民族难以自立自强,一项没有文化支撑的事业难以持续长久。物质文明与精神文明的辩证统一关系要求我们,在实现"两个一百年"奋斗目标和中国梦的征途中,"要在坚持以经济建设为中心、抓好物质文明建设的同时,继续锲而不舍、一以贯之抓好精神文明建设,为全国各族人民不断前进提供坚强的思想保证、强大的精神力量、丰润的道德滋养"①。这些论述的核心意思,简而言之就是,中华文化发展繁荣是实现中华民族伟大复兴中国梦的重要条件和支撑,推动物质文明和精神文明协调发展是推动中国特色社会主义事业稳步前进的必然要求。

习近平的上述论述,回答了在实现中华民族伟大复兴中国梦、稳步推进中国特色社会主义事业的征途中为什么要高度重视文化建设的问题,而这也是习近平文化建设思想的重要认识前提和理论基础,后面将要展开阐述的习近平文化建设思想的其他组成部分都是构建在这样的前提和基础上的。

二、建设中国特色社会主义文化

如果说回答为什么要高度重视文化建设的问题是习近平文化建设思想的基础性问题的话,那么回答我们要建设什么样的文化,则是习近平文化建设思想的核心性问题。因为只有明确了要建设什么样的文化,才可能有针对性地制定相应的具体举措向着这个目标去努力。

那么,我们要建设什么样的文化呢?习近平谈到这一问题时,在不同场合根据讲话内容的侧重点使用过多个不同的概念表述,比如:"中国特色社会主义文化""革命文化""社会主义先进文化""中华优秀传统文化""中华文化",等等。这些表述之间有什么异同?哪一个可以管总呢?综合分析习近平的相关论述可以看出,中国特色社会主义文化是管总的,我们进行文化建设要建设的就是中国特色社会主义文化。

在这个问题上,习近平有过许多论述,其中比较有代表性的有这么几段:"中国特色社会主义文化积淀着中华民族最深层的精神追求,代表着中华民族独特的

---

① 《习近平关于全面建成小康社会论述摘编》,中央文献出版社2016年版,第103、122页。

精神标识,是中国人民胜利前行的强大精神力量。这一点,不仅已经在理论上被证明是正确的,而且在实践上也被证明是正确的"①;"在 5000 多年文明发展中孕育的中华优秀传统文化,在党和人民伟大斗争中孕育的革命文化和社会主义先进文化,积淀着中华民族最深层的精神追求,代表着中华民族独特的精神标识"②;开展文化建设,提高国家文化软实力,"要努力传播当代中国价值观念。当代中国价值观念,就是中国特色社会主义价值观念,代表了中国先进文化的前进方向"③;"中华文化是我们提高国家文化软实力最深厚的源泉。要使中华民族最基本的文化基因与当代文化相适应、与现代社会相协调,以人们喜闻乐见、具有广泛参与性的方式推广开来,把跨越时空、超越国度、富有永恒魅力、具有当代价值的文化精神弘扬起来,把继承传统优秀文化又弘扬时代精神、立足本国又面向世界的当代中国文化创新成果传播出去"④。依据这些论述以及其他一些相关论述,再结合我们党开展文化建设的长期实践历程,可以对前述几个文化概念表述做出概括和界定。概括地讲,革命文化,是中国共产党人领导全国人民,在革命战争年代并延续到和平建设时期,以马克思主义为指导,根据中国革命和建设的实际需要,在批判继承中华优秀传统文化的基础上,为了实现人民解放、民族独立、国家富强,而在长期实践中培育和创造的民族的科学的大众的文化形态;社会主义先进文化,是中国共产党领导全国人民,在社会主义建设和改革的实践中,在马克思主义指导下,培育和创造的与社会主义制度、理论、道路相契合的民族的科学的大众的文化形态;中华优秀传统文化,是中国人民在漫长的历史长河中逐步积累、培育并传承、发展至今而且对今天的治国理政和社会道德水平的提高有所助益的文化形态;中华文化,主要是针对外国文化而言的,它侧重指的是中华传统文化与当代中国社会的文化相融合的区别于外国文化、体现中国特点和中国气派的文化形态。而中国特色社会主义文化,则是以马克思主义为指导,走中国特色社会主义文化发展道路,坚持为人民服务、为社会主义服务的方向,坚持百花齐放、百家争鸣的方针,坚持贴近实际、贴近生活、贴近群众的原则,传承和弘扬革命文化和中华优秀传统文化,以培育和践行社会主义核心价值观为重要内容,推动社会主义精神文明和物质文明全面发展,所要建设的面向现代化、面向世界、面向未来的,民族的科学的大众的社会主义先进文化⑤。

① 习近平:《在纪念红军长征胜利 80 周年大会上的讲话》,《人民日报》2016 年 10 月 22 日。
② 习近平:《在庆祝中国共产党成立 95 周年大会上的讲话》,《人民日报》2016 年 7 月 2 日。
③ 《习近平谈治国理政》,外文出版社 2014 年版,第 161 页。
④ 《习近平关于全面建成小康社会论述摘编》,中央文献出版社 2016 年版,第 109 页。
⑤ 《十八大以来重要文献选编》,中央文献出版社 2014 年版,第 24 页。

通过对比上述概括和界定,可以发现,中国特色社会主义文化这一表述相比于其他几个表述,更为全面、准确,也更为契合中国特色社会主义建设的实际需要。它不仅规定了我们要建设的文化的本质属性即社会主义先进文化,阐明了我们要建设的文化的基本内容、重要原则、目标指向,说明了一元指导与百花齐放、历史与现实、传承与创新、独立自主与洋为中用等涉及文化建设和发展的重大关系问题,而且更为重要的是,这一界定因应了中国特色社会主义事业"五位一体"总体布局的要求,与我们正在从事的中国特色社会主义事业的伟大实践以及我们所要坚持的中国特色社会主义发展方向保持高度一致。

道路问题是关系党和人民的事业兴衰成败的第一位的根本性问题。关于中国向何处去、走什么道路的问题,习近平已经明确阐述并反复强调,"我们的方向就是中国特色社会主义道路,而不是其他什么道路";"既不走僵化封闭的老路,也不走改旗易帜的邪路";"不论怎么改革、怎么开放,我们都始终要坚持中国特色社会主义道路、中国特色社会主义理论体系、中国特色社会主义制度"[1];"我们推进改革开放的目的是坚持和发展中国特色社会主义,而不是要搞其他什么主义"[2]。这些论述清晰阐明了当代中国的发展方向以及我们正在从事的伟大事业的本质属性。文化作为政治、经济的集中反映和社会发展的一个重要组成部分,其前进方向自然要从属并决定于整个社会特别是政治、经济的发展方向,服从服务于社会发展特别是政治、经济的发展需要。所以,在坚定不移地走中国特色社会主义道路的今日中国,我们要建设的文化理所应当是中国特色社会主义文化。

通过以上分析可以说,中国特色社会主义文化这一表述,符合中国的社会实际和发展方向,比较科学地回答了我们要建设什么样的文化的问题。

三、坚持走中国特色社会主义文化发展道路

在回答了为什么、是什么的问题之后,接下来要回答的就是怎样做的问题。怎样建设中国特色社会主义文化呢?概括起来讲,就是要坚持我们党在长期的革命、建设、改革实践中探索形成的中国特色社会主义文化发展道路,多措并举,不断增强文化整体实力和竞争力,朝着建设社会主义文化强国的目标不断前进,实现中华文化新的辉煌。综合分析习近平的相关系列论述,至少如下六个方面是必须要坚持做到的。

第一,坚持以马克思主义为指导,坚持社会主义先进文化前进方向,牢牢掌握

① 《习近平关于全面深化改革论述摘编》,中央文献出版社2014年版,第14、21、15页。
② 习近平:《在学习〈胡锦涛文选〉报告会上的讲话》,《人民日报》2016年6月30日。

意识形态工作的领导权、管理权、话语权。

坚持马克思主义的指导地位,是我们做好包括中国特色社会主义文化事业在内的中国特色社会主义各项事业的思想基础和根本保障。中国共产党是马克思主义政党,中国共产党人"是坚定的马克思主义者,我们党的指导思想就是马克思列宁主义、毛泽东思想和中国特色社会主义理论体系"①。马克思主义是人类思想文化发展的伟大成果,它揭示了人类社会历史发展的一般规律,指明了实现全人类解放的内在逻辑和基本途径,代表了世界文明发展和人类社会进步的正确方向;它以实现全人类彻底解放为最终的理想追求,符合最广大人民群众的根本利益,反映着世界上绝大多数人的心声,因而具有其他思想文化无可比拟的先进性和持久强大的生命力。马克思主义连同马克思主义中国化的所有理论成果一起,永远是中国共产党的立身之本,更是我们开展包括文化建设在内的一切工作和实践的行动指南。正如习近平多次强调的:"马克思主义是我们立党立国的根本指导思想","在坚持马克思主义指导地位这一根本问题上,我们必须坚定不移,任何时候任何情况下都不能有丝毫动摇"②;"对马克思主义的信仰,对社会主义和共产主义的信念,是共产党人的政治灵魂,是共产党人经受住任何考验的精神支柱"③。如果放弃了马克思主义的指导,中国共产党人也就失去了政治灵魂和精神支柱,也就不再是马克思主义者,中国共产党领导中国人民进行的包括中国特色社会主义文化事业在内的中国特色社会主义各项事业就会失去指引、走向迷途乃至归于失败。

坚持社会主义先进文化前进方向,是党的先进性的重要体现,规定了我们所要建设的文化的本质属性和发展方向,关系文化建设的成败。社会主义先进文化是马克思主义政党思想精神上的旗帜。我们党以前讲建设新文化,是指新民主主义文化,今天讲建设先进文化,是指中国特色社会主义文化,二者的要旨都在强调文化建设的正确前进方向④。关于中国特色社会主义的本质属性,习近平深刻指出:"中国特色社会主义是社会主义而不是其他什么主义,科学社会主义基本原则不能丢,丢了就不是社会主义"⑤。根据这一论断,具体到文化建设方面,我们要建设的中国特色社会主义文化是社会主义先进文化而不是其他什么文化,马克思

---

① 《习近平在中共中央政治局第十八次集体学习时强调牢记历史经验历史教训历史警示为国家治理能力现代化提供有益借鉴》,《人民日报》2014 年 10 月 14 日。
② 习近平:《在庆祝中国共产党成立 95 周年大会上的讲话》,《人民日报》2016 年 7 月 2 日。
③ 《十八大以来重要文献选编》上,中央文献出版社 2014 年版,第 80 页。
④ 《中国特色社会主义文化发展道路》,中央文献出版社 2013 年版,第 291 页。
⑤ 《习近平谈治国理政》,外文出版社 2014 年版,第 22 页。

主义的指导和社会主义先进文化发展方向的指引不能丢,丢了就不是社会主义先进文化了。

牢牢掌握意识形态工作的领导权、管理权、话语权,是坚持中国特色社会主义文化发展道路的题中应有之义和必然要求。意识形态是与一定的经济和政治直接相联系的观念、观点的总和,是社会的经济基础、政治制度以及社会成员之间的经济政治关系的反映,它本质上属于思想文化范畴,通过各种思想文化现象表现出来,但又不同于一般的思想文化,它是各种思想文化现象的本质和核心,引领和指导思想文化的发展。因此,要坚持中国特色社会主义文化发展道路,建设中国特色社会主义文化,必然要求牢牢掌握意识形态工作的领导权、管理权、话语权,认真做好意识形态工作,否则就会影响中国特色社会主义文化建设的健康稳步进行。实际上,意识形态工作的重要性不仅仅局限在文化领域这么简单。毛泽东曾提出过一个深刻论断:"凡是要推翻一个政权,总要先造成舆论,总要先做意识形态方面的工作"①。时至今日,这一论断仍不过时。今天,虽然国内国际形势已经发生了重大变化,但西方一些国家一直没有放弃分化、西化、演化中国的企图,特别是为达到这样的企图,通过各种明的暗的手段进行思想文化领域的渗透,意识形态工作面临的形势依然不容乐观甚至愈加复杂。党的十八大以来,习近平高度重视意识形态工作,始终把抓好意识形态工作作为全党的一项重大战略任务,反复强调意识形态工作的重要性。他强调:"意识形态工作是党的一项极端重要的工作"②,"能否做好意识形态工作,事关党的前途命运,事关国家长治久安,事关民族凝聚力和向心力"③。他还结合一些国家因为意识形态工作不力导致政权旁落的例子指出:"一个政权的瓦解往往是从思想领域开始的,政治动荡、政权更迭可能在一夜之间发生,但思想演化是个长期过程。思想防线被攻破了,其他防线就很难守住"④,我们"必须把意识形态工作的领导权、管理权、话语权牢牢掌握在手中,任何时候都不能旁落,否则就要犯无可挽回的历史性错误"⑤。只有牢牢掌握意识形态工作的领导权、管理权、话语权,抓好意识形态工作,守好意识形态工作阵地,中国特色社会主义文化建设、中国特色社会主义各项事业,才会健康有序稳步进行。总之,坚持以马克思主义为指导,坚持社会主义先进文化前进方向,牢牢掌握意识形态工作的领导权、管理权、话语权,是中国特色社会主义文化最鲜明

① 《建国以来毛泽东文稿》第10册,中央文献出版社1996年版,第194页。
② 《习近平关于全面深化改革论述摘编》,中央文献出版社2014年版,第86页。
③ 《习近平关于全面建成小康社会论述摘编》,中央文献出版社2016年版,第103页。
④ 《十八大以来重要文献选编》上,中央文献出版社2014年版,第465页。
⑤ 《习近平关于全面深化改革论述摘编》,中央文献出版社2014年版,第86页。

的特征,也是坚持中国特色社会主义文化发展道路最本质的要求,更是关系我国文化建设成败最根本的问题。

第二,培育和践行社会主义核心价值观,以社会主义核心价值观凝心聚力。

任何一个社会都必然存在形形色色、多种多样的价值观念,要有效凝聚社会共识、整合社会意志,就必须有与经济基础和政治制度相适应并为多数民众所接受的核心价值观。核心价值观承载着一个国家、一个民族的精神追求,体现着一个社会评判是非曲直的基本价值标准。它是决定文化性质和方向的最深层次要素,是文化软实力的灵魂和文化软实力建设的重点,一个国家的文化软实力,从根本上说,取决于其核心价值观的生命力、凝聚力和感召力。它还是一个国家的重要稳定器,能否构建具有强大感召力的核心价值观,关系社会和谐稳定和国家长治久安。历史和现实一再表明,如果一个国家、一个民族没有共同的核心价值观,莫衷一是,行无依归,那这个国家、这个民族就无法发展和进步。

在当代中国,我们应该坚守什么样的核心价值观呢?习近平强调:"一个民族、一个国家的核心价值观必须同这个民族、这个国家的历史文化相契合,同这个民族、这个国家的人民正在进行的奋斗相结合,同这个民族、这个国家需要解决的时代问题相适应"①。这实际上指明了确立当代中国核心价值观的两个基本标准:一是要同中国历史发展和传统文化相契合,二是要同中国人民正在进行的中国特色社会主义事业和实现中华民族伟大复兴的中国梦的实践相适应。因此,我们培育和弘扬的核心价值观,既应体现社会主义意识形态的本质要求,体现社会主义制度在思想精神层面的质的规定性,凝结社会主义先进文化的精髓,又要立足中国历史文化实际,传承和弘扬中华优秀传统文化,还须契合在当前我们所处的世情国情党情深刻变化的形势下,把全民族的力量凝聚起来同心同德为实现中国梦而不懈奋斗的实际需要。

富强、民主、文明、和谐,自由、平等、公正、法治,爱国、敬业、诚信、友善的社会主义核心价值观,正是基于上述基本标准、现实需要和深远考虑提出的。社会主义核心价值观回答了建设什么样的国家、建设什么样的社会、培育什么样的公民的重大问题,寄托着近代以来中国人民上下求索、历经千辛万苦确立的共同理想和信念,反映着当代中国人认同的价值观的"最大公约数",标明了中华民族伟大复兴中国梦的价值维度。

因此,习近平将培育和弘扬社会主义核心价值观,放到"巩固全党全国各族人民团结奋斗的共同思想基础、巩固党的执政地位的战略高度"上,"作为凝魂聚气、

---

① 《习近平谈治国理政》,外文出版社2014年版,第171、164、165页。

强基固本的基础工程,作为一项根本任务"①,反复要求抓实抓紧抓好。他强调,"要大力培育和弘扬社会主义核心价值体系和核心价值观,加快构建充分反映中国特色、民族特性、时代特征的价值体系,努力抢占价值体系的制高点"②;"要切实把社会主义核心价值观贯穿于社会生活方方面面","使核心价值观的影响像空气一样无所不在、无时不有"。③ 可以说,培育和弘扬社会主义核心价值观,是中国特色社会主义文化建设的基础和关键问题。如果在文化建设中不去培育和弘扬社会主义核心价值观,而任由各种价值观肆意滋长,甚至不加区分和鉴别地成为西方价值观的应声虫,那么,不仅中国特色社会主义文化建设举步维艰,更严重的是我们的国家和民族就会失去自己精神的乃至政治、思想、文化、制度各方面的独立性,进而影响和耽搁民族复兴的进程。

第三,传承和弘扬中华优秀传统文化,实现中华优秀传统文化的创造性转化和创新性发展。

在绵延几千年的漫长历史进程中,中国人民培育了历久弥新的优秀传统文化,它不仅在历史上对中华民族的发展和进步发挥了重要作用和深远影响,而且对今天我们正在进行的中国特色社会主义事业和实现中华民族伟大复兴的中国梦也具有重要作用。

党的十八大以来,习近平坚持历史唯物主义和辩证唯物主义的立场、观点、方法,在对传统文化进行鉴别与分析、取舍与扬弃的基础上,对中华优秀传统文化的价值和意义多次进行阐述并提出了八个论断:中华优秀传统文化是中华民族的"根"和"魂",是中华民族的文化基因和精神家园,是中华民族生生不息、发展壮大的丰厚滋养,是我们治国理政的重要思想文化资源,是涵养社会主义核心价值观的重要源泉,是中国特色社会主义植根的文化沃土,是实现中华民族伟大复兴中国梦的重要精神支撑,是中华民族在世界文化激荡中站稳脚跟、坚定文化自信的坚实根基和突出优势④。

这八个论断,不仅涉及对历史经验的总结,也涉及对现实需要的考量,还涉及对发展前景的展望,比较全面科学地概括了中华优秀传统文化的价值和意义,回答了为什么要传承和弘扬中华优秀传统文化的问题,揭示了中华优秀传统文化与

---

① 《习近平关于全面建成小康社会论述摘编》,中央文献出版社 2016 年版,第 111、111 ~ 112、110 页。

② 《习近平关于全面建成小康社会论述摘编》,中央文献出版社 2016 年版,第 111、111 ~ 112、110 页。

③ 《习近平谈治国理政》,外文出版社 2014 年版,第 171、164、165 页。

④ 高长武:《中国优秀传统文化的价值定位》,《光明日报》2016 年 9 月 5 日。

中国特色社会主义文化的内在联系,阐明了中华优秀传统文化作为中国特色社会主义文化血脉和根基的作用。正如习近平所说:"只有坚持从历史走向未来,从延续民族文化血脉中开拓前进,我们才能做好今天的事业"①。这里讲的民族文化血脉,其主要载体就是中华优秀传统文化。

在对中华优秀传统文化的价值和意义进行阐述的基础上,习近平还开创性地提出了努力推动中华优秀传统文化创造性转化和创新性发展的任务。虽然中华传统文化中蕴含着对今天仍有积极作用和借鉴意义的思想精华,但必须要看到:一方面,"传统文化在其形成和发展过程中,不可避免会受到当时人们的认识水平、时代条件、社会制度的局限性的制约和影响,因而也不可避免会存在陈旧过时或已成为糟粕性的东西"②,比如,"男尊女卑""三从四德""愚忠愚孝""一人得道,鸡犬升天""刑不上大夫,礼不下庶民""劳心者治人,劳力者治于人"等,而这些糟粕后来逐步成为束缚和阻碍中国思想文化进步和经济社会发展的消极因素。到1949年新中国成立前,中国遭受了长期的外族入侵和内部动荡,一度到了濒临亡国灭种的危险境地。不可否认,造成这种局面的原因是很复杂也是多方面的,但当时社会制度的僵化落后、封建社会文化的束缚羁绊,却是怎么也回避不了的重要原因。虽然经过五四新文化运动和新中国成立后的批判、改造和扬弃,中华传统文化中的落后和消极因素一时大大弱化和减少了,但仍在社会上和人们的头脑中不同程度地存在着,并时不时地在社会环境合适时冒出来,束缚社会的发展进步③。另一方面,客观实际情况总是不断发生变化的,即使中华传统文化中一些曾经适合中国社会实际、推动了中国社会进步的优秀成分,到了今天可能也已经不符合实际情况了,它们与今天中国的社会主义市场经济、民主政治、先进文化、社会治理等已经存在不少需要协调适应的地方。因此,这就需要推动中华优秀传统文化的创造性转化和创新性发展,而不能机械地移花接木,一股脑儿照搬过来。

关于推动中华优秀传统文化创造性转化和创新性发展的宏观的任务要求,习近平说得很清楚:"弘扬中华优秀传统文化,要处理好继承和创造性发展的关系,重点做好创造性转化和创新性发展。创造性转化,就是要按照时代特点和要求,

①　习近平:《在纪念孔子诞辰2565周年国际学术研讨会暨国际儒学联合会第五届会员大会开幕会上的讲话》,《人民日报》2014年9月25日。

②　习近平:《在纪念孔子诞辰2565周年国际学术研讨会暨国际儒学联合会第五届会员大会开幕会上的讲话》,《人民日报》2014年9月25日。

③　高长武:《理解马克思主义与中国传统文化关系的三个维度——学习习近平关于中国传统文化的重要论述》,《党的文献》2015年第1期。

对那些至今仍有借鉴价值的内涵和陈旧的表现形式加以改造,赋予其新的时代内涵和现代表达形式,激活其生命力。创新性发展,就是要按照时代的新进步新进展,对中华优秀传统文化的内涵加以补充、拓展、完善,增强其影响力和感召力"①。然而,具体怎样推动中华优秀传统文化的创造性转化和创新性发展呢?这是一个值得深入研究和探讨的重要课题,也是继承和弘扬中华优秀传统文化的本质要求。可以说这一课题解决得如何,直接关系到继承和弘扬中华优秀传统文化的实际效果,进而影响到中国特色社会主义文化建设的顺利进行。需要指出的是,2017年1月,中办、国办联合印发《关于实施中华优秀传统文化传承发展工程的意见》,从重要意义、总体要求、主要内容、重点任务、组织实施和保障措施等多个方面,对传承和发展中华优秀传统文化提出了18条意见②,为推动中华优秀传统文化的创造性转化和创新性发展提供了基本遵循和努力方向。这一文件是需要认真领会和贯彻落实的。

第四,树立以人民为中心的工作导向,发挥人民在文化建设中的主体作用。

为了谁、依靠谁,是文化建设首先要弄清楚的一个重要问题。不解决这一问题,文化建设的出发点和落脚点就不会明了,文化建设就会基础不牢、方向不明、动力不足,文化建设的大厦就会成为海市蜃楼。坚持文化建设为了人民、依靠人民,坚持文化建设成果由人民共享,是我们党领导开展中国特色社会主义文化建设的根本立场;我们要建设的中国特色社会主义文化,从本质上讲,就是人民的文化,人民性是中国特色社会主义文化的本质属性。习近平从这样的根本立场和本质属性出发,明确提出了文化建设要树立以人民为中心的工作导向的要求。这一工作导向,核心要求包括两个基本方面:

其一,文化建设要为了人民、服务人民,文化建设成果由人民共享。人民立场是马克思主义的根本立场,全心全意为人民服务是我们党的根本宗旨,我们党带领人民建设中国特色社会主义事业,就应该始终坚持一切为了人民这个立场、全心全意为人民服务这个宗旨,而中国特色社会主义文化建设作为中国特色社会主义建设事业的有机组成部分,也必然要始终坚持这样的立场和宗旨。只有这样,中国特色社会主义文化建设才会具有广泛代表性从而拥有深厚的力量源泉。

坚持文化建设为了人民、服务人民,关键是有效满足人民的精神文化需求,创造优秀的文化成果由人民共享。概而言之,人的需求可以分为物质需求和精神文

---

①　《习近平总书记系列重要讲话读本》,学习出版社、人民出版社2016年版,第203页。
②　《中共中央办公厅、国务院办公厅印发〈关于实施中华优秀传统文化传承发展工程的意见〉》,《人民日报》2017年1月26日。

化需求两个方面。对于人的生存和发展而言,物质需求是首要的,但这并不是说精神文化需求就不重要,"人类社会与动物界的最大区别就是人是有精神需求的,人民对精神文化生活的需求时时刻刻都存在"①。满足人民日益增长的物质需求,需要抓好经济社会建设,增加社会的物质财富;满足人民日益增长的精神文化需求,必须抓好文化建设,增加社会的精神文化财富。具体而言,至少要做到如下几点:一是认真研究不同阶层人民群众的精神文化需求。人民不是抽象的,而是由不同社会阶层的具体的人组成的。要弄清楚不同群众需求的共性是哪些、个性是哪些,以便有的放矢开展工作②。二是广大文化工作者和从业者要生产出人民喜闻乐见的丰富的优秀精神文化产品。三是把服务群众同教育引导群众结合起来,把满足需求同提高素养结合起来,通过优秀的精神文化产品,满足人民精神需求,丰富人民精神世界,增强人民精神力量。

其二,文化建设要扎根人民、依靠人民,由人民群众共建。习近平指出:"人民既是历史的创造者、也是历史的见证者,既是历史的'剧中人'、也是历史的'剧作者'"③。这一论断深刻指出了人民在历史发展和社会进步中的作用。人类历史的发展是社会基本矛盾运动的过程,这一过程的主体是人民。人民群众是历史的创造者和真正的英雄。人民群众既是社会物质财富的创造者,也是社会精神财富的创造者;人民需要满足文化需求,文化则需要人民来创造,人民是文化建设的源头活水和主体力量,一旦离开人民,文化"就会变成无根的浮萍、无病的呻吟、无魂的躯壳"④。因此,文化建设只有扎根人民、依靠人民,虚心向人民学习、向生活学习,从人民的伟大实践和丰富多彩的生活中汲取营养,自觉与人民同呼吸、共命运、心连心,才能获得不断前进的力量。

第五,遵循文化发展规律,推进文化体制改革,坚持文化事业、文化产业两手抓。

文化发展有其固有的内在规律。开展文化建设,必须遵循文化发展的内在规律,否则,不仅不能推动文化发展,还可能造成严重后果,影响社会稳定。改革开放以来,我们努力探索、掌握并顺应文化发展规律,稳步开展和推进文化体制改革,使得我国文化领域整体面貌和发展格局焕然一新,初步走出了一条中国特色

① 《习近平关于协调推进"四个全面"战略布局论述摘编》,中央文献出版社 2015 年版,第 40 页。
② 中国特色社会主义文化发展道路课题组:《振奋起全民族的"精气神"——十八大以来中央关于思想文化建设的新思想》,《党的文献》2015 年第 4 期。
③ 习近平:《在文艺工作座谈会上的讲话》,《人民日报》2015 年 10 月 14 日。
④ 习近平:《在文艺工作座谈会上的讲话》,《人民日报》2015 年 10 月 14 日。

社会主义文化发展道路。可以说，坚持和发展中国特色社会主义文化发展道路，改革创新是根本动力。

党的十八大以来，就如何稳步推进文化体制改革，习近平着重强调了两个方面。

其一，以激发全民族文化创造活力为中心环节，进一步深化文化体制改革。十八大以来，以习近平同志为核心的党中央就深化文化体制改革做出了一系列重要部署：十八届三中全会提出，要完善文化管理体制、建立健全现代文化市场体系、构建现代公共文化服务体系、提高文化开放水平等具体改革举措；十八届四中全会提出，要制定公共文化服务保障法；2015年初，中办、国办印发《关于加快构建现代公共文化服务体系的意见》，对建设现代公共文化服务体系进行了具体安排和设计；2017年1月，中办、国办印发《关于实施中华优秀传统文化传承发展工程的意见》，专门把"坚持统筹协调、形成合力"，"加强党的领导，充分发挥政府主导作用和市场积极作用"①，作为指导实施中华优秀传统文化传承发展工程的基本原则。这些措施对激发全民族的文化创造活力，发挥市场在文化资源配置中的作用，同时更好发挥政府的作用，推动政府部门由办文化向管文化转变，将发挥积极的促进作用。

其二，推进文化体制改革，要坚持把社会效益放在首位，处理好意识形态属性和产业属性、社会效益和经济效益的关系。关于这一点，2013年8月19日，习近平在全国宣传思想工作会议上进行了集中阐释："关于文化体制改革，我只强调一点，就是要在继续大胆推进改革、推动文化事业全面繁荣和文化产业快速发展、建设社会主义文化强国的同时，把握好意识形态属性和产业属性、社会效益和经济效益的关系，始终坚持社会主义先进文化前进方向，始终把社会效益放在首位。无论改什么、怎么改，导向不能改，阵地不能丢"②。这段话清楚地指出了在社会主义市场经济条件下，要协调处理好意识形态属性和产业属性、社会效益和经济效益的关系，坚持文化事业、文化产业"两手抓"的文化建设大思路。这一思路的明确，对保障文化体制改革沿着正确的方向前进，稳步推进中国特色社会主义文化建设，有着重要意义。

第六，增强文化自信，讲好中国故事，提高国家文化软实力。

这一条主要是针对我国今天所面临的时代背景、世界政治经济格局特别是世

---

① 《中共中央办公厅、国务院办公厅印发〈关于实施中华优秀传统文化传承发展工程的意见〉》，《人民日报》2017年1月26日。

② 《习近平关于全面建成小康社会论述摘编》，中央文献出版社2016年版，第107页。

界文化格局而提出的。和平与发展是当今时代的主题,但也是事关各国人民幸福安康的两大问题。说是主题,说明和平与发展是当今世界人民共同的企盼,符合历史发展的潮流;说是问题,说明和平与发展还不是已然的状态,世界的现实状态并不像人们希望的那么美好,局部战争依然此起彼伏,贫困饥饿依然大量发生,特别是近些年来霸权主义、强权政治和新干涉主义有所上升,传统安全威胁和非传统安全威胁相互交织,使得各国面临的维护和平、促进发展的任务更加艰巨。尤其需要警惕的是,在当今的霸权主义、强权政治和新干涉主义中,往往隐含、掺杂着文化的因素。西方一些国家总是借着开展经济、政治、文化等领域交流的名义,趁机兜售其文化和价值观念,宣扬和鼓吹"西方文化优越论""西方文化中心论"和"普世价值",刻意打压和消解包括中国在内的发展中国家的文化自信。从总体上说,我国今天所面临的世界文化格局,至少有两个特点:一是各种思想文化相互激荡,不同文明交流交融交锋更加频繁,思想文化力量在综合国力竞争中的战略地位进一步凸显;二是"西强我弱"的总体格局没有得到根本转变,我们虽然已经初步解决了"挨打"的问题,但"挨骂"的问题也即话语权的问题还没有解决,而在话语权的构建中,文化话语权不可或缺。

在这样的背景下,要在世界文化激荡中站稳脚跟,就必须增强文化自信,讲好中国故事,不断提高国家文化软实力。这其中包括三个层面:

一是增强文化自信。文化自信是一个民族可贵的品质,也是讲好中国故事、提高国家文化软实力的前提和基础。习近平指出,"我们说要坚定中国特色社会主义道路自信、理论自信、制度自信,说到底是要坚定文化自信"[1];"文化自信,是更基础、更广泛、更深厚的自信"[2]。他还指出,"当今世界,要说哪个政党、哪个国家、哪个民族能够自信的话,那中国共产党、中华人民共和国、中华民族是最有理由自信的"[3]。这些论述不仅阐明了文化自信的重要意义,强调我们应该自信,而且指出了我们的文化自信有着深厚底蕴和现实基础,强调我们有底气、有理由、有能力自信。

二是讲好中国故事。讲好中国故事,就是要通过积极探索对外宣传的新思路新举措,运用各种新兴技术和媒体手段,构建对外话语体系,提高对外文化交流水平,把蕴藏在中华民族 5000 多年文明史、中国人民近代以来 170 多年斗争史、中国共产党 90 多年奋斗史、中华人民共和国 60 多年发展史、改革开放 30 多

① 习近平:《在哲学社会科学工作座谈会上的讲话》,《人民日报》2016 年 5 月 18 日。
② 习近平:《在庆祝中国共产党成立 95 周年大会上的讲话》,《人民日报》2016 年 7 月 2 日。
③ 习近平:《在庆祝中国共产党成立 95 周年大会上的讲话》,《人民日报》2016 年 7 月 2 日。

年探索史中蕴含的丰富的各类"故事资源",讲述好、传播好、阐释好,努力实现"中国文化、国际表达",增强对外话语的创造力、感召力、公信力,以理服人、以文服人、以德服人,塑造中国的国家形象,宣传中国的发展成就,展示中华文化的魅力。

三是提高国家文化软实力。关于提高国家文化软实力的重要性,习近平强调,它关系我国在世界文化格局中的定位,关系我国国际地位和国际影响力,关系"两个一百年"奋斗目标和中华民族伟大复兴的中国梦的实现[①]。提高国家文化软实力,除了坚定文化自信、讲好中国故事外,还要着重做到如下几点:切实把我们自身的文化建设搞好,夯实国家文化软实力的根基;加强提炼和阐释,拓展对外传播平台和载体,把中国梦的阐释与当代中国价值观念的阐释紧密结合起来,并将之贯穿于国际交流和传播的方方面面;充分展示中华文化魅力,"使中华民族最基本的文化基因与当代文化相适应、与现代社会相协调,以人们喜闻乐见、具有广泛参与性的方式推广开来,把跨越时空、超越国度、富有永恒魅力、具有当代价值的文化精神弘扬起来,把继承传统优秀文化又弘扬时代精神、立足本国又面向世界的当代中国文化创新成果传播出去"[②]。

第七,坚持以我为主、择善而从的原则,正确学习借鉴别国别民族的文化。

这一条主要是针对如何处理本国本民族文化与别国别民族文化的关系而言。"物之不齐,物之情也"。文化多样性是客观存在的。每一个国家和民族的文化,都是在特定的地理环境和特定的人群中产生和发展的,都有自己的本色、长处、优点,相应地也就都有需要丰富和提高之处。习近平强调,"只有不断发掘和利用人类创造的一切优秀思想文化和丰富知识,我们才能更好认识世界、认识社会、认识自己,才能更好开创人类社会的未来"[③]。尊重各国各民族文化的多样性,避免自我封闭、唯我独尊的错误做法,虚心学习、积极借鉴别国别民族思想文化的长处和精华,增强不同文化之间的相互交流、相互学习、相互借鉴,这是增强本国本民族思想文化自尊、自信、自立的重要条件,也是实现本国本民族文化长久发展的不二法则。

学习借鉴别国别民族的文化是必要的,但要注意方式方法。一是以我为主。所谓以我为主,就是要保持本国本民族文化的独立性。文化独立特别是思想文化

---

① 《习近平总书记系列重要讲话读本》,学习出版社、人民出版社 2016 年版,第 207 页,第 33 页。

② 《习近平关于全面深化改革论述摘编》,中央文献出版社 2014 年版,第 87 页。

③ 习近平:《在纪念孔子诞辰 2565 周年国际学术研讨会暨国际儒学联合会第五届会员大会开幕会上的讲话》,《人民日报》2014 年 9 月 25 日。

独立,是一个国家、一个民族之魂。习近平指出,"无论哪一个国家、哪一个民族,如果不珍惜自己的思想文化,丢掉了思想文化这个灵魂,这个国家、这个民族是立不起来的"①。再是择善而从。学习借鉴别国别民族的文化,"要坚持从本国本民族实际出发,坚持取长补短、择善而从,讲求兼收并蓄,但兼收并蓄不是囫囵吞枣、莫衷一是,而是要去粗取精、去伪存真"②。如果不加分析地照搬照抄,不仅于己无益,还会适得其反,带来危害。

四、结语:不断推进马克思主义与中国文化实际相结合,创造中华文化新辉煌

综合以上分析可见,始终有一根清晰的红线贯穿习近平文化建设思想的各方面,这就是把马克思主义与中国文化实际正确、有机结合起来,从而不断推进马克思主义中国化。关于这一点,习近平有两段简洁但深刻的阐述,很能说明问题:"任何科学理论和制度,必须本土化才能真正起到作用。马克思主义也好,社会主义也好,能够在中国取得胜利,关键是我们党不断推进其中国化,紧密结合中国实际加以运用"③;"中国共产党人是马克思主义者,坚持马克思主义的科学学说,坚持和发展中国特色社会主义,但中国共产党人不是历史虚无主义者,也不是文化虚无主义者。我们从来认为,马克思主义基本原理必须同中国具体实际紧密结合起来,应该科学对待民族传统文化,科学对待世界各国文化,用人类创造的一切优秀思想文化成果武装自己。在带领中国人民进行革命、建设、改革的长期历史实践中,中国共产党人始终是中国优秀传统文化的忠实继承者和弘扬者,从孔夫子到孙中山,我们都注意汲取其中积极的养分"④。

马克思主义中国化是一个客观的长期的不断深化的历史进程,自打十月革命一声炮响给中国送来了马克思主义,马克思主义中国化就成为中国马克思主义者的一个长期的重要课题。从特定意义上说,中国共产党带领中国人民进行革命、建设、改革的过程,就是将马克思主义基本原理同中国具体实际和时代特征相结合,不断推进马克思主义中国化,并利用马克思主义中国化的理论成果指导新的实践的过程。而这也是中国共产党带领中国人民进行革命、建设、改革并取得一

---

① 习近平:《在纪念孔子诞辰 2565 周年国际学术研讨会暨国际儒学联合会第五届会员大会开幕会上的讲话》,《人民日报》2014 年 9 月 25 日。

② 习近平:《在纪念孔子诞辰 2565 周年国际学术研讨会暨国际儒学联合会第五届会员大会开幕会上的讲话》,《人民日报》2014 年 9 月 25 日。

③ 《习近平总书记系列重要讲话读本》,学习出版社、人民出版社 2016 年版,第 207、33 页。

④ 习近平:《在纪念孔子诞辰 2565 周年国际学术研讨会暨国际儒学联合会第五届会员大会开幕会上的讲话》,《人民日报》2014 年 9 月 25 日。

个又一个胜利的一条根本经验。将马克思主义基本原理同中国具体实际和时代特征相结合中的"中国具体实际",当然包括具体的中国历史和现实文化实际,也就是在 5000 多年文明发展中孕育的中华优秀传统文化,以及在党和人民伟大斗争中孕育的革命文化和社会主义先进文化。因此,把马克思主义基本原理与中华优秀传统文化以及在中国革命、建设、改革过程中已经和正在孕育的革命文化和社会主义先进文化有机结合起来,这是当前和今后进一步推进马克思主义中国化的题中应有之义和必然要求。

放在马克思主义中国化这样的宏观视野中考察,从本质上可以说,习近平文化建设思想是马克思主义中国化在文化建设方面的最新理论成果,也即是把马克思主义基本原理与中国文化实际正确、有机结合起来从而不断推进马克思主义中国化所取得的理论成果,而这一成果是马克思主义中国化系列理论创新成果的重要组成部分;它的形成和发展过程,就是把马克思主义与中国文化实际正确、有机结合起来从而不断推进马克思主义中国化的过程,而这一过程是马克思主义中国化客观历史进程的必经阶段;它所要回答的问题,总体上都属于回答在当代中国马克思主义基本原理与中国文化实际为什么要结合、结合成什么、怎样结合一系列问题的范畴,而这一范畴则属于马克思主义中国化所要回答的宏大问题的子范畴。由此,习近平文化建设思想在我们党的文化建设思想和马克思主义中国化进程中的历史定位,以及它对建设社会主义文化强国、创造中华文化新辉煌、实现"两个一百年"奋斗目标和中国梦的重要意义,也就清晰明确了。

基于上述分析以及习近平的相关论述,我们在理解习近平文化建设思想时,至少有四个方面是必须牢牢把握好的:一是始终坚持并不断巩固马克思主义的指导地位,这是习近平文化建设思想的灵魂;二是持续稳步推进马克思主义基本原理与中国具体文化实际相结合,这是习近平文化建设思想的主线;三是坚持历史唯物主义和辩证唯物主义的立场、观点、方法,历史地、辩证地、全面地、联系地、发展地看待文化发展和建设的有关问题,这是习近平文化建设思想的基本方法;四是坚持问题意识,着眼于现实需要,努力解决和回答当代中国文化建设中遇到的新情况新问题,为建设社会主义文化强国和中国特色社会主义事业服务,这是习近平文化建设思想的根本目的。

习近平指出:"中华民族创造了源远流长的中华文化,也一定能够创造出中华文化新的辉煌"①。只要我们以高度的文化自觉和坚定的文化自信,站在时代发

---

① 《习近平谈治国理政》,外文出版社 2014 年版,第 156 页。

展前列,及时总结我们党领导开展文化建设的经验,认真学习领会习近平文化建设思想的精神实质,坚持中国特色社会主义文化发展道路和方向,不断推进马克思主义基本原理与中国具体文化实际相结合,就一定能够实现建设社会主义文化强国的目标,创造中华文化新的辉煌。

(原载于《东岳论丛》2017 年第 4 期)

习近平文化强国战略大思路

张国祚*

习近平同志非常重视文化建设,围绕文化强国战略提出了一系列具有重要意义的大思路。主要有以下几个方面。

凝魂聚气:培育核心价值观

当今中国所有信仰信念、思想道德、党风民风、国家认同、社会治安等文化和社会问题,说到底,都与核心价值观密切相关。从长远来看,培育和践行社会主义核心价值观,确是攸关民族兴衰、国家存亡的重大战略问题。习近平同志审时度势,反复强调,核心价值观是文化软实力的灵魂、文化软实力建设的重点。这是决定文化性质和方向的最深层次要素。一个国家的文化软实力,从根本上说,取决于其核心价值观的生命力、凝聚力、感召力。

习近平同志为什么如此强调核心价值观的重要性呢? 他在今年"五四"青年节同北京大学师生座谈时的讲话,回答了这个问题。他指出:"人类社会发展的历史表明,对一个民族、一个国家来说,最持久、最深层的力量是全社会共同认可的核心价值观。"一是因为核心价值观事关一个民族、一个国家的精神追求:没有精神追求的民族和国家就没有信仰,没有敬畏,没有方向,没有目标,没有动力,没有激情,难免停滞和沉沦。二是因为核心价值观事关一个民族、一个国家是非曲直、真假善恶、正谬美丑的价值判断标准:一个没有价值判断标准、莫衷一是、行无依归、不讲原则、不知取舍的民族和国家,势必浑浑噩噩、良莠不分、无真理正义可言、无风骨、无血性,不可能自立于世界民族之林,不可能赢得国际尊重。

因此树立全民族共同认可的核心价值观,对于当代中国来说,尤其具有重要启迪和警示的作用。我国是世界上人口最多的国家,国情复杂,发展不平衡、矛盾

* 作者简介:张国祚,中国文化软实力研究中心主任、教授。

积累多,正面临社会转型、变革激烈的时期。特别是在互联网迅速发展的时代,各种信息蜂拥而来、真假难辨,使中国社会统一思想、凝聚共识的难度越来越大,非常需要确立一个能够反映全国各族人民普遍认同的核心价值观,否则就很难确立共同理想信念、维护社会安定团结、推动国家健康发展。

党的十八大提出了"三个倡导"24个字的核心价值观。从国家层面倡导"富强、民主、文明、和谐"的价值追求,从社会层面倡导"自由、平等、公正、法治"的价值追求,从公民个人层面倡导"爱国、敬业、诚信、友善"的价值追求。其中"富强、民主、文明、和谐"体现了社会主义现代化的本质要求,"自由、平等、公正、法治"借鉴了世界文明的有益成果,"爱国、敬业、诚信、友善"则吸取了中华民族优秀传统文化的精华。

社会主义核心价值观是社会主义核心价值体系的精髓,是兴国之魂。如果绝大多数中国人都认同并自觉践行这24字核心价值观,13亿中国人将迸发出何等不可战胜的巨大能量!中华民族伟大复兴中国梦必将得到顺利推进而更早实现。这正是习近平强调培育和践行核心价值观的要义所在。

固本培元:弘扬中华优秀传统文化

面对改革开放和市场经济条件下一些人信仰缺失、道德滑坡、人格扭曲、国家意识淡薄、民族自尊自信失落的现状,习近平敏锐地意识到,为了实现中华民族伟大复兴,除坚持道路自信、理论自信、制度自信外,必须增强民族自信,而民族自信的关键是对中华传统文化的自信。因此,他在一系列关于文化强国战略的重要讲话中,频频提及中华文化,强调"中华优秀传统文化是中华民族的突出优势,是我们最深厚的文化软实力",强调"培育和弘扬社会主义核心价值观必须立足中华优秀传统文化",强调"建设文化强国,必须立足于中国优秀传统文化的根基,汲取营养,获取力量,赋予时代精神"。

习近平这些强调是非常必要的,抓住了文化强国战略的根脉。事实上,中华民族上下五千年,创造了光辉灿烂、博大精深的古代文化,包括很多可以跨越时空、超越国度、富有永恒魅力、具有当代价值的文化精髓。例如《礼记·大学》提出的"格物、致知、诚意、正心、修身、齐家、治国、平天下"这八条目,实际上是一个比较完整的核心价值观体系。北宋大儒张载提出"为天地立心,为生民立命,为往圣继绝学,为万世开太平",这其实也是一种核心价值观的表达。随着时间的推移和文化的积淀,中国古代渐渐形成了全民族普遍认可的核心价值观,包括仁、义、礼、智、信、忠、孝、恕、廉、勇等一系列的表达,虽然主要是围绕着个人品德修养和行为规范,但同样影响着社会与国家,对今天培育社会主义核心价值观具有重要的参考价值。

先秦以来,中国优秀传统文化,至少有以下九个方面的内容至今仍然富有生命力。一是自强不息的刚健精神:"天行健,君子以自强不息";二是崇尚气节的爱国精神:"人生自古谁无死,留取丹心照汗青";三是做人要有信仰、有操守:"富贵不能淫,贫贱不能移,威武不能屈";四是经世致用的务实精神:主张积极入世、报国救世;五是人定胜天的能动精神:"制天命而用之";六是厚德仁民的人本精神:"仁者爱人","己所不欲,勿施于人","民为贵,社稷次之,君为轻";七是"天下为公"的"大同"理念:倡导"先天下之忧而忧,后天下之乐而乐";八是包容多样、尊重他人的民主精神:"君子和而不同";九是尊重规律、"道法自然"的哲理智慧:主张"天人合一"、无为而治。

当然,中国优秀传统文化的精华远非仅仅以上九个方面,围绕治国、理政、统兵、作战、励志、勤学、礼贤、智谋、实践、哲理、文艺、体育、中医等方面还有很多深刻的思想,都是文化强国建设重要的文化资源。只要坚持去粗取精、去伪存真,充分发掘和弘扬传统文化中的精华,文化强国建设必然拥有深厚的文化底蕴和富有民族特色的魅力。

多措并举:提高国家文化软实力

任何国家都必须两条腿走路:一条腿是物质硬实力,另一条腿则是文化软实力。物质硬实力不行,这个国家可能一打就败;而文化软实力不行,这个国家可能不打自败。习近平非常重视文化软实力,他指出,"一个国家综合实力最核心的还是文化软实力,这事关精气神的凝聚"。围绕建设社会主义文化强国和提高国家文化软实力,他提出稳固"根基"的大思路,主要包括"一条道路""一项改革""四个自信""四种形象""树立四观"。

"一条道路",就是"要坚持走中国特色社会主义文化发展道路"。对文化发展道路的理解,要追溯到中共十五大。十五大报告明确指出:"建设有中国特色社会主义的文化,就是以马克思主义为指导,以培育有理想、有道德、有文化、有纪律的公民为目标,发展面向现代化、面向世界、面向未来的,民族的科学的大众的社会主义文化。"走这条文化发展道路的指导思想是马克思主义,遵循方向是"三个面向"(现代化、世界、未来),内涵要符合"三个属性"(民族的、科学的、大众的);目标是培育"四有"(有理想、有道德、有文化、有纪律)公民。偏离这条发展道路,就会动摇国家文化软实力的根基。

"一项改革"就是"深化文化体制改革"。要坚持以人民为中心的工作导向,坚持把社会效益放在首位、社会效益和经济效益相统一,以激发全民族文化创造活力为中心环节,进一步深化文化体制改革。按照政企分开、政事分开原则,推动政府部门由办文化向管文化转变。没有这项改革,国家文化软实力就会缺少充满生机和活力的造血功能,也会缺少传播工具、平台和渠道。

"四个自信",就是"我们要坚定理论自信、道路自信、制度自信,最根本的还要加一个文化自信"。习近平强调:"当代中国价值观念,就是中国特色社会主义价值观念,代表了中国先进文化的前进方向。我国成功走出了一条中国特色社会主义道路,实践证明我们的道路、理论体系、制度是成功的。"他之所以强调文化自信,首先,因为中华民族创造了博大精深的灿烂文化,具有跨越时空、超越国度、具有当代价值的永恒魅力;其次,只要中华民族最基本的文化基因与当代文化相适应、与现代社会相协调,以人们喜闻乐见、具有广泛参与性的方式推广开来,就能使全世界感受到中华文化独特魅力。这正是中国文化自信的底气所在。

"四种形象",就是文明大国形象、东方大国形象、负责任大国形象、社会主义大国形象。习近平分别从历史文化、国情特色、外交政策和中国特色社会主义本质四个角度强调,我们要建设好、向世界展示好中国的国家形象:"历史底蕴深厚、各民族多元一体、文化多样和谐的文明大国形象,政治清明、经济发展、文化繁荣、社会稳定、人民团结、山河秀美的东方大国形象,坚持和平发展、促进共同发展、维护国际公平正义、为人类作出贡献的负责任大国形象,对外更加开放、更加具有亲和力、充满希望、充满活力的社会主义大国形象"。这"四种形象"的提出,是习近平独到的理论贡献,果真能塑造起这四种"大国形象",中国文化软实力必然大大提升在全世界的影响力。

"树立四观",就是树立和坚持正确的历史观、民族观、国家观、文化观。习近平强调要用好新兴媒体,讲好中国故事,传播好中国声音,阐释好中国特色。对中国人民和中华民族的优秀文化和光荣历史,要加大正面宣传力度,"引导我国人民树立和坚持正确的历史观、民族观、国家观、文化观,增强做中国人的骨气和底气"。这段话切中时弊,抓住了文化强国建设和提高文化软实力的要害。只有实实在在地引导国民特别是青年,正确看待历史、正确看待民族、正确看待国家、正确看待文化,才能"增强做中国人的骨气和底气"。无论对内对外,"骨气和底气"都是国家文化软实力的最强大的文化基因。

清醒坚定:牢牢把握意识形态工作的领导权、管理权、话语权

面对思想文化领域错误思潮和有害信息不断衍生和泛滥的局面,习近平同志围绕意识形态工作提出一系列旗帜鲜明、思想深刻的论述。

一是强调意识形态工作的战略地位和意义。他指出,意识形态工作是党的一项极端重要的工作。历史和现实反复证明,能否做好意识形态工作,事关党的前途命运,事关国家长治久安,事关民族凝聚力和向心力。他还进一步指出:"一个政权的瓦解往往是从思想领域开始的,政治动荡、政权更迭可能在一夜之间发生,但思想演化是个长期过程。思想防线被攻破了,其他防线就很难守住。我们必须把意识形态工作的领导权、管理权、话语权牢牢掌握在手中,任何时候都不能旁落,否则就要犯无可挽回的历史性错误。"习近平这一论断是清醒而及时的。苏联解体、东欧剧变所出现的政治动荡和政权更迭,具体原因虽然不同,但手法很相似,反对派毫无例外都是从街头革命舆论战开始,首先把意识形态搞乱。

二是强调党员、干部都要树立远大的理想信念。他有针对性地指出:"在我们党员、干部队伍中,信仰缺失是一个需要引起高度重视的问题。""理想信念是共产党人精神上的'钙',没有理想信念,或者理想信念不坚定,精神上就会'缺钙',就会得'软骨病',就可能导致政治上变质、经济上贪婪、道德上堕落、生活上腐化。坚定的信仰始终是党员、干部站稳政治立场、抵御各种诱惑的决定性因素。"作为党的领袖,能够实事求是,敢揭自家之短,敢于直面问题,这需要政治勇气和魄力,这要有解决问题的决心。更为可贵的是,习近平敏锐地意识到,信仰是一切思想问题的根源,解决思想道德问题不能忽视信仰原因。

三是强调要坚持党性和人民性的统一。针对党内存在的"党不姓党""党不言党""党不管党"的现象,习近平强调,党性原则不仅要讲,而且要大张旗鼓讲、理直气壮讲、坚持不懈讲。不要躲躲闪闪、含糊其辞。"坚持什么、反对什么,说什么话、做什么事,都要符合党的要求"。鉴于极少数党员干部心无群众、忽视人民、甚至以人民为对立面,习近平对全党强调:"做好宣传思想工作,必须讲人民性","必须解决好'为了谁、依靠谁、我是谁'这个根本问题"。习近平的确抓住了一个最根本的问题,只有解决好党性与人民性相统一的问题,我们党才能更好地带领人民同心同德、共同奋斗。

四是敢抓敢管,敢于亮剑。"对于那些恶意攻击党的领导、攻击社会主义制度、歪曲党史国史、造谣生事的言论",一切媒体、一切平台"都不能为之提供空间""都不能为之提供方便"。"作为党的干部,不能用'不争论''不炒热''让说话'为自己的不作为开脱,决不能东西摇摆、左右迎合!"习近平这些严肃的告诫,恰恰是击中了近些年来宣传思想工作的软肋。我们的宣传思想工作当然要提倡民主讨论、求真务实、包容多样、鼓励创新,要倡导"百花齐放、百家争鸣"。但是一定要区分开学术问题和政治问题。对学术问题,就应该宽容、包容、保护;但对政治问题,必须清醒坚定,对心怀叵测的恶意言论当然要旗帜鲜明地进行批评,否则会误导舆论、扰乱人心、危害国家发展。

(原载于《人民论坛》2014年9月上)

文化发展战略思想研究

范希春*

恩格斯曾经指出:"文化上的每一个进步,都是迈向自由的一步。"①文化的本质就在于以无形的意识和观念影响有形的存在和具体的现实,作用于经济社会发展和人类生产生活,改变人的精神状况,推动人类社会进步。一个文明进步的社会必然是物质财富和精神文化共同进步的社会,一个现代化的强国必定是经济、政治、文化、社会、生态协同发展的国家。其中,文化发展战略思想决定着文化的发展方向和文化治理的实践成效,是一个国家、一个民族繁荣兴盛的重要前提和人文基础。习近平文化发展战略思想,是其治国理政新理念新思想新战略的重要组成部分,创造性地继承了中华优秀传统文化并在新的时代条件下加以发扬光大,把文化治理引入国家治理、社会治理和外交领域,取得了举世瞩目的成就。习近平文化发展战略思想具有丰富的思想内涵、鲜明的时代特点、突出的实践性特征,具有强大的文化凝聚力、感召力、影响力,有力地推动了中国经济社会的发展,影响和改变了当今时代世界政治经济格局,开辟了文化治理的新天地、新境界,在治国理政的伟大实践中发挥了重要作用,为中华民族的伟大复兴提供了重要的思想引领、强大的精神动力和坚实的文化支撑。

一、习近平文化发展战略思想的主要内容

文化是一个包含多层次、多方面内容的统一体系,主要分为三个层面:一是思想、意识、观念,这是文化的核心层,或者说是文化的内核,是为精神形态的文化;

---

* 作者简介:范希春,中共中央宣传部思想政治工作研究所研究员、博士,主要研究方向为中国思想史、中国特色社会主义理论、宣传思想文化工作。

① 《马克思恩格斯选集》第 3 卷,人民出版社 1995 年版,第 456 页。

二是表现文化的实物,包括各种文化产品、文化活动等,是为物质形态的文化;三是制度、风俗,包含思想观点凝结而成的条例规矩等,是为制度形态的文化。习近平文化发展战略思想,属于文化的第一个层面,即核心层,进而延展影响到文化的第二、第三个层面,其主要内容为以下七个方面。

1. 理论基础:以马克思主义为指导

在习近平文化发展战略思想中,马克思主义是灵魂、是旗帜,决定着社会主义先进文化的发展方向和性质。2014 年 10 月 13 日,习近平在中央政治局第十八次集体学习讲话时指出:"我们共产党人是坚定的马克思主义者,我们党的指导思想就是马克思列宁主义、毛泽东思想和中国特色社会主义理论体系。同时,我们不是历史虚无主义者,也不是文化虚无主义者,不能数典忘祖、妄自菲薄。"①2016 年 7 月 1 日,《在庆祝中国共产党成立 95 周年大会上的讲话》中,习近平再次强调:马克思主义是我们立党立国的根本指导思想。背离或放弃马克思主义,我们党就会失去灵魂、迷失方向。在坚持马克思主义指导地位这一根本问题上,我们必须坚定不移,任何时候任何情况下都不能有丝毫动摇。② 中华优秀传统文化与马克思主义存在某种契合和相通之处,是中国人民选择和接受马克思主义的思想文化基础,以马克思主义为指导,把握马克思主义与中国文化的内在关联、发展逻辑和未来走向,推进马克思主义与中国文化的深度结合,为中华文化注入先进的思想内涵,建设中国特色社会主义先进文化,是中国经济社会发展的历史的、必然的要求。在新的历史条件下,坚持以马克思主义为指导,用发展着的马克思主义引领当代中国文化建设,是发展社会主义先进文化的根本指针。

2. 奋斗目标:建设社会主义文化强国

建设社会主义文化强国,是习近平文化发展战略思想要达成的重要目标。党的十八届三中全会提出,要紧紧围绕建设社会主义核心价值体系、社会主义文化强国深化文化体制改革,推动社会主义文化大发展大繁荣。党的十八届五中全会再次提出,坚持社会主义先进文化前进方向,坚持以人民为中心的工作导向,坚持把社会效益放在首位、社会效益和经济效益相统一,坚定文化自信,增强文化自觉,加快文化改革发展,加强社会主义精神文明建设,建设社会主义文化强国。这是以习近平同志为核心的党中央关于扎实推进社会主义文化强国建设的重要战略部署。

---

① 《习近平在中共中央政治局第十八次集体学习时强调牢记历史经验历史教训历史警示为国家治理能力现代化提供有益借鉴》,《人民日报》2014 年 10 月 14 日。
② 习近平:《在庆祝中国共产党成立 95 周年大会上的讲话》,《人民日报》2016 年 7 月 2 日。

"一个民族的复兴需要强大的物质力量,也需要强大的精神力量。没有先进文化的积极引领,没有民精神世界的极大丰富,没有民族精神力量的不断增强,一个国家、一个民族不可能屹立于世界民族之林。"①在习近平文化发展战略思想中,"文化立国""文化强国"思想占据十分重要的地位。2013年12月30日,习近平在中共中央政治局第十二次集体学习时强调,要弘扬社会主义先进文化,深化文化体制改革,推动社会主义文化大发展大繁荣,增强全民族文化创造活力,推动文化事业全面繁荣、文化产业快速发展,不断丰富人民精神世界、增强人民精神力量,不断增强文化整体实力和竞争力,朝着建设社会主义文化强国的目标不断前进。② 2014年2月28日,习近平在中央全面深化改革领导小组第二次会议上的讲话中指出:"要紧紧围绕建设社会主义核心价值体系、建设社会主义文化强国,完善文化管理体制和文化生产经营机制,建立健全现代公共文化服务体系、现代文化市场体系来做好工作,以此推动社会主义文化大发展大繁荣。"③建设社会主义文化强国既是全面建成小康社会的重要内容,又是实现"两个一百年"奋斗目标和中华民族伟大复兴的中国梦的重要精神支撑和文化条件。这也是习近平文化战略思想中突出强调建设社会主义文化强国目标的现实意义和历史意义。

3. 工作导向:坚持以人民为中心

坚持以人民为中心的工作导向,是习近平文化发展战略思想所坚持的根本原则。2013年8月19日,习近平在全国宣传思想工作会议上明确指出:坚持人民性,就是要把实现好、维护好、发展好最广大人民根本利益作为出发点和落脚点,坚持以民为本、以人为本。要树立以人民为中心的工作导向,把服务群众同教育引导群众结合起来,把满足需求同提高素养结合起来,丰富人民精神世界,增强人民精神力量,满足人民精神需求。2014年10月15日,习近平在文艺工作座谈会上的讲话中再次强调要坚持以人民为中心的创作导向,"以人民为中心,就是要把满足人民精神文化需求作为文艺和文艺工作的出发点和落脚点,把人民作为文艺表现的主体,把人民作为文艺审美的鉴赏家和评判者,把为人民服务作为文艺工作者的天职","满足人民日益增长的精神文化需求,必须抓好文化建设,增加社会的精神文化财富;能不能搞出优秀作品,最根本的决定于是否能为人民抒写、为人

---

① 《习近平在文艺工作座谈会上的讲话》,《人民日报》2014年10月15日。
② 《习近平在中共中央政治局第十二次集体学习时强调建设社会主义文化强国着力提高国家文化软实力》,《人民日报》2014年1月1日。
③ 《习近平主持召开中央全面深化改革领导小组第二次会议强调把抓落实作为推进改革工作的重点真抓实干蹄疾步稳务求实效》,《人民日报》2014年3月1日。

民抒情、为人民抒怀"。① 坚持以人民为中心的工作导向,是发展社会主义文艺,建设社会主义先进文化的根本,也是决定我国文化事业前途命运的关键。文艺只有植根现实生活、顺应人民意愿、反映人民关切,才能充满活力,才能发展繁荣。

4. 文化根基:创造性继承与创新性发展

中华优秀传统文化在习近平关于中国传统文化的体认中,优秀传统文化积淀着中华民族最深层的精神追求,包含着中华民族最根本的精神基因,代表着中华民族独特的精神标识,为中华民族生生不息、发展壮大提供了丰厚滋养,是我们文化发展的母体,是中华民族的精神命脉,是我们在世界文化激荡中站稳脚跟的根基。

习近平关于中华优秀传统文化的思想观点表现在"三个独特""四个讲清楚"和"创造性继承、创新性发展"等方面。2013 年 8 月 19 日,在全国宣传思想工作会议的讲话中,习近平提出"要讲清楚每个国家和民族的历史传统、文化积淀、基本国情不同,其发展道路必然有着自己的特色;讲清楚中华文化积淀着中华民族最深沉的精神追求,是中华民族生生不息、发展壮大的丰厚滋养;讲清楚中华优秀传统文化是中华民族的突出优势,是我们最深厚的文化软实力;讲清楚中国特色社会主义植根于中华文化沃土、反映中国人民意愿、适应中国和时代发展进步要求,有着深厚历史渊源和广泛现实基础。"强调,"独特的文化传统,独特的历史命运,独特的基本国情,注定了我们必然要走适合自己特点的发展道路。"②2014 年 2 月 24 日,习近平在主持中共中央政治局第十三次集体学习强调,"要处理好继承和创造性发展的关系,重点做好创造性转化和创新性发展""要以时代精神激活中华优秀传统文化的生命力,推进中华优秀传统文化创造性转化和创新性发展"。③习近平指出,中华优秀传统文化可以增进人们的道德自觉,提升人们的道德境界;可以为培育和践行社会主义核心价值观提供丰富涵养,并使其具有长久的生命力和影响力;可以为推进改革开放和社会主义现代化建设实现中华民族伟大复兴中国梦提供文化支撑和精神力量;是促进世界和平的精神财富;蕴藏着解决时代难题的重要启示,对于提高国家治理体系和治理能力现代化水平具有重要借鉴价值,是解决时代难题的关键。所以他特别强调,"我们要善于把弘扬优秀传统文化和发展现实文化有机统一起来,紧密结合起来,在继承中发展,在发展中继承"。2015 年 12 月 30 日,习近平在主持中共中央政治局第二十九次集体学习时指出,

---

① 《习近平在文艺工作座谈会上的讲话》,《人民日报》2014 年 10 月 15 日。
② 《习近平谈治国理政》,外文出版社 2014 年版,第 153 – 156 页。
③ 《习近平主持中共中央政治局第十三次集体学习》,《人民日报》2014 年 2 月 26 日。

要努力从中华民族世世代代形成和积累的优秀传统文化中汲取营养和智慧,延续文化基因,萃取思想精华,展现精神魅力。把传承和弘扬中华优秀传统文化同培育和践行社会主义核心价值观统一起来,引导人民树立和坚持正确的历史观、民族观、国家观、文化观,不断增强中华民族的归属感、认同感、尊严感、荣誉感。①用中化优秀文化塑造时代精神、推动社会发展,成为习近平文化发展战略思想的重要组成部分,体现了继承、创新、发展、应用中华优秀传统文化的方法论。

5. 价值内核:培育和弘扬社会主义核心价值观

社会主义核心价值观是决定文化性质和方向的最深层次的要素,培育和弘扬社会主义核心价值观是一项凝魂聚气、强基固本的基础工程,这是习近平关于社会主义核心价值观在文化中的定位。文化的内容和形式总是丰富多彩多姿多样的,文化是多元一体、多样共生的,总是在激荡和融合中发展的,其中,占据主导地位、起支配作用和主导作用的是作为文化内核的价值观。2014 年 2 月 24 日,习近平在中共中央政治局第十三次集体学习时强调,核心价值观是文化软实力的灵魂、文化软实力建设的重点。一个国家的文化软实力,从根本上说,取决于其核心价值观的生命力、凝聚力、感召力。培育和弘扬核心价值观,有效整合社会意识,是社会系统得以正常运转、社会秩序得以有效维护的重要途径,也是国家治理体系和治理能力的重要方面。历史和现实都表明,构建具有强大感召力的核心价值观,关系社会和谐稳定,关系国家长治久安。核心价值观是一个民族赖以维系的精神纽带,是一个国家共同的思想道德基础。如果没有共同的核心价值观,一个民族、一个国家就会魂无定所、行无依归,一种文化就立不起来、强不起来,一个国家就没有统一的意志和共同的行动。在国际形势风云变幻的情况下,要把广大人民的思想意志凝聚好,使中华民族更好地屹立于世界民族之林,就必须铸就能够有效发挥统摄、引领和整合作用的核心价值观。正是基于这样的全局和战略的考量,习近平特别强调社会主义核心价值观在文化建设中的重要地位,要求作为一项核心工作抓紧抓好。

6. 根本任务:加强社会主义意识形态建设

加强社会主义意识形态建设,巩固马克思主义在意识形态领域的指导地位,巩固全党全国人民团结奋斗的共同思想基础,是宣传思想工作的根本任务,也是文化建设的一项十分重要的战略任务。在 2013 年 8 月召开的全国宣传思想工作会上,习近平指出,意识形态工作是党的一项极端重要的工作。能否做好意识形

---

① 《习近平在中共中央政治局第二十九次集体学习时强调大力弘扬伟大爱国主义精神为实现中国梦提供精神支柱》,《人民日报》2015 年 12 月 31 日。

态工作,事关党的前途命运,事关国家长治久安,事关民族凝聚力和向心力。必须一刻也不能放松和削弱意识形态工作。讲话中,习近平深刻阐明了党的中心工作和意识形态工作的关系,用"极端重要"四个字来定位意识形态工作。明确指出,做好宣传思想工作必须坚持党性与人民性的统一。一是做好宣传思想工作,必须讲党性。核心是坚持正确政治方向,站稳政治立场,坚定宣传党的理论和路线方针政策,坚定宣传中央重大工作部署,坚定宣传中央关于形势的重大分析判断,坚决同党中央保持高度一致,坚决维护中央权威。二是做好宣传思想工作,必须讲人民性。坚持人民性,就是要把实现好、维护好、发展好最广大人民根本利益作为出发点和落脚点,坚持以民为本、以人为本。解决好"为了谁、依靠谁、我是谁"这个根本问题。三是坚持党性和人民性相统一,就是把体现党的主张和反映人民心声统一起来。坚持党性、站在党的立场上,更好、更全面反映人民愿望。要求党的各级领导干部必须按照中央要求扎扎实实做好意识形态工作,党员、干部要坚定马克思主义、共产主义信仰,学会运用马克思主义立场、观点、方法观察和解决问题,坚定理想信念。要深入开展中国特色社会主义宣传教育,把全国各族人民团结和凝聚在中国特色社会主义伟大旗帜之下。要加强社会主义核心价值体系建设,积极培育和践行社会主义核心价值观,全面提高公民道德素质,培育知荣辱、讲正气、作奉献、促和谐的良好风尚。推动文化事业全面繁荣和文化产业快速发展、建设社会主义文化强国。①②

7. 战略路径:提高国家文化软实力

国家文化软实力是以文化为基础,基于文化生命力、创新力和传播力而产生的,在内部形成的向心力、凝聚力、动员力和对外部生成的亲和力、感召力、影响力。党的十七大首次明确提出要"提高国家文化软实力",十八届三中全会对提高国家文化软实力作出了进一步的战略部署,指出,"建设社会主义文化强国,增强国家文化软实力,必须坚持社会主义先进文化前进方向,坚持中国特色社会主义文化发展道路,培育和践行社会主义核心价值观,巩固马克思主义在意识形态领域的指导地位,巩固全党全国各族人民团结奋斗的共同思想基础。"③明确了提高国家文化软实力的目的和意义。2013 年 12 月 30 日,中共中央政治局第十二次集体学习时,习近平对提高国家文化软实力做了全面论述,其主要思想是:提高国家文化软实力,关系"两个一百年"奋斗目标和中华民族伟大复兴中国梦的实现。提

① 习近平:《意识形态工作是党的一项极端重要的工作》,《人民日报》2013 年 8 月 21 日。

② 《习近平谈治国理政》,外文出版社 2014 年版,第 153 – 157 页。

③ 《中国共产党第十八届中央委员会第三次全体会议公报》,《人民日报》2013 年 11 月 13 日。

高国家文化软实力,要坚持走中国特色社会主义文化发展道路,努力夯实国家文化软实力的根基;要努力传播当代中国价值观念,保证中国先进文化的前进方向,注重塑造我国的国家形象,重点展示中国历史底蕴深厚、各民族多元一体、文化多样和谐的文明大国形象,展示中华文化独特魅力;要加强国际传播能力建设,努力提高国际话语权,讲好中国故事,传播好中国声音,阐释好中国特色。① 提高国家文化软实力,是文化建设的一个长历史过程,既是文化建设的重点,又是建设社会主义文化强国的现实路径。

二、习近平文化发展战略思想在治国理政实践中的深化与延展

马克思在《关于费尔巴哈的提纲》中有一句名言,"哲学家们只是用不同的方式解释世界,问题在于改变世界。"②实践性是马克思主义的本质特征,习近平文化发展战略思想最鲜明的特点正是其实践性。这一实践性特点突出表现在其文化发展战略思想作用于我国经济社会发展的伟大实践,并深刻影响和改变了世界政治经济格局。

习近平文化发展战略思想的实践功能和推动作用覆盖了政治、经济、文化、社会、生态文明和党的建设以及外交等各个领域,本文重点从以下四个方面展开论述。

1. 推动经济社会全面发展

把推动经济社会全面发展作为文化建设的重要任务来思考、来布局、来推进,是习近平文化发展战略思想的突出特点。一是把中华优秀传统文化作为独特"战略资源",用于推进改革开放和社会主义现代化建设,为实现中华民族伟大复兴中国梦提供文化支撑和精神力量。一个国家,一个民族的强盛,总是以文化兴盛为支撑的,中华民族伟大复兴需要以中华文化发展繁荣为条件。2013 年 9 月 26 日,习近平在会见第四届全国道德模范时指出,"自强不息、厚德载物的思想,支撑着中华民族生生不息、薪火相传,今天依然是我们推进改革开放和社会主义现代化建设的强大精神力量"。2014 年 2 月 17 日,习近平在省部级主要领导干部学习贯彻十八届三中全会精神全面深化改革专题研讨班上的讲话中强调,推进国家治理体系和治理能力现代化,要大力培育和弘扬社会主义核心价值体系和核心价值观,加快构建充分反映中国特色、民族特性、时代特征的价值体系。坚守我们的价值体系,坚守我们的核心价值观,必须发挥文化的作用。要加强对中华优秀传统

---

① 《习近平谈治国理政》,外文出版社 2014 年版,第 160 - 162 页。
② 《马克思恩格斯选集》第 1 卷,人民出版社 1995 年版,第 57 页。

文化的挖掘和阐发,努力实现中华传统美德的创造性转化、创新性发展,把跨越时空、超越国度、富有永恒魅力、具有当代价值的文化精神弘扬起来,把继承优秀传统文化又弘扬时代精神、立足本国又面向世界的当代中国文化创新成果传播出去。① 二是实现中国梦必须弘扬中国精神。2013 年 3 月 17 日,在第十二届全国人民代表大会第一次会议上的讲话中,习近平强调,实现中国梦必须弘扬中国精神。这就是以爱国主义为核心的民族精神,以改革创新为核心的时代精神。这种精神是凝心聚力的兴国之魂、强国之魂。爱国主义始终是把中华民族坚强团结在一起的精神力量,改革创新始终是鞭策我们在改革开放中与时俱进的精神力量。全国各族人民一定要弘扬伟大的民族精神和时代精神,不断增强团结一心的精神纽带、自强不息的精神动力,永远朝气蓬勃迈向未来。实现中国梦必须凝聚中国力量。② 三是强调文化要为实现"两个一百年"的战略目标提供精神支撑和文化保障。2014 年 10 月,习近平在文艺工作座谈会上的讲话中强调指出,实现中华民族的伟大复兴需要中华文化的繁荣兴盛。"文化是民族生存和发展的重要力量。人类社会每一次跃进,人类文明每一次升华,无不伴随着文化的历史性进步。""在几千年的历史流变中,中华民族从来不是一帆风顺的,遇到了无数艰难困苦,但我们都挺过来、走过来了,其中一个很重要的原因就是世世代代的中华儿女培育和发展了独具特色、博大精深的中华文化,为中华民族克服困难、生生不息提供了强大精神支撑。"③人民有信仰,民族有希望,国家有力量。实现中华民族伟大复兴的中国梦,物质财富要极大丰富,精神财富也要极大丰富。扎实推进社会主义文化强国建设就是要实现人民享有健康丰富的精神文化生活,不断提升中华文化创造力、竞争力和影响力,为全面实现"两个一百年"奋斗目标和中华民族伟大复兴中国梦提供精神支撑、文化保障。

2. 促进人的全面发展

坚持文化为人民服务,实现以文化人,促进人的全面发展,是习近平文化发展战略思想在实践层面的生动体现。以人民为中心的发展思想,不是一个抽象的、玄奥的概念,不能只停留在口头上、止步于思想环节,而要体现在经济社会发展各个环节。在文化促进人的发展方面,习近平重点强调以下三个方面的内容:一是继承优秀传统文化,提高民族道德素养。他认为,中国中华传统美德是中华文化精髓,蕴含着丰富的思想道德资源。学习把握中华民族传统美德,有助于正确处

---

① 《习近平谈治国理政》,外文出版社 2014 年版,第 106 页。
② 《习近平谈治国理政》,外文出版社 2014 年版,第 40 页。
③ 《习近平在文艺工作座谈会上的讲话》,《人民日报》2014 年 10 月 15 日。

理义与利、己与他、权与民、物质享受与精神享受等重要关系。中国传统文化博大精深,学习和掌握其中的各种思想精华,对树立正确的世界观、人生观、价值观很有益处。中华文化强调"民惟邦本""天人合一""和而不同",强调"天行健,君子以自强不息""大道之行也,天下为公";强调"天下兴亡,匹夫有责",主张以德治国、以文化人;强调"君子喻于义""君子坦荡荡""君子义以为质";强调"言必信,行必果""人而无信,不知其可也";强调"德不孤,必有邻""仁者爱人""与人为善""己所不欲,勿施于人""出入相友,守望相助""老吾老以及人之老,幼吾幼以及人之幼""扶贫济困""不患寡而患不均"等思想和理念,不论过去还是现在,都有其鲜明的民族特色,都有其永不褪色的时代价值。二是强调文化对人的提升作用,主要集中在倡导培育和践行社会主义核心价值观方面。2014 年 2 月 24 日,中央政治局专门就培育和弘扬社会主义核心价值观进行集体学习,习近平做重要讲话,对全社会提了要求。同年,"五四"青年节,习近平到北京大学,对大学生讲了这个问题;在上海,对领导干部讲这个问题;在北京市海淀区民族小学主持召开座谈会,对小学生讲这个问题。如此集中、高密度地讲这一问题,充分说明习近平对培育和践行社会主义核心价值观高度重视。三是培育社会主义核心价值观,重点加强对青少年的教育。习近平谆谆告诫广大青年,树立和培育社会主义核心价值观:一要勤学,下得苦功夫,求得真学问。二要修德,加强道德修养,注重道德实践。踏踏实实修好公德、私德,学会劳动、学会勤俭,学会感恩、学会助人,学会谦让、学会宽容,学会自省、学会自律。三要明辨,善于明辨是非,善于决断选择。"学而不思则罔,思而不学则殆。"要是非明,方向清,路子正。四要笃实,扎扎实实干事,踏踏实实做人。道不可坐论,德不能空谈。于实处用力,从知行合一上下功夫,坚守社会主义核心价值观,在时代大潮中建功立业,成就自己的宝贵人生。①2014 年 5 月 30 日,习近平在北京市海淀区民族小学主持召开座谈会时对小学生培育和践行社会主义核心价值观提出明确要求:记住要求,把社会主义核心价值观的基本内容熟记熟背,让它们融化在心灵里、铭刻在脑子中;心有榜样,学习英雄人物、先进人物、美好事物,在学习中养成好的思想品德追求;从小做起,从自己做起、从身边做起、从小事做起,一点一滴积累,养成好思想、好品德;接受帮助,要听得进意见,受得了批评,在知错就改、越改越好的氛围中健康成长。②

3. 推进党内政治文化建设

在党的十八届六中全会讲话中,习近平首次提出,要注重加强党内政治文化

① 《习近平谈治国理政》,外文出版社 2014 年版,第 172 – 174 页。
② 《习近平谈治国理政》,外文出版社 2014 年版,第 180 – 185 页。

建设,不断培厚良好政治生态的土壤。在中央纪委七次全会上,习近平又对党内政治文化作了进一步阐述,明确了党内政治文化建设的具体要求。

我们的党内政治文化,是以马克思主义为指导、以中华优秀传统文化为基础、以革命文化为源头、以社会主义先进文化为主体、充分体现中国共产党党性的文化。政治文化是政治生活的灵魂,是政治生活中最深层、最本质的东西,直接影响着政治生活的质量和水平。党的十八大以来,以习近平同志为核心的党中央顺应时代发展变化对全面从严治党提出的新要求,注重加强党内政治文化建设,开展了党的群众路线教育实践活动、"三严三实"专题教育和"两学一做"学习教育,引导党员干部端正政治思想、强化政治认同、树立"四个意识"。党内政治文化建设的实践,主要体现在:一是坚定信仰;二是作风建设;三是反腐倡廉。通过坚定信仰、加强作风建设和反腐倡廉,建设风清气正的党内政治文化。2015 年 12 月 11日,习近平在全国党校工作会上的讲话中曾说过,他主持起草党的十八大报告时专门要求写了这样一段话:"对马克思主义的信仰,对社会主义和共产主义的信念,是共产党人的政治灵魂,是共产党人经受住任何考验的精神支柱。"①2016 年 7月 1 日,习近平《在庆祝中国共产党成立 95 周年大会上的讲话》中强调:"坚持不忘初心、继续前进,就要牢记我们党从成立起就把为共产主义、社会主义而奋斗确定为自己的纲领,坚定共产主义远大理想和中国特色社会主义共同理想,不断把为崇高理想奋斗的伟大实践推向前进。"②要把理想信念教育作为思想建设的战略任务,保持全党在理想追求上的政治定力,自觉做共产主义远大理想和中国特色社会主义共同理想的坚定信仰者、忠实实践者,在全面建成小康社会、实现中华民族伟大复兴中国梦的历史进程中充分发挥先锋模范作用。③ 要保持党的先进性和纯洁性,着力提高执政能力和领导水平,着力增强抵御风险和拒腐防变能力,不断把党的建设新的伟大工程推向前进。④ 加强党的建设,就是要同一切弱化先进性、损害纯洁性的问题做斗争,祛病疗伤,激浊扬清。全党要以自我革命的政治勇气,着力解决党自身存在的突出问题,不断增强党自我净化、自我完善、自我革新、自我提高能力,经受"四大考验"、克服"四种危险",确保党始终成为中国特色社会主义事业的坚强领导核心。治国必先治党,治党务必从严。党的作风是党的形象,是观察党群干群关系、人心向背的晴雨表。党的作风正,人民的心气顺,党

---

① 《在全国党校工作会议上的讲话》,《求是》2016 年第 9 期。
② 习近平:《在庆祝中国共产党成立 95 周年大会上的讲话》,《人民日报》2016 年 7 月 2 日。
③ 习近平:《在庆祝中国共产党成立 95 周年大会上的讲话》,《人民日报》2016 年 7 月 2 日。
④ 《习近平在庆祝中国共产党成立 95 周年大会上的讲话》,《人民日报》2016 年 7 月 2 日。

和人民就能同甘共苦。① 这正是习近平倡导加强党内政治文化建设、培厚良好政治生态的根本目的。

4. 推动世界和平发展

通过对中华优秀传统文化的创造性继承和创新性发展,实现其现代性转换,提供解决世界问题的中国主张和中国方案,是习近平文化战略思想的重大贡献。

一是运用中华优秀传统文化理念申明中国主张,阐明中国外交政策,处理外交关系。和平与发展是当今时代的主题,走和平发展之路是中国的一贯主张。2014 年 3 月 28 日,习近平在德国科尔伯基金会的演讲中指出:中华民族是爱好和平的民族,有着 5000 多年历史的中华文明,始终崇尚和平,和平、和睦、和谐的追求深深植根于中华民族的精神世界之中,深深溶化在中国人民的血脉之中。中国自古就提出了"国虽大,好战必亡"的箴言。"以和为贵"、"和而不同"、"化干戈为玉帛"、"国泰民安"、"睦邻友邦"、"天下太平"、"天下大同"等理念世代相传。我们坚持走和平发展道路,是对几千年来中华民族热爱和平的文化传统的继承和发扬。当今世界潮流是和平、发展、合作、共赢,中国将坚定不移走和平发展道路。② 在 2014 年 5 月 15 日中国国际友好大会暨中国人民对外友好协会成立 60 周年纪念活动上的讲话中,习近平强调指出:中华文化崇尚和谐,中国"和"文化源远流长,蕴涵着天人合一的宇宙观、协和万邦的国际观、和而不同的社会观、人心和善的道德观。在 5000 多年的文明发展中,中华民族一直追求和传承着和平、和睦、和谐的坚定理念。以和为贵,与人为善,己所不欲、勿施于人等理念在中国代代相传,深深植根于中国人的精神中,深深体现在中国人的行为上。2016 年 9 月 4 日,在杭州召开的二十国集团领导人第十一次峰会上,习近平围绕"构建创新、活力、联动、包容的世界经济"峰会主题,就世界经济应对挑战、建设好二十国集团提出了五点主张:第一,加强宏观经济政策协调,合力促进全球经济增长、维护金融稳定;第二,创新发展方式,挖掘增长动能;第三,完善全球经济治理,夯实机制保障;第四,建设开放型世界经济,继续推动贸易和投资自由化便利化;第五,落实 2030 年可持续发展议程,促进包容性发展。把"和而不同""包容性"等理念运用于处理国际关系的基本原则,把中华优秀文化中的传统智慧与当代中国的外交政策相结合,把深层的中国哲理与国际事务相结合,充分体现了习近平的文化价值取向和独特外交风格。

在处理国与国外交关系方面,习近平同样注重运用中华传统文化精华阐明中

---

① 《习近平在庆祝中国共产党成立 95 周年大会上的讲话》,《人民日报》2016 年 7 月 2 日。
② 《习近平谈治国理政》,外文出版社 2014 年版,第 265 - 266 页。

国的主张。在处理周边国家关系中,习近平提出了坚持"亲、诚、惠、容"的周边外交理念,充满中国传统文化的亲、和色彩。如 2013 年 10 月 24 日,习近平在周边外交工作座谈会上发表重要讲话。强调我国周边外交的基本方针,就是坚持与邻为善、以邻为伴,坚持睦邻、安邻、富邻,突出体现亲、诚、惠、容的理念。要坚持睦邻友好,守望相助;讲平等、重感情;常见面、多走动。要诚心诚意对待周边国家,争取更多朋友和伙伴。①

在构建新型大国关系方面,注重通过中国文化理念、中国文化精神传达中国声音,申明中国主张。2015 年 9 月 25 日,习近平在白宫南草坪欢迎仪式上的致辞时提出:要坚持构建新型大国关系正确方向,使和平、尊重、合作始终成为中美关系的主旋律,确保两国关系沿着健康稳定的轨道不断向前发展。要坚持增进战略互信,加深相互了解,尊重彼此利益和关切,以宽广的胸怀对待差异和分歧,坚定两国人民友好合作的信心。要坚持互利共赢的合作理念,创新合作模式,拓宽合作领域,以实际行动和合作成果,给两国人民和世界人民带来更多福祉。要坚持增进人民友谊,大力推进两国民间交往,鼓励两国社会各界相向而行,不断夯实中美关系的社会基础。要坚持促进世界和平与发展,加强在重大国际和地区问题上的协调,合力应对全球性挑战,同各国人民一道,建设更加美好的世界。② 2015 年 12 月 21 日,习近平在伦敦金融城市长晚宴上的演讲中指出,当今世界,开放包容、多元互鉴是主基调,和平、发展、合作、共赢是主旋律。和为贵、和而不同、协和万邦等理念在中国代代相传,和平的基因深植于中华民族的血脉之中。中国倡导国际社会共同构建人类命运共同体,建立以合作共赢为核心的新型国际关系,坚持国际关系民主化,坚持正确义利观,坚持通过对话协商以和平方式解决国家间的分歧和争端。③

在处理中国与发展中国家的关系方面,习近平同样注重运用中国文化元素、中国文化符号。2013 年 3 月 25 日,习近平在坦桑尼亚尼雷尔国际会议中心发表演讲,提出发展中非关系:对待非洲朋友,我们讲一个"真"字;开展对非合作,我们讲一个"实"字;加强中非友好,我们讲一个"亲"字;解决合作中的问题,我们讲一个"诚"字;④真、实、亲、诚,都是中华传统文化中固有的元素,有中华民族传统文化特定的内涵。2015 年 12 月 4 日,习近平在中非合作论坛约翰内斯堡峰会开幕

---

① 《习近平谈治国理政》,外文出版社 2014 年版,第 297 页。

② 《习近平在白宫南草坪欢迎仪式上的致辞》,《人民日报》2015 年 9 月 26 日。

③ 习近平:《共倡开放包容　共促和平发展——在伦敦金融城市长晚宴上的演讲》,《人民日报》2015 年 10 月 23 日。

④ 《习近平谈治国理政》,外文出版社 2014 年版,第 306 - 306 页。

式上的致辞中强调,中国人讲究"义利相兼,以义为先",中非关系最大的"义",就是用中国发展助力非洲的发展,最终实现互利共赢、共同发展。并提出中非人文合作计划,即中方为非洲援建 5 所文化中心,为非洲 1 万个村落实施收看卫星电视项目;为非洲提供 2000 个学历学位教育名额和 3 万个政府奖学金名额;每年组织 200 名非洲学者访华和 500 名非洲青年研修;每年培训 1000 名非洲新闻领域从业人员;支持开通更多中非直航航班,促进中非旅游合作。①

二是从中国历史文化中汲取智慧,提供世界和平发展的中国方案,改变世界政治经济文化格局。习近平文化发展战略思想的重要实践,最突出地体现在"一带一路"倡议及行动方面。2013 年 9 月 7 日,习近平在乌兹别克斯坦演讲时提出"丝绸之路经济带"倡议;2013 年 10 月 3 日,习近平在印度尼西亚国会发表演讲时提出共同建设 21 世纪"海上丝绸之路"的设想。2014 年 6 月 5 日,在中阿合作论坛第六届部长级会议开幕式上的讲话中提出:弘扬丝路精神,就是要促进文明互鉴、尊重道路选择、坚持合作共赢、倡导对话和平。所谓"五色交辉,相得益彰;八音合奏,终和且平","履不必同,期于适足;治不必同,期于利民"。中阿共建"一带一路",应该坚持共商、共建、共享原则。② 2016 年 4 月 29 日,中央政治局就历史上的丝绸之路和海上丝绸之路进行第三十一次集体学习,习近平强调,人文交流合作也是"一带一路"建设的重要内容。真正要建成"一带一路",必须在沿线国家民众中形成一个相互欣赏、相互理解、相互尊重的人文格局。民心相通是"一带一路"建设的重要内容,也是"一带一路"建设的人文基础。要坚持经济合作和人文交流共同推进,注重在人文领域精耕细作,尊重各国人民文化历史、风俗习惯,加强同沿线国家人民的友好往来,为"一带一路"建设打下广泛社会基础。③2017 年 5 月 14 日,习近平在"一带一路"国际合作高峰论坛开幕式上发表主旨演讲,深刻阐释了丝路精神的丰富内涵,系统总结了"一带一路"建设 4 年来取得的丰硕成果和宝贵经验,全面描绘了建设和平、繁荣、开放、创新、文明的"一带一路"的美好前景。而"一带一路"倡议落实在具体文化交流层面,则建立多层次人文合作机制,在教育、文化、体育、卫生等领域搭建更多合作平台、开辟更多合作渠道,推进共建"一带一路"教育行动,加大双向引智和人才培养力度。落实好推进"一带一路"建设科技创新合作专项规划,建设联合科研平台和科技园区。实施"一带

① 习近平:《开启中非合作共赢、共同发展的新时代——在中非合作论坛约翰内斯堡峰会开幕式上的致辞》,《人民日报》2015 年 12 月 5 日。
② 《习近平谈治国理政》,外文出版社 2014 年版,第 314－317 页。
③ 《习近平主持中共中央政治局第三十一次集体学习》,《人民日报》2016 年 5 月 1 日。

一路"文化发展行动计划,深化与沿线国家文化交流合作机制建设。用好历史文化遗产,联合打造具有丝绸之路特色的旅游产品和遗产保护。"一带一路"建设将以文明交流超越文明隔阂、文明互鉴超越文明冲突、文明共存超越文明优越,推动各国相互理解、相互尊重、相互信任。倡导不同文明、宗教、种族求同存异、开放包容,在开放中发展,在融合中共存。

"一带一路"承接历史、指向未来,是根据古丝绸之路留下的宝贵启示,着眼于各国人民追求和平与发展的共同梦想,为世界提供的一项充满东方智慧的共同繁荣发展的方案,体现了促进全球治理体系变革的中国担当,将进一步改变世界政治、经济、文化发展格局,充分体现了习近平文化发展战略思想的深邃历史感、深厚文化影响力。

三是用中华优秀传统文化精神阐明中国观点,为世界文明和谐发展提供中国图谱。2014 年 3 月 27 日,习近平在联合国教科文组织总部发表演讲,全面、系统地阐述了他的文明主张,这是一篇关于人类文明发展的十分重要的文献。演讲中,习近平提出"文明因交流而多彩,文明因互鉴而丰富"的观点;强调文明交流互鉴,是推动人类文明进步和世界和平发展的重要动力,并提出了推动文明交流互鉴需要秉持正确的态度和原则:第一,文明是多彩的,人类文明因多样才有交流互鉴的价值。遵照"物之不齐,物之情也"的道理。推动文明交流互鉴,可以丰富人类文明的色彩,让各国人民享受更富内涵的精神生活、开创更有选择的未来。第二,文明是平等的,人类文明因平等才有交流互鉴的前提。第三,文明是包容的,人类文明因包容才有交流互鉴的动力。人类创造的每一种文明都是独特的,一切文明成果都值得尊重,一切文明成果都要珍惜。只有交流互鉴,一种文明才能充满生命力。只要秉持包容精神,就不存在什么"文明冲突",就可以实现文明和谐。① 习近平指出,人类生活在不同文化、种族、肤色、宗教和不同社会制度所组成的世界里,各国人民形成了你中有我、我中有你的命运共同体。应该推动不同文明相互尊重、和谐共处,让文明交流互鉴成为增进各国人民友谊的桥梁、推动人类社会进步的动力、维护世界和平的纽带。应该从不同文明中寻求智慧、汲取营养,为人们提供精神支撑和心灵慰藉,携手解决人类共同面临的各种挑战。② 这就是习近平运用中国传统文化、中国智慧为人类文明发展提供的中国图谱。

---

① 《习近平谈治国理政》,外文出版社 2014 年版,第 258 - 262 页。
② 《习近平谈治国理政》,外文出版社 2014 年版,第 258 - 262 页。

三、习近平文化发展战略思想的重大历史作用

习近平文化发展战略思想深刻阐明了发展繁荣中国特色社会主义文化的指导思想、基本方针、价值导向、主体内容、任务目标、政策保障,对文化的战略地位以及文化在推进国家发展、民族振兴中的重要作用做出了全面系统科学的论断,从根本上解决了以什么样的视角认识文化、以什么样的态度对待文化、以什么样的思路发展文化,以及如何发挥文化在推动经济社会发展中的作用等一系列重大问题,体现了中国共产党人对文化本质的深刻体认,对当今时代文化发展趋势和文化发展规律的深刻把握,体现了中国人民高度的文化自觉和文化自信,为实现社会主义文化大发展大繁荣、推进社会主义文化强国建设开辟了宽广道路,指明了前进方向,提供了基本遵循,对提高国家治理体系和治理能力现代化水平,实现中华民族伟大复兴的中国梦,都具有重要的推动作用和深远的历史意义。同时,习近平文化发展战略思想在外交领域的延展,已经并将深刻改变 21 世纪的世界经济、政治格局,对世界和平与发展产生广泛而深刻的影响。

(原载于《中共杭州市委党校学报》2017 年第 3 期)

关于提升国家文化软实力的十个基本思路[*]

韩振峰

　　在习近平总书记治国理政思想体系中,提升国家文化软实力思想是一项重要内容。认真学习和把握习近平总书记关于提高国家文化软实力的基本思想,对进一步发展中国特色社会主义精神文明、建设社会主义文化强国和实现中华民族伟大复兴的中国梦,具有十分重要的现实意义和深远的历史意义。

　　建设社会主义文化强国是实现中华民族伟大复兴中国梦的重要目标。文化强国之"强"主要体现为国家文化软实力之强大。习近平总书记强调指出:"实现中国梦,是物质文明和精神文明均衡发展、相互促进的结果","是物质文明和精神文明比翼双飞的发展过程。""只有物质文明建设和精神文明建设都搞好,国家物质力量和精神力量都增强,全国各族人民物质生活和精神生活都改善,中国特色社会主义事业才能顺利向前推进。"实现"两个一百年"奋斗目标,实现中华民族伟大复兴中国梦,必须使物质文明和精神文明均衡发展,物质硬实力和文化软实力都显著增强。

　　当今世界,文化软实力越来越成为综合国力和国际竞争力的重要因素。随着世界多极化、经济全球化的深入发展和科学技术的日新月异,文化与经济、政治相互交融的程度不断加深,与科学技术的结合更加紧密,文化软实力已成为国家核心竞争力的重要因素。谁拥有强大的文化软实力,谁就能够在激烈的国际竞争中赢得主动。离开强大的文化软实力,任何国家或民族都不可能真正屹立于世界民

---

　　* 作者简介:韩振峰,北京交通大学马克思主义学院院长、教授、博士生导师。国家"万人计划"首批哲学社会科学领军人才、全国宣传文化系统"四个一批"人才、教育部高校马克思主义理论学科教育指导委员会委员。主要研究领域为马克思主义理论与思想政治教育研究。
　　基金项目:本文系国家社会科学基金项目特别委托项目"中国道路的国内意义和国际价值"(14@ZH008)、全国文化名家和"四个一批"人才特别委托课题"中国梦与核心价值观深层次问题研究"的阶段性成果。

族之林。

党的十八大以来，以习近平为总书记的党中央在推进中国特色社会主义事业过程中，继续深化了对建设社会主义文化强国和提升国家文化软实力重要性和必要性的认识，形成了一系列关于提升国家文化软实力的新思想、新理论和新论断。习近平关于提升国家文化软实力的思想内涵丰富，博大精深。我们择其要点将其基本思路概括归纳为十个方面。

一、提高国家文化软实力的重要意义

习近平总书记在中共中央政治局第十二次集体学习时发表的重要讲话中指出，提高国家文化软实力，关系"两个一百年"奋斗目标和中华民族伟大复兴中国梦的实现。这就是说，提高国家文化软实力，一是关系"两个一百年"奋斗目标的实现。没有文化软实力的提升，就不可能实现全面建成小康社会和富强民主文明和谐的社会主义现代化国家的目标；二是关系到中华民族伟大复兴的中国梦能否实现。中国梦包括国家富强、民族振兴和人民幸福。"国家富强"更多的是对国家硬实力的基本要求；"民族振兴"特别是"人民幸福"在今天则更多地取决于文化软实力的提升程度。在加快推进中国特色社会主义伟大事业新的历史条件下，文化软实力越来越成为民族凝聚力和创造力的重要源泉，越来越成为综合国力竞争的重要因素，越来越成为经济社会发展的重要支撑，丰富精神文化生活越来越成为我国人民的热切愿望。只有不断提升国家文化软实力，才能更好地满足人民精神需求、丰富人民精神世界、增强人民精神力量，为全面建成小康社会、全面深化改革、全面依法治国、全面从严治党提供坚强思想保证、强大精神动力、有力舆论支持、良好文化条件。

二、提高国家文化软实力的重要目标

提高国家文化软实力的目标是什么呢？习近平总书记强调指出，提高国家文化软实力，就是要通过弘扬社会主义先进文化，深化文化体制改革，推动社会主义文化大发展大繁荣，增强全民族文化创造活力，推动文化事业全面繁荣、文化产业快速发展，不断丰富人民精神世界、增强人民精神力量，不断增强文化整体实力和竞争力，实现建设社会主义文化强国的目标。建设社会主义文化强国是提高国家文化软实力的重要目标。为了实现建设社会主义文化强国的目标，我们一方面继续加大物质文明建设的力度，不断为提高文化软实力奠定坚实基础，另一方面必须着力推动社会主义先进文化更加深入人心，推动社会主义精神文明建设不断向纵深发展，开创全民族文化创造活力持续迸发、社会文化生活更加丰富多彩、人民基本文化权益得到更好保障、人民思想道德素质和科学文化素质全面提高的新局面,建设好中华民族共有精神家园,为人类文明进步做出更大贡献。

三、提高国家文化软实力的深厚基础

中华优秀传统文化是我们最深厚的文化软实力,也是中国特色社会主义植根的文化沃土。习近平总书记指出,博大精深的中华优秀传统文化是我们在世界文化激荡中站稳脚跟的根基。中华文化源远流长,积淀着中华民族最深层的精神追求,代表着中华民族独特的精神标识,为中华民族生生不息、发展壮大提供了丰厚滋养。中华优秀传统文化已经成为中华民族的基因,根植在中国人内心,潜移默化影响着中国人的思想方式和行为方式。今天,我们提升国家文化软实力,必须使中华民族最基本的文化基因与当代文化相适应、与现代社会相协调,以人们喜闻乐见、具有广泛参与性的方式推广开来,把跨越时空、超越国度、富有永恒魅力、具有当代价值的文化精神弘扬起来,把继承传统优秀文化又弘扬时代精神、立足本国又面向世界的当代中国文化创新成果传播出去。要系统梳理传统文化资源,让收藏在禁宫里的文物、陈列在广阔大地上的遗产、书写在古籍里的文字都活起来,为建设社会主义先进文化、提高国家文化软实力发挥更大作用。

四、提高国家文化软实力的内在灵魂

提高国家文化软实力首先要把握其“灵魂”,明确其“重点”。习近平总书记指出,社会主义核心价值观是“决定文化性质和方向的最深层次要素”,“是文化软实力的灵魂、文化软实力建设的重点”。一个国家的文化软实力,从根本上说,取决于其核心价值观的生命力、凝聚力和感召力。中央办公厅印发的《关于培育和践行社会主义核心价值观的意见》指出:“社会主义核心价值观是社会主义核心价值体系的内核,体现着社会主义核心价值体系的根本性质和基本特征,反映着社会主义核心价值体系的丰富内涵和实践要求,是社会主义核心价值体系的高度凝练和集中表达”。习近平总书记强调指出:“对一个民族、一个国家来说,最持久、最深层的力量是全社会共同认可的核心价值观。核心价值观,承载着一个民族、一个国家的精神追求,体现着一个社会评判是非曲直的价值标准。”“核心价值观是一个民族赖以维系的精神纽带,是一个国家共同的思想道德基础。如果没有共同的核心价值观,一个民族、一个国家就会魂无定所、行无依归”。因此,提高国家文化软实力,就必须牢牢把握住社会主义核心价值观和核心价值体系这个“灵魂”和“重点”。具体来说,我们必须把社会主义核心价值体系、核心价值观融入国民教育、精神文明建设和党的建设全过程,贯穿改革开放和社会主义现代化建设各

领域,体现到精神文化产品创作生产传播各方面,坚持用社会主义核心价值体系和核心价值观引领社会思潮,在全党全社会形成统一指导思想、共同理想信念、强大精神力量、基本道德规范。

五、提高国家文化软实力的发展道路

能否提高国家文化软实力,关键取决于能否坚定不移地坚持中国特色社会主义文化发展道路。习近平总书记在全国宣传思想工作会议上指出:"独特的文化传统,独特的历史命运,独特的基本国情,注定了我们必然要走适合自己特点的发展道路。"经过新中国成立六十多年、改革开放三十多年的艰辛探索,我们已经走出了一条符合中国国情的中国特色社会主义文化发展道路。这就是:以马克思列宁主义、毛泽东思想和中国特色社会主义理论体系为指导,坚持社会主义先进文化前进方向,以建设社会主义核心价值体系和核心价值观为根本任务,以满足人民精神文化需求为出发点和落脚点,发展面向现代化、面向世界、面向未来的,民族的、科学的、大众的社会主义文化,培养高度的文化自觉和文化自信,提高全民族文明素质,增强国家文化软实力,弘扬中华文化,努力建设社会主义文化强国。实践证明,中国特色社会主义文化发展道路是一条引领我国文化持续健康发展的正确道路,正像习近平总书记所强调的那样,"要继续坚持走中国特色社会主义文化发展道路,推动社会主义文化大发展大繁荣,深化文化体制改革,提高国家文化软实力"。

六、提高国家文化软实力的价值导向

社会主义核心价值观为提升国家文化软实力提供了鲜明的价值导向。习近平总书记在北京大学师生座谈会上的讲话中强调指出:"每个时代都有每个时代的精神,每个时代都有每个时代的价值观念。""我们提出要倡导富强、民主、文明、和谐,倡导自由、平等、公正、法治,倡导爱国、敬业、诚信、友善,积极培育和践行社会主义核心价值观。"在上述24个字的社会主义核心价值观中,"富强、民主、文明、和谐"体现了国家层面的价值要求;"自由、平等、公正、法治"体现了社会层面的价值要求;"爱国、敬业、诚信、友善"体现了公民层面的价值要求。三个层面的要求,分别回答了"我们要建设什么样的国家、建设什么样的社会、培育什么样的公民"的重大问题。社会主义核心价值观,把涉及国家、社会、公民的价值要求融为一体,既体现了社会主义本质要求,继承了中华优秀传统文化,也吸收了世界文明有益成果,体现了时代精神。提高国家文化软实力,必须努力传播当代中国价值观念。当代中国价值观念,就是中国特色社会主义价值观念,它集中代表了中国先进文化的前进方向。要提高国家文化软实力,就必须切实把社会主义核心价值观贯穿于社会生活方方面面,通过教育引导、舆论宣传、文化熏陶、实践养成、制度保障等,使社会主义核心价值观内化为人们的精神追求,外化为人们的自觉行动。要形成有利于培育和弘扬社会主义核心价值观的生活情景和社会氛围,使核心价值观的影响像空气一样无所不在、无时不有。

七、提高国家文化软实力的目标愿景

提高国家文化软实力除了要有一个明确的价值导向以外,还必须有明确的战略目标和发展愿景。实现中华民族伟大复兴的中国梦就是我们提升国家文化软实力、发展社会主义先进文化的重要目标愿景。习近平总书记强调指出,"建设富强民主文明和谐的社会主义现代化国家,实现中华民族伟大复兴,是鸦片战争以来中国人民最伟大的梦想,是中华民族的最高利益和根本利益"。今天,我们13亿多人的一切奋斗归根到底都是为了实现这一伟大目标。建设富强民主、文明和谐的社会主义现代化国家,实现中华民族伟大复兴的中国梦是我们的目标,也是我们的责任。我们坚信,到中国共产党成立100周年时,全面建成小康社会的目标一定能实现,到新中国成立100周年时建成富强民主文明和谐的社会主义现代化国家的目标一定能实现,中华民族伟大复兴的中国梦一定能实现。

八、提高国家文化软实力的重要根基

常言说得好:基础不牢,地动山摇。习近平总书记指出:"提高国家文化软实力,要努力夯实国家文化软实力的根基。"提升国家文化软实力,如果没有牢固的基础,就不可能使文化软实力的大厦坚固持久。为此,习近平总书记指出:"夯实国内文化建设根基,一个很重要的工作就是从思想道德抓起,从社会风气抓起,从每一个人抓起"。要继承和弘扬我国人民在长期实践中培育和形成的传统美德,坚持马克思主义道德观、坚持社会主义道德观,坚持古为今用、推陈出新,努力实现中华传统美德的创造性转化、创新性发展,引导人们向往和追求讲道德、尊道德、守道德的生活,让13亿人的每一份子都成为传播中华美德、中华文化的主体。除此之外,为了使中华文化根基更扎实,我们还要坚持"洋为中用"的原则,"虚心学习借鉴人类社会创造的一切文明成果","经过科学的扬弃后使之为我所用。"要努力提高我们的国际话语权,加强国际传播能力建设,精心构建对外话语体系,讲好中国故事,传播好中国声音。

九、提高国家文化软实力的形象要素

国家形象是文化软实力的重要因素,提高国家文化软实力还必须高度重视国家形象的提升。习近平总书记指出:"要注重塑造我国的国家形象,重点展示中国历史底蕴深厚、各民族多元一体、文化多样和谐的文明大国形象,政治清明、经济发展、文化繁荣、社会稳定、人民团结、山河秀美的东方大国形象,坚持和平发展、促进共同发展、维护国际公平正义、为人类做出贡献的负责任大国形象,对外更加开放、更加具有亲和力、充满希望、充满活力的社会主义大国形象"。习近平总书记所强调的这四个方面的"国家形象"是我们在提升国家文化软实力过程中所必须着力强化的重要因素,因为它不仅体现着我们的国家形象在全体中国人民心目中的应有地位,而且也体现着它在世界各国人民心目中的应有地位。

十、提高国家文化软实力的方式路径

提高国家文化软实力是一项长期而复杂的系统工程。习近平总书记指出,要"把培育和弘扬社会主义核心价值观作为凝魂聚气、强基固本的基础工程"。要完成这一基础工程,必须从全方位、多途径、多维度入手来着力培育和弘扬。从宏观角度来讲,习近平总书记提出要把"继承传统优秀文化又弘扬时代精神、立足本国又面向世界"有机结合起来;从具体的角度来讲,他提出"要加大对中国人民、中华民族的优秀文化和光荣历史的正面宣传力度;通过学校教育、理论研究、历史研究、影视作品、文学作品等多种方式,加强爱国主义、集体主义、社会主义教育,引导我国人民树立和坚持正确的历史观、民族观、国家观、文化观,增强做中国人的骨气和底气"。与此同时,习近平总书记还要求不断提高对外文化交流水平,完善人文交流机制,创新人文交流方式,综合运用大众传播、群体传播、人际传播等多种方式展示中华文化和核心价值观的魅力。

参考文献:

[1]《习近平在中共中央政治局第十二次集体学习时强调:建设社会主义文化强国着力提高国家文化软实力》,《人民日报》2014 年 1 月 1 日。

[2]《习近平在中共中央政治局第十三次集体学习时强调:把培育和弘扬社会主义核心价值观作为凝魂聚气强基固本的基础工程》,《人民日报》2014 年 02 月 26 日。

[3]习近平:《青年要自觉践行社会主义核心价值观》,《人民日报》2014 年 05 月 5 日。

[4]《中共中央办公厅印发《关于培育和践行社会主义核心价值观的意见》》,《人民日报》2013年12月24日。

[5]《习近平在全国宣传思想工作会议上强调胸怀大局把握大势着眼大事努力把宣传思想工作做得更好》,《人民日报》2013年08月20日。

[6]《习近平关于实现中华民族伟大复兴的中国梦论述摘编》,中央文献出版社2013年版。

[7]《习近平谈治国理政》,外文出版社2014年版。

[8]《习近平总书记重要讲话文章选编》,中央文献出版社、党建读物出版社2016年版。

（原载于《文化软实力》2016年第2期）

打造中国特色的对外话语体系[*]

——学习习近平总书记关于构建中国特色对外话语体系的重要论述

王永贵　刘泰来

习近平总书记指出:我们"要加强国际传播能力建设,精心构建对外话语体系"①。这一要求为我国对外话语体系建设提出了根本任务。十八大以来,以习近平同志为总书记的党中央紧扣时代脉搏,高举和平、发展、合作、共赢的旗帜,统筹国内国际两个大局,以坚持和平发展、促进民族复兴为主线,在对外阐释中国特色社会主义道路和提升中国国际地位的过程中,以深刻的思想性、彻底的实践性、鲜明的时代性、丰富的创新性、广泛的大众性,着力打造具有鲜明中国特色、中国气派、中国风格的对外话语体系,为和平发展营造了更加有利的国际环境,维护和延长了我国发展的重要战略机遇期。

一、历史使命:时代强烈呼唤中国特色对外话语体系

话语体系实际上是思想理论体系和知识体系的外在表达形式,它以工具性构架承载特定思想价值观念,以实体性表征标示思能力②。话语体系与意识形态有紧密的内在关系:一定的意识形态内容总是通过相应的话语体系得以表现,不同

---

* 作者简介:王永贵(1964—),南京师范大学社会主义意识形态研究中心主任、教授、博士生导师;刘泰来(1975—),中北大学人文社会科学院副教授,南京师范大学博士研究生。
基金项目:本文系国家社科基金重大项目"习近平总书记意识形态系列重要讲话的理论贡献和实践要求研究"(15ZDA002)、国家社科基金重点项目"习近平总书记意识形态战略思想研究"(14AZD001)、江苏省社科基金重大项目"当前我国意识形态领域热点难点问题研究"(13ZD001)、江苏省"六大人才高峰"资助项目(JY – 016)、江苏省"333 工程"资助项目、江苏省"青蓝工程"科技创新团队和江苏高校优势学科以及中北大学课题"习近平对外传播中国声音新思维与山西实践"(2014F005)的阶段性成果。
① 《习近平谈治国理政》,外文出版社 2014 年版,第 162 页。
② 张国祥:《中国话语体系应如何打造》,《人民日报》2012 年 7 月 11 日。

的话语体系体现着不同的价值观和利益关系。同时,话语体系是文明传承、文化积淀的集合与总汇,它体现一国的国家形象、综合头力和发展道路。作为国家文化软实力的重要组成部分,话语体系是一个国家在国际舞台上确立话语权的前提和基础。话语体系包含对外话语体系,可以说,对外话语体系是一国向外部世界阐述其思想理论体系和知识体系的表达形式。因此,中国特色对外话语体系是中国向外部世界阐述中国特色社会主义的思想理论体系,以及用中国思维阐述外部世界的知识体系的总和。那么,中国特色对外话语体系特在何处呢? 习近平总书记指出:"中国特色社会主义特就特在其道路、理论体系、制度上,特就特在其头现途径、行动指南、根本保障的内在联系上,特就特在这三者统一于中国特色社会主义伟大实践上。"①中国特色对外话语体系的"特"由中国特色社会主义的"特"决定,中国特色对外话语体系要体现中国特色社会主义的实践特色、理论特色、民族特色、时代特色。对中国特色社会主义的凝练、阐释、解读就是中国特色话语体系的根本任务,而坚持和发展中国特色社会主义是中国梦的灵魂,所以表述和传播中国梦就是中国特色话语体系的核心任务。

1. 打造中国特色对外话语体系是构建"一带一路"战略和实现中国梦的必然要求

营造良好的外部环境是国内发展的重要依托。如果没有有利的外部环境,中国特色社会主义事业无法顺利推进,所以,打造中国特色的对外话语体系肩负着营造良好的外部环境的重大使命。习近平从多个层面阐述了实现中国梦的外部环境和世界意义。首先,需要和平国际环境来实现我们的奋斗目标,而良好的外部环境要靠我们自己争取和营造。要着眼国际大局,为国内改革发展稳定争取良好外部条件,把维护国家主权、安全、发展利益和维护世界和平稳定、促进共同发展统一起来。其次,要处理好中国和外部世界的关系。中国首先努力把自己的事情办好,同时以负责任的大国担当,也努力为世界和平与发展做出更大贡献。作为"具有普遍价值的地域性存在",中国梦向世界发出中国声音,成为"宣告中国价值崛起的标志"②。最后,在努力实现中国梦的历史进程中,愿与各国齐心协力推动建设持久和平、共同繁荣的和谐世界。"和平发展道路能不能走得通,很大程度上要看我们能不能把世界的机遇转变为中国的机遇,把中国的机遇转变为世界的

---

① 《习近平谈治国理政》,外文出版社 2014 年版,第 9 页。
② 任平:《"什么是中国梦、怎样实现中国梦":中国特色社会主义当代出场的根本旨趣》,《马克思主义研究》2014 年第 6 期。

机遇,在中国与世界各国良性互动、互利共赢中开拓前进。"①中国梦通过"一带一路"等现实路径与世界互通互联,把中国人民利益同各国人民共同利益相结合,中国正在同国际社会一道,以实干推进全球治理,为实现和谐世界而贡献中国力量。

2. 打造中国特色对外话语体系是提高国家软实力、增强话语权的迫切需要

国家文化软实力的提高,关系着两个一百年奋斗目标和中华民族伟大复兴中国梦的实现。习近平指出:"提高国家文化软实力,要努力提高国际话语权。"②十八大以来,中央把握大势,始终从国内国际两个大局出发,把中国命运同世界命运结合,积极进取,化解挑战,大大提升了国家软实力和国际话语权。但是我国国家软实力落后的状况从根本上改善还需假以时日。首先,长期以来我国文化软实力落后于经济建设和丰富的改革开放实践,滞后效应使我国文化软实力建设欠账较多。其次,今日中国是世界经济增长的重要动力,但中国的话语地位与之并不相称,只有切实提高中国软实力和增强国际话语权,才能更好地助力世界经济复苏增长,继续发挥全球经济增长的引擎作用。再次,提升中国文化软实力,增强国际话语权,也是回应国际社会对中国发展道路的关切和在全球治理中发挥更大作用的期待,从而增强世界对中国的信心和信任。

3. 打造中国特色对外话语体系是传播中国声音、展示大国形象的现实要求

习近平高度重视对外宣传工作,多次强调对外介绍好我国的内外方针政策的重要性。他指出:"在全面对外开放的条件下做宣传思想工作,一项重要任务是引导人们更加全面客观地认识当代中国、看待外部世界。"③党的十八大以来,习近平遍访各大洲,频繁出席双多边外交活动,广泛接触各国政要,向世界传播中国声音,发出中国倡议,提出中国方案,推动区域合作,探求全球治理新方略,传递中国信心,为促进世界和平与发展增添了正能量。但是国际传播中西强我弱的态势没有根本改变,中国声音的国际传播还相对弱小,国际影响力、引导力不强,不能很好地体现我国的大国地位和展示我国的大国形象。中国特色社会主义事业的日新月异,中国特色社会主义制度的日臻完善,中国改革开放的宏大叙事不断生发的中国成功故事,都迫切需要中国声音对外传播,向国际社会传播中国声音的重大任务,只有进行时没有完成时。要努力阐释中国特色社会主义的真谛和要义,阐释中国梦的内涵和本质,阐释和平发展是中国特色社会主义的必然选择,让国际社会更加全面客观地了解中国和认识中国,使中国道路的成功实践更好地为其

---

① 《习近平谈治国理政》,外文出版社2014年版,第248页。
② 《习近平谈治国理政》,外文出版社2014年版,第162页。
③ 《习近平谈治国理政》,外文出版社2014年版,第155页。

他国家探索适合自己国情的道路起到示范作用,为推动建设持久和平、共同繁荣的和谐世界凝聚更多更大的正能量。

二、大国担当:习近平对外话语体系的鲜明特色

习近平在继承新中国 60 多年对外话语优秀成果的基础上,引领当代中国,正在积极探索一套全方位的有中国特色对外话语体系。这一对外话语体系在思维方式、外交理念、议题设置和实践方法等方面都勇于开拓创新,是中国领导人对当代世界和中国发展大势理性认识的质的飞跃和全新阐释,其中蕴含着一系列博大精深、内涵丰富、观点明确、特色鲜明的战略理念:历史观上强调鉴古知今、开创未来;制度观上尊重人民选择,彰显自信;发展观上注重综合全面;道路观上坚持独立自主;世界观上推动和平发展;价值观上践行义利合一;秩序观上孕育和谐共生。

1. 在历史思维中增强道路自信

恩格斯说过“历史从哪里开始,思想进程也应当从哪里开始。”①毛泽东指出:“不从历史发展过程的分析下手,规律是说不清楚的。”②习近平对外话语体系具有明晰的历史思维、严密的历史逻辑和深远的历史眼光,在总结历史经验中,增强忧患意识、着眼现实关照、保持超前思维,汲取应对现实、开创未来的智慧。习近平多次阐述了中国特色社会主义道路形成和发展的特殊性,指明了中国特色社会主义道路的本质属性。传承“讲仁爱、重民本、守诚信、崇正义、尚和合、求大同”的中华优秀文化基因,为中国特色社会主义道路积淀了厚重的历史底蕴。只有结合中国历史文化,了解中国人的精神世界,研究当代中国的深刻变革,才能正确地认识中国。历史、现实、未来是相通的,只有运用历史思维,明确执政意识,才能在时代坐标上明晰我们现在的方位。习近平说:“我们比历史上任何时期都更加接近中华民族伟大复兴的目标,比历史上任何时期都更有信心、更有能力实现这个目标。”③这充分彰显了习近平对中国道路的自觉自信。

习近平对外话语体系具有深厚的群众基础和丰富的实践指向,他强调中国特色社会主义是人民的选择。“一个国家选择什么样的治理体系,是由这个国家的历史传承、文化传统、经济社会发展水平决定的,是由这个国家的人民决定的。”④

---

① 《马克思恩格斯文集》第 2 卷,人民出版社 2009 年版,第 603 页。
② 《毛泽东文集》第 8 卷,人民出版社 1999 年版,第 106 页。
③ 《习近平谈治国理政》,外文出版社 2014 年版,第 36 页。
④ 习近平:《在省部级主要领导干部学习贯彻十八届三中全会精神全面深化改革专题研讨班开班式上的讲话》,《人民日报》2014 年 2 月 18 日。

人民之所以选择中国特色社会主义政治制度,因为它是从中国的社会土壤中生长起来的,行得通,有效率,它按照中国的特点来解决中国的实际问题,最可靠也最管用,这是依照历史逻辑在实践基础上的理性抉择。中国实践是中国理论创新的沃土,也是中国话语的自信之源。习近平一再强调中国永做学习大国,依靠学习走向未来。拥有自信,但不妄自尊大;虚心学习,而不妄自菲薄。在不断学习中逐渐形成的习近平对外话语体系,把中华文明优秀传统文化、马克思主义理论精髓和西方文明成果的有益元素三者有机结合,是当代马克思主义中国化的最新成果之一。我们要借助国外热议"中国模式""中国现象"的语境契机,用中国自主掌握的学术话语体系讲清楚中国实践、中国道路,来研究和主导我们自己的"中国学",在学术担当中彰显理论自信。如果没有一套具备亲和力、辐射力、引导力和说服力的话语体系作支撑,就没有国际的影响力、话语的吸引力、文化的传播力和价值观的感召力,何谈成就世界大国? 只有依靠中国道路、理论和制度,构建一套具有自己特色的、融通中外的对外话语体系,中国才能真正拥有与自己大国地位相适应的话语权。

坚定不移地走和平发展道路,是我们审视时代潮流和我们的根本利益而做出的战略抉择。但是中国对外话语传播必须保持清醒头脑,强化底线思维。习近平说:"决不能放弃我们的正当权益,决不能牺牲国家核心利益。任何外国不要指望我们会拿自己的核心利益做交易,不要指望我们会吞下损害我国主权、安全、发展利益的苦果。"①历史是最好的教科书,我们牢记历史,就是向挑衅者明晰中国底线。"决不允许否认和歪曲侵略历史,决不允许军国主义卷土重来,决不允许历史悲剧重演!"②站起来的中国决不能丢掉自己的历史,要把中国历史尤其是近代史讲给全世界听。中国人民珍爱国家的主权、安全、发展利益和民族尊严,任何力量也不能动摇我们坚持和平发展的信念。牢记近代以来中国的百年屈辱史,并不是要纠结于屈辱情结,延续仇恨,而是要确保我们对未来保持警醒,以史为鉴、面向未来,珍爱和平。

2. 在全球视野中彰显大国担当

在经济全球化深度发展、世界大变革的新趋势下,中国只有具备全球意识,准确研判国际形势新变化,深刻把握国内改革发展新要求,以全球视野关注全球利益,在发展转型上走在世界前列,在未来国际竞争中争取主动,才能在话语权上赢

---

① 《习近平谈治国理政》,外文出版社 2014 年版,第 249 页。
② 习近平:《在纪念全民族抗战爆发七十七周年仪式上的讲话》,《人民日报》2014 年 7 月 8 日。

得主导地位。作为经济全球化的积极参与者、坚定支持者、重要建设者和主要受益者,中国要努力在经济全球化中抢占先机、赢得主动,在加快新一轮经济全球化进程中,增强引领力和影响力,把中国对世界的经济贡献,转变成与之匹配的全球辐射力。当中国成为世界经济增长的重要引擎,阐释中国道路、总结中国经验、解决中国问题本身就具有全球意义,就是为全人类奉献中国智慧。而一旦中国聚焦世界目光,国际问题就很容易国内化。在中国特色对外话语与世界的互动越来越紧密的新时期,习近平强调,要积极参与国际经贸规则制定、争取全球经济治理制度性权力,从而增强我们的国际竞争力,在制定国际规则中发出更多中国打造中国特色的对外话语体系声音、注入更多中国元素,维护和拓展我国的国家利益①。

理念创新是话语体系创新的核心内容。习近平在国际舞台上频频提出中国倡议、中国方案,传播新理念、阐释新范畴,推出新举措。设立亚投行、实施"一带一路"等大战略彰显中国话语主导,在 G20 等多边组织中赢得越来越重要的话语权,亚洲安全观、命运共同体等崭新理念得到国际社会普遍话语认同,显示出中国正在从国际事务和议题的跟随者、附议者向引领者、倡议者转变,从规则服从者向规则制定者、参与者转变。中国在世界和地区市场的引领力增强,为话语权的提高奠定了坚实的物质基础。"思想领导权的实现路径就是话语权。"②习近平在对外话语中多次表示中国将承担更多国际责任和义务,这是正在崛起的大国领导人对世界的郑重承诺,这样的承诺源于中国自身发展的内生动力,也体现了中国的大国胸襟和责任担当。开始走向世界舞台中心的中国,有责任向世界传导中国先进价值理念,为推动人类价值体系的发展完善做出应有的大国贡献。

3. 在亲和理念中体现人民情怀

"唯以心相交,方成其久远。国家关系发展,说到底要靠人民心通意合。"③在对外交往中,习近平刚柔并济,张弛有度,向世界展示亲和魅力,展现出大国领袖风范,为良好的国家形象赢得了民意基础和舆论支持。习近平提出了亲、诚、惠、容周边外交理念,"亲"放在首位,使周边国家对我们更亲近,增强亲和力。谈中非关系讲真、实、亲、诚四字,其中"亲"字体现中非人民天然的亲近感,而亲近感源于真诚交往。"好的议题、正确的话语导向和话语方式直接影响着话语权的实现,影

① 习近平:《加快实施自由贸易区战略加快构建开放型经济新体制》,《人民日报》2014 年 12 月 7 日。
② 侯惠勤:《意识形态话语权初探》,《马克思主义研究》2014 年第 12 期。
③ 习近平:《共创中韩合作未来 同襄亚洲振兴繁荣——在韩国国立首尔大学的演讲》,《人民日报》2014 年 7 月 5 日。

响着意识形态表达的效果。"①中国特色对外话语体系,首先必须是让外国民众听得懂的话语体系。习近平善于使用到访国问候语,引用到访国名人名言、俗语谚语,赞扬到访国历史文化底蕴和当代建设成就,与外国民众广泛接触,用最亲近的行为交流,用最明白的语言对话,用最贴心的方式合作,看重打基础、谋长远的举措,把国与国之间普通人的命运更加紧密地联结在一起,使中国梦与各国人民梦相结合。习近平处理国际关系的魄力和对外话语风格的魅力相结合产生了强烈的吸引力和广泛的传播力,提升了中国感召力和亲和力,增进了外界对中国的全面了解和正确认知,为实现中国梦创造了有益条件。

国之交在于民相亲。习近平在对外话语中处处体现以民为本的服务意识、执政为民的宗旨意识和价值指向的人民意识,晓之以理、动之以情、付之以利。习近平强调:"人民对美好生活的向往,就是我们的奋斗目标。"②对外友好关系的根基和血脉在人民,国际关系发展应更多面向人民。只有不断加强人民之间的交流,中外友好事业才能厚植社会基础。首先,尊重人民选择,增强政治互信,夯实对外话语体系建设的牢固基础。习近平对外话语一贯强调尊重各国人民自主选择社会制度和发展道路的权利,尊重文明多样性,尊重各国人民的合理诉求,主张一国的事情由本国人民作主。其次,关切人民利益,增进人民福祉,开浚对外话语体系建设的不竭源泉。通过抗击埃博拉病毒中的表现,国际救援中的行动,国际捐款的举措等,全世界爱好和平的人民真真切切感受到,一个和平崛起、走在民族复兴大道上的中国,将给他们的生活带来实实在在的好处。再次,共筑未来梦想,展望美好前景,增强对外话语体系建设的强大动力。民心相通是共商、共建、共享的关键基础,中国人民对美好生活的向往与世界人民是相通的。习近平说:"我们有责任为本地区人民创造和实现亚太梦想……让人民过上更加安宁富足的生活,让孩子们成长得更好、工作得更好、生活得更好。"③中国特色对外话语既以维护中国人民的根本利益为出发点,也以促进人类共同发展进步为落脚点,两者是一致的。共同发展为持续发展奠定了坚实基础,也与各国人民的长远利益和根本利益相契合,中国正在致力于使共同发展的成果惠及各国人民。

4. 在传播意识中塑造大国形象

习近平对外话语高瞻远瞩、统揽全局,正确认识和积极顺应中国和世界发展

---

① 吴学琴:《媒介话语的意识形态性及其建设》,《马克思主义研究》2014 年第 1 期。

② 《习近平谈治国理政》,外文出版社 2014 年版,第 4 页。

③ 习近平:《谋求持久发展 共筑亚太梦想——在亚太经合组织工商领导人峰会开幕式上的演讲》,《人民日报》2014 年 11 月 10 日。

大势,为两个一百年奋斗目标和实现中华民族伟大复兴的中国梦争取良好外部条件。他强调:"加强战略思维,增强战略定力,更好统筹国内国际两个大局,坚持开放的发展、合作的发展、共赢的发展,通过争取和平国际环境发展自己,又以自身发展维护和促进世界和平。"①对外话语体系为维护国家主权、安全、发展利益服务,为维护世界和平稳定、促进共同发展服务。第一,建设海洋强国,维护国家核心利益。习近平提出中国建设海洋强国的战略目标,不仅会更好地维护中国主权,在更大的空间拓展中国的海外利益,而且能够提供更多的公共产品,带动周边国家发展,共享实惠,这将更加有力地维护地区安全稳定,形成一个新的战略均衡点。只有各国共同发展了,世界才能长期发展。但共赢以不损害国家核心利益为前提。我们和西方一些国家在具体的经贸项目上、人文交流上可以共赢,但是在反西化、分化斗争的战略上、在反文化侵略的阵地上、在意识形态领域较量中绝对不可能共赢。对此,我们必须保持清醒认识。第二,构建新型国际关系,为解决世界难题奉献中国智慧。习近平对外话语体系建设注重顶层设计,层次丰富,主线清晰,经略周边各国,平衡大国关系,夯实发展中国家基础,热络多边外交舞台。实事求是地多角度多方面介绍中国,有利于寻找话语交集,优化对外传播效果。习近平向世界描绘中国发展的蓝图,同时也表述中国面临的困难与挑战。中国发展起来以后所面临的情形更复杂、困难更多、进一步发展的任务更艰巨、问题更具有挑战性、矛盾更集中且容易激化,国内人民群众表达诉求的愿望更强烈,对党和国家的期待更高。而国际上既成大国对新兴大国的打压意识更强,世界民众对中国的国际责任期待更高,总之,解决发展起来以后带来的问题需要更大的勇气和智慧。

当前,西方国家在经济上离不开中国,而在战略利益上处处设防。中国无意全盘推翻现存的国际秩序,而是主张建立所有国家参治和主要大国共治的、以合作共赢为核心的新型国际关系,主张各国共同享受尊严、共同享受发展成果、共同享受安全保障、共同遵守规则。要摒弃冷战思维,构建互利共赢的国际关系新规则,在引领国际秩序变革中真正提升中国国际话语权。"和平发展是世界大义,合作共赢是世界大利,两者并育不害,相辅相成。"②只要中国重视与世界各国分享中国发展红利,各国人民在中国发展中得到实惠,和平发展就有了广泛的民意基础。中国人有能力解决中国难题,也愿意同世界人民一道解决世界难题。但我们反对将中国国际责任扩大化的"捧杀"中国的不良企图,中国只能也只会负责任地

---

① 《习近平谈治国理政》,外文出版社2014年版,第247页。
② 苏长和:《习近平外交理念"四观"》,《人民论坛》2014年第6期。

承担与自身实力相称的大国责任。

习近平强调:"要精心做好对外宣传工作,创新对外宣传方式,着力打造融通中外的新概念新范畴新表述,讲好中国故事,传播好中国声音。"①对外话语传播的根本目的,就是要运用我们的长远的制度优势、价值观吸引力、道路自信、理论的逻辑力量、话语魅力把国内外民众争取过来,让他们认同中国特色社会主义,认同中国梦。恩格斯说:"宣传上的正确策略并不在于经常从对手那里把个别人物和一批批成员争取过来,而在于影响还没有卷入运动的广大群众。"②我国对外话语体系不仅要向外国人讲中国故事,还要应对外国人对中国的评说,更要有中国人讲外国故事以及全人类故事的主动意识,若能引领世界话语潮流,中国的话语权将大大提升。由于制度、历史、文化差异等原因,我国对外话语传播难度很大。唯其艰难,方显勇毅。习近平以超人的胆识、深刻的认识、精到的见识、博大的学识,精心构建特色鲜明的对外话语体系。他用融通中外的话语讲述中华历史文化,介绍改革开放和法制建设成就,交流治国理政经验,宣介中国奋斗目标,阐述中国梦,解读中国道路,传播中国声音,讲述中国故事,弘扬中国精神,通过心灵沟通向世界说明中国,为中国国家形象增添人文精神内涵,塑造更综合、更均衡、更丰满的中国形象。习近平多次利用国际论坛、会晤、演讲、发表署名文章、接受外媒采访等与国外民众互动的方式来扩大影响力,展示中国领导人在国际舞台上的自信姿态和对世界谋福的承诺,其睿智、博学、务实、亲和的大国领导人风范,感染了广大国外民众。为了让国际社会能够听明白中国主张,习近平在对外传播中常常用接地气的口语化、日常化、平民化、本土化的话语表达,把刚性的国内政治话语转变成柔性的、富有吸引力和感染力的生动故事。"抓准其他国家和民族对于安全利益、发展利益等关切,把中国共产党关于'人民'的理念、群众路线的原则、小康社会的目标等同西方社会分化加剧、西方社会对于物质的认知等连接起来,这样才能让中国梦在精神层面跟国际主流社会的诉求连接起来,让外界更容易理解进而接受中国梦。"③习近平的对外话语传播,论理陈情、历史浑厚、文采斐然,站在道义制高点上,展示说服力优势,有理有利有节,尽显说理的科学性和立场的坚定性,中国声音传递的正能量,让世界对中国发展感到放心,让各国对同中国合作充满信心,鼓舞和激励着中国人民实现伟大梦想的坚定步伐,也为世界人民追

① 《习近平谈治国理政》,外文出版社 2014 年版,第 156 页。
② 《马克思恩格斯文集》第 10 卷,人民出版社 2009 年版,第 390 页。
③ 陈亦琳、李艳玲:《构建融通中外的新概念、新范畴、新表述——中国政治话语传播研讨会综述》,《红旗文稿》2014 年第 1 期。

求美好生活的信心增添了正能量。

三、任重道远:进一步打造中国特色对外话语体系的思考

历史地看,近年来中国打造自己特色的对外话语体系成效显著,中国国际话语权得到了较大提升。但是,外话语体系的构建还落后于中国硬实力提升的步伐,还没有赢得属于自己的国际地位。因此,必须下大力气增强中国对外话语表达的整体竞争力、逻辑说服力、全球凝聚力和国际公信力,积极主动地向国际社会介绍"中国故事",更加生动准确地阐释中国独特的发展道路,传播中国独特的价值观念,展示中华文化的独特魅力,塑造美好国家形象。

1. 进一步凝聚中国共识,创设中国特色对外话语体系的前提条件

人心齐,泰山移。习近平强调:"思想统一了,才能最大限度凝聚改革共识,形成改革合力。"[1]中国经济建设的伟大成就,与改革开放以来中国人在财富生产和积累方面达成了广泛的共识紧密关联。而打造中国特色对外话语体系,提升中国国际话语权,离不开中国梦的引领,必须以统一思想、凝聚共识为前提。

就国内而言,要提高构建对外话语体系的重要性认识,积极凝聚协调推进"四个全面"战略布局的共识。"'四个全面'战略布局思想包含着历史、现实、未来三大逻辑。"[2]要认识到我国的发展成就很大程度上得益于成功的政治体制,从而坚定在中国共产党领导下走中国特色社会主义道路的共识,并为世界各国人民选择自己的政治制度起到表率作用;要认识到中国经济发展取得的非凡成就,主要靠改革创新,中国经济仍将是世界经济复苏的重要推动力量,要凝聚包括协调推进全面深化改革在内的"四个全面"战略布局的共识,形成合力,取得更大改革成果,让中华民族为人类发展做出更大贡献;要坚定走和平发展道路的共识,在中华民族一贯爱好和平的历史事实中汲取力量,用事实证明中国和平承诺的庄重性和可信度,驳斥形形色色的中国威胁论的荒谬性,让国外民众对中国未来走和平发展道路有良好的预期,不断夯实中国道路的国际民众基础。

就对外而言,要谋求共同利益,照顾共同关切,最大限度地争取外国民众对中国道路的认同。习近平指出:"今天的中国,是世界和平的坚决倡导者和有力捍卫者,中国人民将坚定不移维护人类和平与发展的崇高事业。"[3]在国际事务中要克

---

① 习近平:《在党外人士座谈会上的讲话》,《人民日报》2013年11月14日。
② 辛向阳:《"四个全面"的战略布局思想的三大逻辑》,《南京师范大学学报》社会科学版2015年第5期。
③ 习近平:《在南京大屠杀死难者国家公祭仪式上的讲话》,《人民日报》2014年12月14日。

服折中主义倾向,有所作为,敢作敢为,明确提出中国方案,发出中国声音。"我们必须设计让民众看得到、摸得着的路线图,从而使他们通过清晰的方案比较发自内心地认同中国方案。"①要用物质帮助的实惠支撑国际道义的伸张,从而赢得国际社会在我发出正当利益诉求时的支持。要回应国际社会对中国问题的关切,帮助和引导外国人理解中国,同时中国要下功夫了解世界,深入研究中外文化差异,认真了解外国民众思维方式。要使中国理念得到外国民众内心认同,绝非一朝一夕之功,要有下慢功夫的耐心,久久为功,方能善做善成。总之,我们既要凝聚新的社会共识,更要争取对中国的国际观念共识,从而为打造中国特色对外话语体系创造有利条件。

2. 进一步丰富中国实践,挖掘中国特色对外话语体系的源头活水

马克思强调:"全部社会生活在本质上是实践的。"②因此,"不是从观念出发来解释实践,而是从物质实践出发来解释各种观念形态"③。人类历史上每一次重大的学术创新都源于对社会发展中重大现实问题的深入思考与合理解决。中国梦的力量,源自中国特色社会主义的伟大实践,全面深化改革和全面依法治国就是实现中国梦的两大重要动力。中国特色对外话语体系要彰显中国特色社会主义的理论创新和制度创新,而其本源是实践创新。"当前,社会主义和资本主义两种制度处于并存、竞争之中,只有那种能够为大多数人的幸福创造更多条件和机会的社会(制度)才能最终赢得人们发自内心的支持与认同。"④因此,立足于中国实践是打造中国特色对外话语体系的根本路径。构建中国特色对外话语体系的关键是立足于中国实践、总结中国经验、解决中国问题,从而增强中国特色对外话语体系构建的针对性和可操作性。中国道路走得对不对,人民最有权评判,中国道路是否行得通,实践已经做出了有力的回答。习近平指出:"实践发展永无止境,解放思想永无止境,改革开放也永无止境。"⑤因此,中国特色对外话语体系的丰富和完善也永无止境。要紧紧依靠人民群众的智慧和力量,不断解决中国特色社会主义建设中出现的新问题,总结新经验,凝练新表述,加强实践基础上的对外话语体系理论创新,反过来推动实践的进一步发展,把中国实践转化成中国走向世界的知识储备与智力资本。立足中国实际是根本,同时要具有全球意识,认真

---

① 王志军:《跨越制约我国话语权提升的话语表达障碍》,《红旗文稿》2012 年第 19 期。
② 《马克思恩格斯文集》第 1 卷,人民出版社 2009 年版,第 501 页。
③ 《马克思恩格斯文集》第 1 卷,人民出版社 2009 年版,第 544 页。
④ 王燕:《论马克思的"否定的幸福观"及其实践智慧》,《南京师范大学学报》社会科学版 2015 年第 2 期。
⑤ 《习近平谈治国理政》,外文出版社 2014 年版,第 71 页。

研究世情变化,统筹两个大局,向国际社会阐释中国道路的特征以及社会转型时期的现实状况。要积极参与全球治理,推动世界秩序变革,在重大国际问题上发出中国声音,表达中国立场,展示中国力量,提高中国国际话语权。

3. 进一步树立中国自信,增强中国特色对外话语体系的内在动力

习近平指出:"道路自信、理论自信、制度自信,来源于实践、来源于人民、来源于真理。"①中国自信,是党领导人民在中国特色社会主义伟大实践中干出来的,是从历史经验和现实比较中鉴别出来的,是从对中国特色社会主义建设规律的把握中探索出来的。只有坚持人民主体地位、不断解放和发展生产力、全面深化改革扩大开放、保障社会公平正义、坚持共同富裕的根本原则、最大限度地促进社会和谐、坚持走和平发展道路、确保党始终成为中国特色社会主义事业的坚强领导核心,我们就能源源不断汲取自信的力量,获取中国特色对外话语体系的强大的内在动力。说到底,中国自信就是做中国人的底气,就是走中国特色社会主义道路的底气。要汲取中华文化沃土的丰厚滋养,始终坚持马克思主义意识形态的正确引领,增强中国特色社会主义意识形态的吸引力,以浑厚的底气打造中国特色对外话语体系,为实现中华民族伟大复兴的中国梦凝聚蓬勃的内生力量。中国特色社会主义既具有鲜明的中国特色,也具有深远的世界意义和广泛的国际影响。"中国特色社会主义是世界社会主义发展史上的一块伟大的里程碑,它为世界社会主义的发展闯出了一条前所未有的新路子。"②在集聚了深厚的内生力量之后,中国要善于通过对外话语的外在张力把顺应时代潮流的中国价值理念传播出去。因为,"中国特色社会主义不仅体现了当代中国的发展要求,至少也体现了当代社会主义的发展趋势,因而也引领了当代人类文明的发展潮流"③。从这个意义上说,中国特色社会主义不仅仅是中国国内的事,不仅仅关涉中国自信,而是关乎人类未来发展趋势,对其他国家尤其是发展中国家具有借鉴价值,因此传播中国价值理念也是中国不容回避的历史责任和世界担当。

4. 进一步传播中国声音,拓展中国特色对外话语体系的根本路径

习近平指出:"提高国家文化软实力,要努力传播当代中国价值观念。"④这为打造中国特色对外话语体系提出了核心任务和本质要求,要深刻认识当代中国价

① 习近平:《在对历史的深入思考中更好走向未来交出发展中国特色社会主义合格答卷》,《人民日报》2013 年 6 月 27 日。
② 张雷声:《论中国特色社会主义的理论逻辑和历史逻辑》,《马克思主义研究》2014 年第 2 期。
③ 侯惠勤:《意识形态话语权初探》,《马克思主义研究》2014 年第 12 期。
④ 《习近平谈治国理政》,外文出版社 2014 年版,第 161 页。

值观念的世界意义,"把中国梦、和平发展道路、核心价值观,以及中国奇迹的经验等当代中国的价值观念贯穿于国际交流和传播方方面面,不断提升当代中国价值观念和中国特色社会主义的魅力和影响力"①。要以本土化传播的方式展现中国价值的内核,提高当代中国价值观念的国际知晓率和认同度。

要积极展示中华文化的独特魅力。"把继承传统优秀文化又弘扬时代精神、立足本国又面向世界的当代中国文化创新成果传播出去"②,让外国民众更好地了解、触摸、体验中华文化根脉,见证当代中国发展活力,理解中国理念,不断增强中华文化的吸引力和感召力。着力塑造我国文明大国、东方大国、负责任大国、社会主义大国的形象,提高我国国际地位和国际影响力。

要科学阐释中国梦的世界意蕴。中国梦这一中国特色语境下的科学概念和重要战略思想,不仅体现了典型的中国特色话语体系,而且还彰显了独特的世界意蕴。中国梦所蕴含的世界意义前提就在于,中国梦与世界各国人民的美好梦想是相融相通的,它体现了我们对世界和平发展的真诚意愿。"要争取世界各国对中国梦的理解和支持,中国梦是和平、发展、合作、共赢的梦,我们追求的是中国人民的福祉,也是各国人民共同的福祉。"③中国梦源起中国、惠及世界,中国人民在努力实现民族复兴的同时,愿与世界人民一道聚同化异、携手合作、共克时艰、共创未来。要以国际视野和全球意识,认真研究和科学阐释中国梦的世界意蕴,扩大中国梦的外延影响和独特魅力。

要善于运用新媒体的迅猛崛起的新契机,大力推动我国从传媒大国到传媒强国的转变。应"着力打造一批形态多样、手段先进、具有竞争力的新型主流媒体,建成几家拥有强大实力和传播力、公信力、影响力的新型媒体集团,形成立体多样、融合发展的现代传播体系"④。增强中国故事在国外受众中的可读性和吸引力,切实改变西方媒体设置中国议题、国际受众主要通过西方媒体获取中国信息的不利局面,让外国民众借助中国媒体获取一手的中国资料和信息。为此,新兴媒体要发挥好对外传播作用,用融通中外的新概念新范畴新表述,精心打造我们的对外话语体系,讲好富有感召力的中国故事,传播好独具公信力的中国声音,阐释好具有创造力的中国特色,从而有力推动中国特色对外话语体系建设的步伐。

推进"四个全面"战略布局,关键在于实干。"'四个全面'战略布局是马克思

① 王永贵:《讲好中国故事传播好中国声音》,《新华日报》2014年10月21日。
② 《习近平谈治国理政》,外文出版社2014年版,第161页。
③ 《习近平在中央外事工作会议上的重要讲话》,《人民日报》2014年11月30日。
④ 习近平:《共同为改革想招一起为改革发力》,《人民日报》2014年8月19日。

主义唯物史观的当代的出场形态,体现了对社会主要矛盾理论、社会有机体理论、历史决定论与选择论以及群众史观等基本理论的坚持与发展,成为促进中国特色社会主义事业发展的强大精神力量。"①我们必须毫不动摇地坚持马克思主义在意识形态领域的指导地位,牢牢掌握意识形态工作的话语权,让全面深化改革的重大成果惠及百姓,以赢得民心,同时以国际情怀和大国担当,肩负起自己传播文明的使命,让国外民众感受到中国和平发展给他们带来的实实在在的好处。所以,我们必须以创新性的战略思维,积极打造具有中国特色的对外话语体系,用国外民众"乐于接受的方式、易于理解的语言,讲述好中国故事,传播好中国声音"②,为实现中华民族伟大复兴营造良好的外部环境,为世界文明和人类发展做出更大贡献。

参考文献:

[1]《习近平谈治国理政》,外文出版社 2014 年版。

[2]《习近平总书记系列重要讲话读本》,学习出版社、人民出版社 2014 年版。

[3]人民日报评论部:《习近平用典》,人民日报出版社 2015 年版。

[4]玛雅:《道路自信:中国为什么能》,北京联合出版公司、中信出版社 2014 年版。

[5]陈力丹:《精神交往论——马克思恩格斯的传播观》,中国人民大学出版社 2008 年版。

[6]印言溪:《论当今世界中国的国际责任》,《世界经济与政治论坛》2014 年第 6 期。

[7]陈曙光:《多元话语中的"中国模式"论争》,《马克思主义研究》2014 年第 4 期。

[8]杨振武:《把握对外传播的时代新要求——深入学习贯彻习近平同志对人民日报海外版创刊 30 周年重要指示精神》,《人民日报》2015 年 7 月 1 日。

(原载于《马克思主义研究》2015 年第 11 期)

---

① 双传学等:《唯物史观:"四个全面"的理论基石》,《南京师范大学学报》社会科学版 2015 年第 5 期。

② 《习近平就人民日报海外版创刊 30 周年作出重要批示》,《人民日报》2015 年 5 月 22 日。

十八大以来社会主义文化
强国建设的理论与实践*

欧阳雪梅

建设社会主义文化强国是 2011 年 10 月召开党的十七届六中全会提出的。十八大把扎实推进社会主义文化强国建设作为"五位一体"总体布局的重要组成部分。十八大以来,新一届中央领导集体特别重视文化在推进现代化建设宏伟大业和实现中国梦伟大征程中的重要作用。2013 年 8 月,习近平在全国宣传思想工作会议上指出:"只有物质文明建设和精神文明建设都搞好,国家物质力量和精神力量都增强,全国各族人民物质生活和精神生活都改善,中国特色社会主义事业才能顺利向前推进。"①同年 11 月,他在山东考察时强调,一个国家、一个民族的强盛,总是以文化兴盛为支撑的,中华民族伟大复兴需要以中华文化发展繁荣为条件。12 月 31 日,他在主持中央政治局第十二次集体学习时强调,提高国家文化软实力,关系"两个一百年"奋斗目标和中华民族伟大复兴中国梦的实现。2014年 10 月 15 日,他在京主持召开文艺工作座谈会。

以习近平发表的一系列重要讲话精神为指导,中共中央和国务院发布了深化文化体制改革、加快发展对外文化贸易、关于培育和践行社会主义核心价值观、加快构建现代公共文化服务体系、繁荣发展社会主义文艺、推动国有文化企业把社会效益放在首位实现社会效益和经济效益相统一等一系列的指导意见,在建设面向现代化、面向世界、面向未来,民族的科学的大众的社会主义先进文化的实践中,文化建设出现了新特征、新气象,就是更加注重在"举精神旗帜、立精神支柱、

* 作者简介:欧阳雪梅,中国社会科学院当代中国研究所第三研究室主任、研究员。
  基金项目:本文系 2015 年度中央马工程重大理论问题研究课题"改革开放历史经验研究"的项目成果。

① 习近平:《意识形态工作是党的一项极端重要的工作》,《人民日报》2013 年 8 月 21 日。

建精神家园","弘扬中国精神、传播中国价值、凝聚中国力量"①方面着力,建设社会主义文化强国的方向更加明确,步伐更加稳健,成果初现。

一、建设社会主义文化强国战略目标的提出

建设社会主义文化强国是随着中国社会经济的快速发展,人民生活水平的提高,对文化需求增多及国际社会对中国的关注,在总结新中国成立尤其是改革开放以来党领导文化建设的经验基础上提出的。中国成为世界第二大经济体,"硬实力"显著增强,需要建立一个与此相匹配的"文化中国",提高文化软实力。

新中国一成立即明确了发展生产和发展文化教育两大任务。1956年10月,毛泽东在接见意大利社会党农业考察团时谈到国家的现代化问题,首次把文化引入现代化的内涵中。他始终把"科学文化现代化"作为国家发展的战略目标之一。② 但是,刚刚在战争废墟上建立的新中国,致力于经济建设是生存、发展的首要任务,而且,由于冷战时代意识形态的严重对立,文化很大程度上需要服务于政治,因此,虽然在文化普及、社会主义价值观建设等方面取得了一定成绩,但整体上文化建设落后于经济,文化的功能也受到一定程度的抑制。改革开放后,随着和平与发展成为世界主题,邓小平指出精神文明是社会主义的重要特征与建设目标,突出文化或精神文明建设的重要性,但文化仍然服务于经济建设这个中心。"文化搭台,经济唱戏",反映的是当时中国文化发展的处境。1997年,党的十五大界定了中国特色社会主义文化的本质内涵,提出文化是综合国力的重要标志,赋予了文化建设相对独立的地位与价值,而不再是配合性、辅助性的角色。新世纪以来,中国进入全面建设小康社会的关键时期,文化的作用空前凸显。中共中央明确了文化建设在中国特色社会主义事业总体布局中的战略地位与作用。党的十六大进一步指出:文化在综合国力竞争中的地位和作用越来越突出,"文化的力量,深深熔铸在民族的生命力、创造力和凝聚力之中"。③ 2004年,十六届四中全会把提高建设社会主义先进文化的能力作为加强执政党能力建设的一项重要任务。2007年,党的十七大报告提出了推动社会主义文化大发展大繁荣、提高国家文化软实力的目标和任务。十七届六中全会专门研究部署文化发展问题,用

---

① 《中共中央政治局召开会议审议〈生态文明体制改革总体方案〉、〈关于繁荣发展社会主义文艺的意见〉》,《人民日报》2015年9月12日。
② 《毛泽东文集》第7卷,人民出版社1999年版,第207、268页。
③ 中共中央文献研究室编:《十六大以来重要文献选编》上,中央文献出版社2005年版,第29页。

"四个越来越"①表达中共中央对文化建设重要地位与作用的认识,并首次提出了"中国特色社会主义文化发展道路"的命题并对其内涵进行了阐释,提出了建设社会主义文化强国的战略目标。

党的十八大将扎实推进社会主义文化强国建设列为"五位一体"总体布局的有机组成部分,认为全面建成小康社会是既要让人民过上殷实富足的物质生活,又要让人民享有健康丰富的文化生活。2013年11月,党的十八届三中全会通过的《关于全面深化改革若干重大问题的决定》明确:"建设社会主义文化强国,增强国家文化软实力,必须坚持社会主义先进文化前进方向,坚持中国特色社会主义文化发展道路,培育和践行社会主义核心价值观,巩固马克思主义在意识形态领域的指导地位,巩固全党全国各族人民团结奋斗的共同思想基础。"②以激发全民族文化创造活力为中心环节,进一步深化文化体制改革,完善文化管理体制,建立健全现代文化市场体系,构建现代公共文化服务体系,提高文化开放水平。中央政治局就提高国家文化软实力研究进行第十二次集体学习。2014年10月,习近平主持召开文艺工作座谈会并发表讲话。2015年9月11日,中央政治局会议审议通过《关于繁荣社会主义文艺的意见》,14日公布《关于推动国有文化企业把社会效益放在首位、实现社会效益和经济效益相统一的指导意见》。这些反映了中国社会主义文化强国建设的目标更加清晰、路径更加明确。

二、建设现代公共文化服务体系,提高全民族文化素养

"公共文化服务"这一概念是在2002年11月的十六大报告中首次提出的,并被列为全面建设小康社会的目标之一。公共文化服务体系建设被提上日程。2005年,党的十六届五中全会正式提出逐步建成覆盖全社会的比较完备的公共文化服务体系的目标,我国公共文化服务体系建设驶入快车道。2006年通过的"十一五"计划纲要,提出"公共文化建设"的概念。同年,新中国第一个文化发展五年专项规划《"十一五"时期文化发展规划纲要》发布,提出建设适用、便捷、高效的公共文化服务体系。以政府为主导,以公共财政为支撑,以公益性文化事业单位为骨干,以全民为服务对象的文化惠民工程实施,包括文化信息资源共享工程、广

---

① "四个越来越"即"文化越来越成为民族凝聚力和创造力的重要源泉、越来越成为综合国力竞争的重要因素、越来越成为经济社会发展的重要支撑,丰富精神文化生活越来越成为我国人民的热切愿望。"参见《中国共产党第十七届中央委员会第六次全体会议文件汇编》,人民出版社2011年版,第4页。

② 中共中央文献研究室编:《十八大以来重要文献选编》上,中央文献出版社2014年版,第533页。

播电视村村通、农家书屋、农村电影放映工程、乡镇综合文化站建设工程5项,按照公益性、均等性、基本性、便民性等原则构建,即满足人民读书看报、听广播看电视、进行公共文化鉴赏、参加公共文化活动等基本文化权益或基本文化需要。这被称为文化民生,纳入基本公共服务范畴,各级政府对文化基础设施的投入是过去几十年的总和,并建立了中央财政和地方财政合理分担的公共文化机构运行经费保障机制。"十一五"时期全国文化事业费共计1220亿元,年均增长19.3%。到2012年,覆盖城乡的公共文化服务设施网络基本建立,人民群众精神文化生活大为改善。

十八大后,主要是完善公共文化服务体系,提高公共文化服务体系建设水平。十八届三中全会部署的全面深化改革,提出加快构建现代公共服务体系,实现基本公共文化服务的标准化、均等化,加强公共文化产品和服务供给、加快城乡文化一体化发展、广泛开展群众性文化活动等。"十二五"时期的前三年,文化事业费1594.03亿元,①2014年全国人均文化事业费42.65元,大大超过"十一五"的投入。为促进城乡间、区域间、不同群体间公共文化服务的均衡发展,中央财政安排农村公共文化建设资金143.8亿元,补助地方文化项目的专项资金为46.53亿元,比上年增长0.72%;基层和西部地区文化单位的文化事业费总额在上升,县及县以下为291.32亿元,占49.9%,比重比上年提高了1.3个百分点,东部地区下降了2.0个百分点,西部地区提高了0.6个百分点。② 为促进公共文化服务均等化发展,提高服务效能,2014年3月,文化部牵头成立国家公共文化服务体系建设协调组。同年发布《国家基本公共文化服务指导标准》,对现代公共服务体系进行整体框架设计,为全国公共文化事业发展提供了有力保障。

经过60多年的发展,尤其是近几年国家投入增加,公共文化服务体系建设的成果令人瞩目:全国公共图书馆3117个,全年总流通人次53036万;群众文化机构44423个,全年组织各类活动147.20万场次;博物馆3658个,接待观众71774万人次。③ 出版各类报纸482亿份,各类期刊33亿册,图书79亿册(张);有线电视用户3.21亿户,有线数字电视用户1.87亿户;广播节目综合人口覆盖率为98%,电视节目综合人口覆盖率为98.6%;广播电视村村通工程覆盖20户以上通电自然

---

① 数据来自文化部财务司:《2015年中国文化统计手册》(内部资料)2015年5月,第4页。

② 中华人民共和国文化部:《2014年文化发展统计公报》,中国统计出版社2015年版,第9-10页。

③ 中华人民共和国文化部:《2014年文化发展统计公报》,中国统计出版社2015年版,第3-4、7-8页。

村,向户户通升级,直播卫星户户通已达 1600 多万户。① 农家书屋工程覆盖全部行政村。文化信息资源共享工程已建成了从国家中心,省、县级支中心,到乡镇(街道)、行政村(社区)基层服务点的服务网络,部分省(区、市)村级覆盖范围已延伸到自然村,建设有各级公共电子阅览室。

互联网在丰富人民文化生活中发挥了重要作用。依靠政府 20 年来对互联网基础设施的建设,大大促进了互联网的普及与应用。截至 2014 年底,中国互联网网民规模达到 6.5 亿,互联网普及率为 47.9%。其中手机即时通信网民 5.08 亿,网络视频用户规模为 4.33 亿,微博客用户规模为 2.49 亿,微信公众账号数超过800 万,微信和 WeChat 的合并月活跃账户数近 5 亿,网络文学用户数为 2.94亿人。②

目前,公共文化服务均等化水平不高,需要继续增加投入。2012 年以来,全国文化事业费虽然总量在增加,但占财政总支出的比重一直只有 0.38%,20 世纪 90年代一度为 0.62%。由于基础不一样,为实现各区域公共文化服务均等化的协同共进,还需要健全财税制度,不断改革和完善中央对地方的转移支付制度,对经济欠发达地区通过推进中央与地方以及各地区间的公共文化资源互补及资金互助,实现区域发展的基本平衡。总之,为加快现代公共服务体系建设,国家需要进一步完善公共文化管理、运行和保障机制,丰富公共文化服务的内容和手段,提升服务质量,鼓励社会力量、社会资本积极参与建设,逐步形成政府、市场、社会共同参与公共文化服务体系建设的格局。

三、大力发展文化产业,丰富文化产品

由于时代和认识的制约,中国在很长的时期内习惯于用计划经济的手段管文化、办文化,经营性文化产业与公益性文化事业混同,政府统包统揽,造成了政府主导的公益性文化事业投入不足,而应该由市场主导的经营性文化产业长期依赖政府。改革开放初期,各大歌舞厅为主体的经营性文化场所,形成最初的文化市场。随着中国入世的临近,在 WTO 框架中,国内习惯上一直被视为非经济的文化领域,大多都被定义为"产业",要被纳入对外开放的范围;而且,原有文化体制下的文化生产难以适应民众不断增长的文化需要。1998 年,文化部增设文化产业司,标志着中国文化产业由市场和民间自发发展进入政府自觉推动新阶段。2000

---

① 《2014 年中国人权事业的进展》,《光明日报》2015 年 6 月 9 日。
② 中国互联网络信息中心(CNNIC):《第 35 次中国互联网络发展状况统计报告》,2015 年 2月 3 日。

年,十五届五中全会提出将文化产业列入国家"十五"规划,实现文化事业与文化产业的分野,确认文化产品既具有文化意识形态属性,也具有通过市场交换获取经济利益、实现再生产的商品属性、产业属性。2001 年 10 月,文化部制定了文化产业发展五年计划纲要。2009 年颁布的《文化产业振兴规划》把文化产业上升为国家战略性产业。2010 年,十七届五中全会明确要推动文化产业成为国民经济支柱产业。十八大吹响了推动文化产业快速发展的号角。十八届三中全会推动新一轮文化体制改革进入全面实施阶段,将建立健全现代文化市场体系作为推进文化体制机制创新的重要措施,提出完善文化市场准入和退出机制,鼓励各类文化市场主体公平竞争、优胜劣汰,促进文化资源在全国范围内流动。2014 年上半年发布《深化文化体制改革实施方案》《推进文化创意和设计服务与相关产业融合发展的若干意见》,为文化产业发展确立了方向、规范。尤其是将文化产业界定了范围,明确为文化内容生产、文化传播渠道、文化生产服务和生产性文化服务四个类别,使文化产业跳出影视、出版、演艺等传统领域,文化创意和设计服务深度融入装备制造业、消费品工业、建筑业、信息业、旅游业、农业和体育七大产业,文化融入国民经济和社会发展的大循环中。

经过 10 多年的发展,我国文化产业门类齐全,呈成倍增长态势,文化产业占GDP 比重从 2004 年的 2.15% 增加到 2014 年的 3.77%,在国民经济发展中的地位已日趋重要。截至 2014 年底,工商登记注册的文化企业达到 168 万多户,新增企业同比增长 69.24%,达到 39 万多户。① 2014 年全国艺术表演团体演出 173.9 万场,营业总收入 226.46 亿元;全国娱乐场所全年营业总收入 1101.87 亿元,比上年增长 24.6%。② 全年生产电视剧 429 部 15983 集,电视动画片 138496 分钟;生产故事影片 618 部,科技、纪录、动画和特种影片 140 部,电影票房达到 296 亿元,其中票房过亿元的国产片 36 部。③ 票房排在前 10 位的影片,国产片占 7 席。票房比 2002 年的 8.6 亿元增加 34 倍,连续 10 年复合增长率在 30% 以上。电视剧和图书出版年产量均高居全球第一,主要文化产品和文化服务规模已位居世界前列。

国有企业在文化产业发展中发挥着主导和引领作用,它来自国有经营性文化单位的转企改制。2015 年,文化企业 30 强涵盖了文化艺术类、广播影视类、出版发行类、文化科技类、其他类五大类别,其中,文化艺术类 4 家、广播影视类 9 家、

---

① 孙志军:《积极推动文化企业建立有文化特色的现代企业制度》,《光明日报》2015 年 2 月 3 日。
② 中华人民共和国文化部:《2014 年文化发展统计公报》,中国统计出版社 2015 年版,第 6 - 7 页。
③ 《2014 年中国人权事业的进展》,《光明日报》2015 年 6 月 9 日。

出版发行类 10 家、文化科技类 4 家、其他类 3 家。国有或国有控股企业 22 家,占总数的 73%,比上届增加 1 家,主营收入、净资产、净利润、纳税总额主要经济指标均占本届"30 强"企业相关指标总和的 80%。①

国家大力支持和鼓励社会资本进入文化产业领域。2004 年,文化部出台了《关于引导和支持非公有制经济发展文化产业的意见》;次年,《国务院关于非公资本进入文化产业的若干规定》颁布,明确非公资本进入的具体领域。民营文化企业发展很快,大多是中小企业。据国家统计局于 2015 年 4 月首次发布小微文化企业发展数据,2013 年末,我国共有小微文化企业 77.3 万个,占全部文化企业的98.5%,营业收入为 38306.8 亿元,仅占文化企业营业收入的 45.7%。61.8% 的小微文化企业多汇集在服务业。② 但民营文化企业在一些行业成长很快,从事图书、电影、电视剧、动漫、游戏制作的民营投资主体逐步增多。2015 年文化企业 30强的文化科技类 4 家全部为民营企业,民营企业在动漫游戏、网络文化等新兴业态中表现突出。电影业 80% 的市场份额由民营主体占据,近 10 年来票房过亿元的国产大片大部分出自民营影视公司。2013 年,华谊兄弟出品的电影总票房就突破了 30 亿元,现在继续领跑电影行业。民营企业成为推动中国文化产业发展的重要力量。

但中国文化产业与世界差距仍然很大。美国的文化产业占 GDP 的比重是27%,世界第二大文化产业强国日本是 20%,英国为 11%。中国的文化产业对国民经济的贡献偏低,而且,文化产业的规模和总量偏小,产业集中度和集约化程度不高,市场化水平低,初级文化产品多,在内容创意、产品创新、科技驱动和品牌塑造方面的竞争力和影响力不足,掌握关键技术和自主品牌的企业数量不多。随着网络、数字、信息技术的发展,动漫游戏、数字电影、网络视频、移动多媒体广播电视、公共视听载体、数字出版、手机出版等新兴文化产业迅速崛起,拓宽了文化产业的领域;包括广告服务、建筑设计和专业设计在内的生产性文化服务前景广阔,骨干文化企业如何通过资源和规模优势带动小微企业发展,这些是使文化产业保持持久强劲发展的重要方向。同时,文化产业本质上属于"内容产业",应围绕"精神"二字做文章。刚印发的《关于推动国有文化企业把社会效益放在首位、实现社会效益和经济效益相统一的指导意见》,强调国有文化企业在弘扬中国精神、传播中国价值、凝聚中国力量的担当,明确了改革思路,以着力改变相当部分国有企业价值偏离、等靠政府、惰于创新、效能低下的问题。中国进入文化经济时代,还需

① 《"中国文化企业 30 强"调查报告》,《光明日报》2015 年 5 月 27 日。
② 《国家统计局首次发布小微文化企业发展数据》,《人民日报》2015 年 4 月 28 日。

要努力。

四、培养和践行社会主义核心价值观，强基固本

文化的灵魂是价值观，文化建设的核心是价值观的培育。所谓核心价值观，是指能够体现社会主体成员的根本利益、反映社会主体成员的价值诉求，对社会变革与进步起维系和推动作用的思想观念、道德标准和价值取向。中国改革开放，西方的思想文化强势进入，极大地影响了人们思想。社会主义市场经济给中国社会带来了巨大的活力，同时市场中产生的利益价值观念解构了中国传统观念，导致社会价值观离散化的负面效应，个人主义、拜金主义、享乐主义和消费主义盛行。贫富差距持续扩大，物欲追求奢华无度，个人主义恶性膨胀，社会诚信不断消减，伦理道德每况愈下及贪污腐败现象，消解主流意识形态的说服力和凝聚力。

中共中央重视社会主义价值观的培育。改革开放以来，邓小平强调精神文明建设，江泽民要求以德治国。2006年，十六届六中全会明确了建设社会主义核心价值体系的任务，主要包括马克思主义指导思想、中国特色社会主义共同理想、以爱国主义为核心的民族精神和以改革创新为核心的时代精神、社会主义荣辱观。十八大在此基础上提炼、概括出24个字的社会主义核心价值观，即"倡导富强、民主、文明、和谐，倡导自由、平等、公正、法治，倡导爱国、敬业、诚信、友善"。"三个倡导"明确了国家、社会、公民三个层面的价值目标、价值取向、价值准则。2013年，十八届三中全会强调建设社会主义文化强国，必须培育和践行社会主义核心价值观。2014年2月24日，习近平在主持中央政治局第十三次集体学习时指出，核心价值观是文化软实力的灵魂、文化软实力建设的重点，因为它决定文化性质和方向。他要求通过教育引导、舆论宣传、文化熏陶、实践养成、制度保障等实践路径，使社会主义核心价值观内化为人们的精神追求，外化为人们的自觉行动，形成全社会向善、向上的力量。中央发布《关于培育和践行社会主义核心价值观的意见》，把培育和弘扬社会主义核心价值观作为凝魂聚气、强基固本的基础工程来建设。与此同时，党中央把社会主义核心价值观落实到国家发展实践和社会治理中，积极推进各级党委政府部门对于社会政治、经济以及民生领域诸多问题的解决，强调"党领导立法、保证执法、带头守法"，把权力关进制度的笼子里，并严厉惩治腐败，坚持"老虎""苍蝇"一起打，并把全面从严治党作为战略布局的一部分。

培育和弘扬社会主义核心价值观，必须立足于中华优秀传统文化，在十八大以来被反复强调。1992年，李瑞环提出要使文化遗产成为培育民族精神的珍贵资料。十七届六中全会通过的《中共中央关于深化文化体制改革推动社会主义文

大发展大繁荣若干重大问题的决定》指出,要"建设优秀传统文化传承体系",要"加强对优秀传统文化思想价值的挖掘和阐发,维护民族文化基本元素,使优秀传统文化成为新时代鼓舞人民前进的精神力量"。① 2013 年 8 月,习近平指出,中华优秀传统文化是中华民族的突出优势,是我们最深厚的文化软实力。2014 年 2 月 24 日,在中央政治局第十三次集体学习时的讲话中,他要求"深入挖掘和阐发中华优秀传统文化讲仁爱、重民本、守诚信、崇正义、尚和合、求大同的时代价值,使中华优秀传统文化成为涵养社会主义核心价值观的重要源泉"。② 5 月 4 日,他在北京大学师生座谈会上的讲话中指出,中华优秀传统文化已经成为中华民族的基因,我们提倡和弘扬社会主义核心价值观,必须从优秀传统文化中汲取丰富营养,因为其思想和理念,有其永不褪色的时代价值。重视优秀传统文化对现代文化建设的基础性的地位与作用,引导国民树立和坚持正确的历史观、民族观、国家观、文化观。9 月 24 日,他在出席纪念孔子诞辰 2565 周年国际学术研讨会的讲话中进一步指出:"中国优秀传统文化的丰富哲学思想、人文精神、教化思想、道德理念等,可以为人们认识和改造世界提供有益启迪,可以为治国理政提供有益启示,也可以为道德建设提供有益启发。"③不忘本来才能开辟未来,善于继承才能更好创新。新一届中央领导集体对中华优秀传统文化的礼敬是空前的。

文艺作品能够体现一个民族、国家、时代的精神和价值取向,富有感染力和影响力。习近平极其重视文艺的这一功能。2014 年 10 月,他主持召开文艺工作座谈会,重申了"两为"方向和"双百"方针,强调实现"两个一百年"奋斗目标、实现中华民族伟大复兴的中国梦,文艺的作用不可替代,文艺工作者必须"坚持以人民为中心的创作导向",期待他们"成为时代风气的先觉者、先行者、先倡者,通过更多有筋骨、有道德、有温度的文艺作品,书写和记录人民的伟大实践、时代的进步要求,彰显信仰之美、崇高之美",④使文艺能够在推进现代化建设的宏伟大业和实现中国梦的伟大征程中提供精神正能量。这是马克思主义文艺观中国化的最新成果。

2015 年 9 月通过和发布了《关于繁荣社会主义文艺的意见》,全面强调了文

---

① 中共中央文献研究室编:《十七大以来重要文献选编》下,中央文献出版社 2013 年版,第 572 页。

② 《习近平主持中共中央政治局第十三次集体学习》,《人民日报》2014 年 2 月 26 日。

③ 习近平:《在纪念孔子诞辰 2565 周年国际学术研讨会暨国际儒学联合会第五届会员大会开幕会上的讲话》,《人民日报》2014 年 9 月 25 日。

④ 《习近平主持召开文艺工作座谈会强调:坚持以人民为中心的创作导向》,《人民日报》2014 年 10 月 16 日。

艺的服务群众与教育引领群众的功能,文艺应适应需求也要提高素养,明确文艺的认识、教育、娱乐、审美的功能,纠正那些在市场经济条件下只承认文艺的商品属性,否认文艺的审美意识形态属性,只承认文艺的娱乐功能,否认文艺的教育审美功能的偏向。《意见》要求文艺传承和弘扬中华优秀传统文化,让中国精神成为社会主义文艺的灵魂,并强调创新的重要性,要求把创新精神贯穿创作生产全过程,做好新的文艺组织和新的文艺群体工作,大力发展网络文艺。这就充分肯定了以网络为传播媒介的文艺工作的地位,为多年的分歧画上句号。文艺界要承担起举精神旗帜、立精神支柱、建精神家园的崇高使命。

五、积极推动中华文化走出去,推动世界文明的交流互鉴

世界文化多元多样、各有所长,不同的文化应该相互学习,取长补短。但近代工业化以来,先是兴起了欧洲中心论,第二次世界大战后兴起了美国中心论,尤其是1991年苏联解体后,在美国主导下强化了西方制度和价值观的"普世性"宣传,非西方文化会与西方文化相对抗的"文化冲突论"喧嚣尘上。中国特色社会主义的成功发展将西方现代化模式从人类社会现代化的所谓"唯一模式"或"普世模式"还原为"一种模式"或"欧美模式",从而有力地推动了全球化时代人类文明的多样性发展。但由于中国政治制度和文化传统与西方国家存在着重大差异,西方国家容易把中国发展壮大视为对其价值观和制度模式的挑战,随着中国的崛起,所谓"中国威胁论"、"资源掠夺论"、"不守规则论"不绝于耳,零和博弈的冷战思维严重影响了中国发展的外部环境。

为扩大中国与世界各国的相互了解和共识,增进信任和友谊,尤其是增进国际社会对中国基本国情、价值观念、发展道路、内外政策的了解和认识,党的十五大把文化交流由原来的主要引进来,转变为加大走出去的步伐,正式提出文化"走出去"战略。进入21世纪,中国加入世贸组织,也为中华文化走向世界提供了更加广阔的平台,而且符合目前的世界文化发展方向。为对抗美国文化贸易的一家独大,保护自己的文化自主性和文化产业的空间,法国和加拿大等国在关贸总协定谈判时提出经济全球化中"文化例外"的说法。1995年联合国教科文组织首次提出"文化多样性"观念。2001、2005年,相继推出了《世界文化多样性宣言》和《保护和促进文化表现多样性公约》。中国文化走出去切合时机。

目前我国形成了政府与民间并举,文化交流与文化贸易并重,"走出去"与"请进来"并行,形成多层次、宽领域、全方位的开放格局。中国已与160多个国家和地区保持着良好的文化交流关系,与149个国家签订了政府间文化合作协定,与97个国家签订了800多个年度文化交流执行计划,与近千个国际文化组织和机构

进行文化交往,并在海外 99 个国家设有 100 多个使领馆文化处(组),已建成 20 个海外中国文化中心。海外华文媒体分布在 61 个国家和地区,总数达 1019 家,其中报纸 390 家、杂志 221 家、广播电台 81 家、电视台 77 家、网站 250 家,已成为国际舆论不可或缺的组成部分。① 互联网的发展有利于打破西方传媒的垄断,近些年中文内容已由以前的不足 5% 上升为 12%。② "中国文化年"、"中国文化节" "中国文化周",在欧美各国举办,成为其文化生活的一项内容。孔子学院举办 10 年,在全球五大洲 126 个国家和地区已有 475 所孔子学院和 851 个中小学孔子课堂,累计注册学员 345 万人。在美国现已设立 100 所孔子学院和 366 个孔子课堂,267 万美国民众参加孔子学院活动。③ 中国的原创音乐、舞蹈、杂技精品和传统艺术纷纷走向国际市场,图书、电影、动漫、游戏"走出去"步伐坚实。据统计,2003 年至 2013 年,我国文化产品进出口从 60.9 亿美元攀升至 274.1 亿美元,年均增长 16.2%;文化服务进出口从 10.5 亿美元增长到 95.6 亿美元,年均增长 24.7%。④

为改变目前我国对外文化贸易在对外贸易中的比重偏低现象,2014 年 3 月,国务院发布的《关于加快发展对外文化贸易的意见》,提出要"统筹国际国内两个市场、两种资源",在更大范围、更广领域和更高层次上参与国际文化合作和竞争,把更多具有中国特色的优秀文化产品推向世界"。⑤ "统筹国际国内两个市场、两种资源"的思想,是从国际文化市场竞争总体格局出发,统揽全球化时代文化竞争的新态势,贴近国际文化贸易的实际,不仅对我国文化产品走向国际市场具有指导意义,而且对中国文化产业参与国际市场大循环、调整中国文化产业的发展方向,具有重要的理论意义和实践价值。

十八大以来的一个重要的特征是,中国致力于推动世界文化多样性新生态的构建。近年来,中国与许多国家建立人文交流机制,也搭建平台积极发声,强调尊重各民族的文化以及发展道路的选择,呼吁不同文明、文化之间互相交流、互相尊重、互相借鉴的重要性。从 2010 年上海世博会期间由联合国文明联盟举办全球文明对话论坛以来,我国成功举办了 60 多场文化高峰论坛与文化对话,阐述中国独特的价值体系和发展理念,促进国际社会对中国的了解。2011 年,国务院新闻办发表《中国的和平发展》白皮书,阐释中国文化、中国国情、中国道路、中国价值。

---

① 何亚非:《海外华文媒体与中国梦》,《求是》2015 年第 1 期。
② 姜飞:《新阶段推动中国国际传播能力建设的理性思考》,《南京社会科学》2014 年第 6 期,第 112 页。
③ 《评孔子学院十周年:"和而不同"的文化追求》,《人民日报》2014 年 12 月 9 日。
④ 《加快发展对外文化贸易》,《光明日报》2014 年 3 月 19 日。
⑤ 《国务院关于加快发展对外文化贸易的意见》,新华网,2014 年 3 月 25 日。

不仅如此,中国创造性地提出了"中国梦"、"中美新型大国关系"、"一带一路"战略、以新型义利观为指导的"亲诚惠容"周边外交战略理念等新概念新范畴新表述,这些新提法在世界范围内的传播,再次让世界感知到了充满中国特点、中国风格和中国气派的话语内涵,相互尊重、合作共赢的发展理念。在联合国预防腐败问题会议上,提交《中国的反腐败国家战略》等文件,中国还利用 APEC 峰会的主场优势,与成员国联合发布了《北京反腐败宣言》,起到了很好的效果,得到了世界广泛好评。习近平、李克强等领导人还亲自在国际交往中直接传播和塑造中国形象。2014 年 3 月下旬,习近平在联合国教科文组织总部发表演讲,深刻阐述对文明交流互鉴的看法和主张,指出:各种人类文明都各有千秋,没有高低、优劣之分。要了解各种文明的真谛,必须秉持平等、谦虚的态度。文明是多彩的,人类文明因多样才有交流互鉴的价值。① 5 月,在上海举行的亚洲相互协作与信任措施会议第四次峰会上,习近平明确要求抛弃冷战思维、零和博弈,主张不同文明、不同宗教交流互鉴、取长补短、共同进步。② 国务院总理李克强和驻外大使不断在《泰晤士报》等西方重要媒体发表文章,阐述中国的发展理念,对一些国家鼓吹"价值观外交"进行回应,公开驳斥抹黑中国的言论。中国倡导"和平合作、开放包容、互学互鉴、互利共赢"的价值理念,与传统的二元对立、零和博弈的冷战史观的高下立现,获得了不少国家的支持。一些学者和外国领导人呼吁不要把中国的崛起视作威胁,认为中国的发展将惠及全球。法国汉学家雷米·马诸又教授撰写的题为《牡丹鲜——西方人如何理解中国》的著作,告诉西方读者:"当前的中国,是古老中国传统与主要来自西方影响的现代因素结合演变的结果。两种文明其实是走了一条相遇、相碰、冲突,而后交合、融汇、学习与交流的道路——这是一条有助于世界文明发展与进步的光明之道。"③他认为,不同文明在相互碰撞和交流中,各自实现自我完善是可能的。2014 年 6 月 16 日,李克强在《泰晤士报》发表题为《中英正走在共赢的道路上》的署名文章,该报在头版配发了评论,呼应并肯定了文章表达的观点。但整体上看,中国与发达国家在掌握国际话语权、文化传播能力与经验等方面差距较大,需要有更坚定的文化自觉性,更强大的文化感染力,才能在全球范围内获得更广泛的认同。

从建设文化强国的角度看,国家整体文化实力是一种基于核心价值观念并通

---

① 习近平:《在巴黎联合国教科文组织总部发表演讲》,《光明日报》2014 年 3 月 28 日。

② 《积极树立亚洲安全观共创安全合作新局面——在亚洲相互协作与信任措施会议第四次峰会上的讲话》,《光明日报》2014 年 5 月 23 日。

③ 雷米·马诸又:《西方人如何理解中国》,《文汇报》2013 年 5 月 23 日。

过文化创造、文化生产、文化贸易、文化服务而实现的感召力、吸引力、影响力体系，需要有强烈共鸣的共同价值观、强大的文化创造力、广泛的文化辐射力和有效的公共文化服务能力，中国的文化建设任重道远。列宁曾说："文化任务的完成不可能像政治任务和军事任务那样迅速……从问题的性质看，这需要一个较长的时期，我们应该使自己适应这个较长的时期，据此规划我们的工作，发扬坚韧不拔、不屈不挠、始终如一的精神。"①党的十八大以来，我们党逐步明确路径和步骤，开始把发展文化的愿景、计划落实，在中国特色社会主义文化发展道路上迈出了坚实的步伐，如果能本着"坚韧不拔、不屈不挠、始终如一"的精神，我国一定能在文化资源大国的基础上建设成社会主义文化强国。

（原载于《毛泽东邓小平理论研究》2015 年第 9 期）

---

① 《列宁全集》第 42 卷，人民出版社 1987 年版，第 197－198 页。

十八大以来党的文化理论创新发展及其启示*

李国泉　　周向军

文化理论的创新是文化发展繁荣的前提和先导。站在新的历史起点上,以习近平为总书记的党中央从实现中华民族伟大复兴的战略高度出发,不断深化对新形势下中国社会主义文化建设特点和规律的认识,创造性地丰富和发展了党的文化理论。深刻领会和把握党对文化理论的创新发展,对于坚持走中国特色社会主义文化发展道路,建设社会主义文化强国,具有极其重要的现实意义。基于此,本文着重揭示十八大以来党的文化理论创新发展的主要表现及其重要启示。

一、党的文化理论创新发展的突出表现

新一届党中央在深刻总结历史经验特别是现阶段文化发展经验的基础上,提出了一系列文化新思想、新观点、新论断,这些创新成果集中体现在十八大以来党中央的重要文献、领导人系列讲话中关于文化问题的重要论述上。就其较为突出的方面而言,至少有如下几点。

1. 强调社会主义核心价值观是实现中国梦的价值引领

社会主义核心价值观是中国共产党在当前国内外各种思想价值观念多元共生、相互碰撞的新形势下做出的重大理论创新,是党在新阶段对文化理论最重要的贡献。十八大报告首次明确提出:"倡导富强、民主、文明、和谐,倡导自由、平

---

* 作者简介:李国泉,山东大学马克思主义学院生;周向军,山东大学马克思主义理论研究中心教授。

基金项目:本文系 2011 年教育部哲学社会科学研究重大课题攻关项目"马克思主义文化理论发展研究"(项目编号:11JZD003)的阶段性成果。

等、公正、法治,倡导爱国、敬业、诚信、友善,积极培育社会主义核心价值观。"①这一表述从国家、社会和公民三个层面阐释了社会主义核心价值观的基本内容,是不同主体的价值规范和价值追求的有机统一。"三个倡导"的价值观念根本区别于其他社会形态的价值观系统,它既与社会主义的基本价值理念有着内在关联,更鲜明体现了中国的文化传统和民族特性。可以说,这一核心价值观是"中国特色社会主义道路、理论体系和制度的价值表达,是实现中华民族伟大复兴的中国梦的价值引领"②。具体而言,它的作用突出表现在三个方面:其一,核心价值观是决定文化性质和方向的最深层次要素,是"文化软实力的灵魂、文化软实力建设的重点"③;其二,培育和弘扬核心价值观是"社会系统得以正常运转、社会秩序得以有效维护的重要途径,也是国家治理体系和治理能力的重要方面"④;其三,"核心价值观是精神支柱,是行动向导,对丰富人们的精神世界、建设民族精神家园,具有基础性、决定性作用。"⑤这是党中央基于全局和战略的考量做出的重大判断,彰显了核心价值观的构建对于增强文化软实力、推进国家治理体系和治理能力现代化、提升民族和人民精神境界的独特价值。因此,为了构建当代人的主流价值认同、实现价值生成到价值认同的转换,中共中央于2013年底向全国印发了《关于培育和践行社会主义核心价值观的意见》(以下简称《意见》)。《意见》对培育和践行社会主义核心价值观的重要意义、指导思想、基本原则、方法途径和组织领导等做了集中、系统、深刻的阐发,是凝聚全体社会成员价值共识的纲领性文献。《意见》指出,"培育和践行社会主义核心价值观,是推进中国特色社会主义伟大事业、实现中华民族伟大复兴中国梦的战略任务",必须把其"融入国民教育全过程"和"落实到经济发展实践和社会治理中"⑥。至此,我们党开始明确提出要把塑造社会主义核心价值观作为凝魂聚气、强基固本的基础性战略工程,并主张要立足中华优秀传统文化、使其成为涵养社会主义核心价值观的重要源泉,综合运用教育引导、舆论宣传、文化熏陶、实践养成、政策制定、制度保障等方式,引导

---

① 胡锦涛:《坚定不移沿着中国特色社会主义道路前进为全面建成小康社会而奋斗——在中国共产党第十八次全国代表大会上的报告》,人民出版社2012年版,第31-32页。
② 刘云山:《着力培育和践行社会主义核心价值观》,《求是》2014年第2期。
③ 《习近平在中共中央政治局第十三次集体学习时强调把培育和弘扬社会主义核心价值观作为凝魂聚气强基固本的基础工程》,《人民日报》2014年02月26日。
④ 《习近平在中共中央政治局第十三次集体学习时强调把培育和弘扬社会主义核心价值观作为凝魂聚气强基固本的基础工程》,《人民日报》2014年02月26日。
⑤ 刘奇葆:《在全社会大力培育和践行社会主义核心价值观》,《人民日报》2014年3月5日。
⑥ 《关于培育和践行社会主义核心价值观的意见》,人民出版社2013年版,第3-9页。

人们将核心价值观内化于心、外化于行。① 换言之，"在全社会培育弘扬核心价值观，要坚持认知认同与自觉践行相统一、道德教育与价值引领相统一、弘扬传统与改进创新相统一、树立正气与抵制歪风相统一。"②这一系列部署，既看到了弘扬核心价值观的重要性和紧迫性，又考虑到其艰巨性和长期性，表明了我们党决心实施这一系统工程的坚定意志。从总体上看，这些富有创新性和前瞻性的思想，分别从"是什么、为什么、怎么办"的角度科学地回答了有关社会主义核心价值观的一系列问题，为其培育和践行奠定了坚实的理论基础。

2. 强调中华优秀传统文化是中华民族最深厚的文化软实力

以什么样的视角看待传统文化，以什么样的态度对待传统文化，是衡量一个民族或政党文化自觉和文化自信程度的重要标志。习近平在全国宣传工作会议上以传统文化为主题提出"四个讲清楚"，是我们党在传统文化问题上认识的一次飞跃。他认为："宣传阐释中国特色，要讲清楚每个国家和民族的历史传统、文化积淀、基本国情不同，其发展道路必然有着自己的特色；讲清楚中华文化积淀着中华民族最深沉的精神追求，是中华民族生生不息、发展壮大的丰厚滋养；讲清楚中华优秀传统文化是中华民族的突出优势，是我们最深厚的文化软实力；讲清楚中国特色社会主义植根于中华文化沃土、反映中国人民意愿、适应中国和时代发展进步要求，有着深厚历史渊源和广泛现实基础。"③这"四个讲清楚"，用"最深沉的精神追求"、"最深厚的文化软实力"等来诠释传统文化，同时明确将传统文化与中国特色社会主义相联系，并赋予其"意识形态"新意蕴，凸显了传统文化对于坚持和发展中国特色社会主义、提高国家文化软实力、加强意识形态建设等的重要地位和意义。在当代中国，传统文化是中华民族安身立命的根基，"抛弃传统、丢掉根本，就等于割断了自己的精神命脉"④。这是新一届中央领导集体已然达成的深刻共识。在历史文化名城曲阜考察时，习近平更是强调："一个国家、一个民族的强盛，总是以文化兴盛为支撑的，中华民族伟大复兴需要以中华文化发展繁荣为条件。"⑤实际上，要实现中华民族的伟大复兴，我们不仅要坚定理论自信、道路自信和制度自信，更重要的还要不断发扬中华优秀传统文化，增强文化自信。因

① 刘奇葆：《在全社会大力培育和践行社会主义核心价值观》，《人民日报》2014年3月5日。
② 《习近平李克强张德江俞正声刘云山王岐山张高丽分别看望出席全国政协十二届二次会议委员并参加讨论》，《人民日报》2014年3月5日。
③ 《学习习近平总书记8·19重要讲话》，人民出版社2013年版，第4页。
④ 《习近平在中共中央政治局第十三次集体学习时强调把培育和弘扬社会主义核心价值观作为凝魂聚气强基固本的基础工程》，《人民日报》2014年02月26日。
⑤ 《习近平在山东考察时强调认真贯彻党的十八届三中全会精神汇聚起全面深化改革的强大正能量》，《人民日报》2013年11月29日。

此,我们党要从实现中华民族伟大复兴的中国梦的战略高度,提高对中华文化地位作用的认识,振兴中华文化,推动文化繁荣发展。① 这宣示了党中央对于发扬中华优秀文化责任的高度担当,也展现了党对自身文化力量及其发展前景的充分自信。而在如何对待传统文化的问题上,新一届中央领导人反复强调中华传统美德是中华文化的精髓,认为发掘和彰显传统文化当代价值的关键在于大力弘扬中华优秀传统美德,并以此推进全社会的思想道德建设。习近平深刻阐述了道德的重要性,他指出:"国无德不兴,人无德不立。必须加强全社会的思想道德建设……只要中华民族一代接着一代追求美好崇高的道德境界,我们的民族就永远充满希望。"② 为此,必须以客观、科学、恭敬的态度,努力汲取传统文化中的思想道德资源,并实现中华传统美德的现代性转换。具体来说,对历史文化尤其是先人传承下来的价值理念和道德规范,我们一方面要"坚持古为今用、推陈出新,有鉴别地加以对待,有扬弃地予以继承,努力用中华民族创造的一切精神财富来以文化人、以文育人"③,另一方面还要"努力实现中华传统美德的创造性转化、创新性发展,引导人们向往和追求讲道德、尊道德、守道德的生活"④。这两个方面的结合,是在全社会加强思想道德建设、弘扬社会主义核心价值观的基础性工作。总之,这一系列精辟的论述,是当代中国共产党人传统文化观最集中、最鲜明的体现,对于在新的历史条件下更好地传承和弘扬中华优秀传统文化具有重要而深远的意义。

3. 强调强大的文化软实力是中华民族伟大复兴的题中应有之义

改革开放以来,党对于文化的地位和作用的认识经历了一个不断深化的过程,逐渐认识到文化是经济社会发展的有力支撑、是综合国力的重要因素,并把文化软实力建设提升到国家战略层面。十八大报告指出:"全面建成小康社会,实现中华民族伟大复兴,必须推动社会主义文化大发展大繁荣,兴起社会主义文化建设新高潮,提高国家文化软实力。"⑤习近平进一步强调:"提高国家文化软实力,

---

① 《刘奇葆在中宣部举办的"文化茶座"上强调大力传承和弘扬中华文化》,《人民日报》2014年01月18日。

② 《习近平在山东考察时强调认真贯彻党的十八届三中全会精神汇聚起全面深化改革的强大正能量》,《人民日报》2013年11月29日。

③ 《习近平在中共中央政治局第十三次集体学习时强调把培育和弘扬社会主义核心价值观作为凝魂聚气强基固本的基础工程》,《人民日报》2014年02月26日。

④ 《习近平在中共中央政治局第十二次集体学习时强调建设社会主义文化强国着力提高国家文化软实力》,《人民日报》2014年1月1日。

⑤ 胡锦涛:《坚定不移沿着中国特色社会主义道路前进为全面建成小康社会而奋斗——在中国共产党第十八次全国代表大会上的报告》,人民出版社2012年版,第30页。

关系'两个一百年'奋斗目标和中华民族伟大复兴中国梦的实现。"①这是我们党在深刻把握现阶段奋斗目标的基础上提出的新论断。它阐明了提升文化软实力是实现全面建成小康社会宏伟目标的重要途径,是实现中国梦的题中应有之义。在全面把握其阶段性和历史性的前提下,党中央开始探索和回答新形势下如何提升国家文化软实力的问题。从总体上看,文化软实力建设"必须坚持社会主义先进文化前进方向,坚持中国特色社会主义文化发展道路,培育和践行社会主义核心价值观,巩固马克思主义在意识形态领域的指导地位,巩固全党全国各族人民团结奋斗的共同思想基础"②。这一总要求明确了文化软实力建设的前进方向、实现途径、重点环节和根本任务,是保证社会主义文化建设继续沿着科学的轨道前进的指南。具体而言,则须从以下几方面进行努力:其一,从思想道德抓起,从社会风气抓起,从每一个人抓起,努力夯实国家文化软实力的根基;其二,加强中国特色社会主义价值观念的提炼和阐释,加强中国梦的宣传和阐释,拓展对外传播平台和载体,努力传播当代中国价值观念;其三,要使中华民族最基本的文化基因与当代文化相适应、与现代社会相协调,努力展示中华文化独特魅力;其四,重点展示文明大国、东方大国、负责任大国、社会主义大国形象,努力塑造良好的国家形象;其五,讲好中国故事,传播好中国声音,阐释好中国特色,努力提高国际话语权。③ 这一系列阐发和部署,表明了提升国家文化软实力与培育社会主义核心价值观、弘扬优秀传统文化、加强意识形态建设等的内在联系,体现了党对文化构成复杂性和文化建设规律的科学把握。概括地讲,新一届党中央关于文化软实力的表述思想深刻、内涵丰富,首次较为系统地回答了"为什么要提高国家文化软实力、怎样提高国家文化软实力"的基本问题,为文化软实力战略的深入推进提供了有力的理论支撑。

4. 强调文化体制改革是全面深化改革的重要组成部分

当前,我国经济社会的总体改革迈入了攻坚期和深水区,其中的文化领域改革也逐渐触及深层次矛盾,带来重大利益格局调整。在这一背景下,新时期党对文化体制改革问题的认识呈现出一个显著的特点:突出强调文化体制改革是全方位改革的有机组成部分,更加注重改革的系统性、整体性、协同性。十八届三中全会把深化文化体制改革作为全面深化改革的六大任务之一,对推进文化体制机制

---

① 《习近平在中共中央政治局第十二次集体学习时强调建设社会主义文化强国着力提高国家文化软实力》,《人民日报》2014年1月1日。
② 《中共中央关于全面深化改革若干重大问题的决定》,人民出版社2013年版,第39页。
③ 《习近平在中共中央政治局第十二次集体学习时强调建设社会主义文化强国着力提高国家文化软实力》,《人民日报》2014年1月1日。

创新做出了新的部署。会上通过的《中共中央关于全面深化改革若干重大问题的决定》(以下简称《决定》)明确提出:"要紧紧围绕建设社会主义核心价值体系、社会主义文化强国深化文化体制改革。"①这意味着:在推进文化改革发展过程中,一方面要突出核心价值体系建设,积极培育和践行核心价值观,增强价值观自信;另一方面又要始终着眼于建成中国特色社会主义文化强国的远大目标,着力提升国家文化软实力,增强文化自信。这个"紧紧围绕",既是文化改革发展的重要目标,也是对文化体制改革工作本身的内在要求。《决定》进一步强调:"坚持以人民为中心的工作导向,坚持把社会效益放在首位、社会效益和经济效益相统一,以激发全民族文化创造活力为中心环节,进一步深化文化体制改革。"②这一论述指明了文化改革发展的人文关怀和价值旨归,强调要正确处理文化产品的意识形态属性和商品属性、社会效益和经济效益的关系,使改革的中心环节从过去的"培育合格的市场主体"变为"激发全民族文化创造活力",为扎实推进文化体制改革明确了方向、确立了遵循。这是党中央在科学总结文化建设的历史经验和全面把握当前面临的阶段性特征的基础上,对文化改革发展规律的深刻揭示。从上述要求出发,《决定》分别从"完善文化管理体制""建立健全现代文化市场体系""构建现代公共文化服务体系"和"提高文化开放水平"四个方面指出了文化体制改革下一步必须抓好的重点工作。

这一全方位的部署,既继承了以往的基本思路,又在理论上有所突破和发展。比如,在宏观管理体制上,明确肯定要"建立党委和政府监管国有文化资产的管理机构,实行管人管事管资产管导向相统一"。而在微观运行机制上,一方面首次阐明要"构建现代公共文化服务体系","促进基本公共文化服务标准化、均等化";另一方面提出"对按规定转制的重要国有传媒企业探索实行特殊管理股制度"、"建立多层次文化产品和要素市场"、"推动公共文化服务社会化发展"等,更加重视发挥市场在文化资源配置中的积极作用。③ 这些新阐发触碰了改革的深层次矛盾和问题,也凸显了文化改革与经济、政治、社会等领域改革的紧密联系,为实质性推进文化体制改革提供了新思路。为贯彻落实十八届三中全会精神,以习近平为组长的中央全面深化改革领导小组在2014年2月28日召开的第二次会议审议通过了《深化文化体制改革实施方案》,对我国文化体制改革工作做出了系统、

---

① 《中共中央关于全面深化改革若干重大问题的决定》,人民出版社2013年版,第4页。
② 《中共中央关于全面深化改革若干重大问题的决定》,人民出版社2013年版,第39页。
③ 《中共中央关于全面深化改革若干重大问题的决定》,人民出版社2013年版,第39-41页。

具体的安排,进一步细化了改革的目标思路和原则要求①,突出了协调推进、攻坚克难、狠抓落实三方面的要求,明晰了文化体制改革的路线图、时间表和任务书。② 这是党中央注重通过顶层设计来推进文化改革发展,从而统筹协调、整体推进全方位改革事业的重大举措。这些重要的理论观点和工作部署标志着党对文化体制改革问题的认识达到了一个新的科学水平,有利于进一步破除制约文化发展的体制机制障碍,为文化的发展繁荣注入源源不断的动力。

5. 强调意识形态工作是关系文化建设全局的极端重要的工作

意识形态规定了文化的性质和发展方向,在整个社会的所有精神文化体系中处于支配性的地位。历史和现实也反复表明,能否做好意识形态工作,关系社会主义文化建设的全局,关系执政党的生死存亡和国家的兴衰成败。面对当前我国意识形态建设所遭遇的严峻挑战,习近平在8·19讲话中对意识形态工作做出了新的定位,他指出:"经济建设是党的中心工作,意识形态工作是党的一项极端重要的工作。"③这一判断揭示了党的中心工作和意识形态工作相辅相成、相得益彰的关系,明确强调了意识形态建设的极端重要性。也就是说,在继续坚持以经济建设为中心的同时,党必须做到一刻也不能放松、不能削弱意识形态工作,必须始终牢牢掌握这项工作的领导权、管理权和话语权。这自然意味着意识形态工作也是关系文化建设全局的极端重要的工作,必须充分发挥社会主义意识形态对文化建设的引领作用。正因为如此,习近平认为宣传思想文化工作的根本任务就是要做到"两个巩固",即"巩固马克思主义在意识形态领域的指导地位、巩固全党全国人民团结奋斗的共同思想基础"④。牢牢把握马克思主义在意识形态领域的指导地位,是实现这个根本任务的关键环节,也是推动中国特色社会主义文化繁荣发展的坚强保证。而要巩固马克思主义的指导地位,最重要的是要引导人们特别是广大党员干部努力学习这个理论体系,并自觉运用其立场、观点、方法来看待和解决问题。在谈及领导干部的学习问题时,习近平指出:"首先要认真学习马克思主义理论,这是我们做好一切工作的看家本领,也是领导干部必须普遍掌握的工作制胜的看家本领。"⑤此外,他还多次号召人们要老老实实、原原本本地学习马克

① 《习近平主持召开中央全面深化改革领导小组第二次会议强调把抓落实作为推进改革工作的重点真抓实干踏疾步稳务求实效》,《人民日报》2014年03月01日。

② 《文化体制改革"强魂健体"(权威访谈)——解读人:中央文化体制改革和发展工作领导小组办公室主任、中宣部副部长孙志军》,《人民日报》2014年03月12日。

③ 《学习习近平总书记8·19重要讲话》,人民出版社2013年版,第1页。

④ 《学习习近平总书记8·19重要讲话》,人民出版社2013年版,第2页。

⑤ 习近平:《在中央党校建校80周年庆祝大会暨2013年春季学期开学典礼上的讲话》,人民出版社2013年版,第7页。

思主义,尤其是要大力推动全党学习和掌握历史唯物主义的基本原理和方法论。中央领导人对马克思主义的重视程度可见一斑。与此同时,要做好宣传思想工作,充分发挥意识形态在中国社会主义文化建设中的重要作用,还必须遵循一系列具体要求:"要把围绕中心、服务大局作为基本职责,胸怀大局、把握大势、着眼大事,找准工作切入点和着力点";坚持党性与人民性相统一的原则,把体现党的主张和反映人民心声统一起来;坚持"团结稳定鼓劲、正面宣传为主"的重要方针,弘扬主旋律,传播正能量;在总结经验的基础上,"重点要抓好理念创新、手段创新、基层工作创新";必须全党动手,"树立大宣传的工作理念,动员各条战线各个部门一起来做"①。这些基本遵循蕴含着众多新理念、新思路,集中表明党对社会主义意识形态建设规律的认识达到了一个新的高度。总体而言,上述高瞻远瞩的理论成果,为党在新形势下牢牢把握意识形态工作的主动权、不断开创文化事业新局面明确了方向目标、基本要求和实现路径。

二、党的文化理论创新发展的重要启示

对十八大以来党的文化理论创新发展成果的探讨为我们提供了许多重要的启示。准确而全面地把握这些启示,对于更好地坚持和发展党的文化理论,进一步推进中国特色社会主义文化建设,具有十分重要而深远的意义。

1. 历史地系统地把握党的文化理论是坚持、运用和发展这一理论的前提条件

坚持、运用和发展党的文化理论,关键是要做到历史、系统地把握这一理论体系,这是研究新时期党的文化理论创新发展得出的首要启示。一方面,要用历史的眼光清醒地认识十八大以来党的文化理论在马克思主义文化理论发展史中的地位。坚持在继承中创新、在创新中发展,是中国共产党发展文化理论的一条重要经验。党在新阶段的文化理论,与前几代中央领导集体的文化理论特别是十六大以来关于文化问题的一系列重要思想是前后相继、一脉相承的。比如,我们党历来都重视继承和弘扬优秀传统文化,强调要古为今用、推陈出新;都突出宣传思想工作的重要性,强调要巩固马克思主义在意识形态领域的指导地位;等等。但这种一脉相承是既长期坚持又不断发展的过程,党中央根据文化建设中遇到的新情况、新问题、新任务对文化理论做出了创造性的发展,比如,紧紧围绕中华民族伟大复兴中国梦的主题来论述文化问题,提出并强调社会主义核心价值观的培育与践行等,都是十八大以来这一理论与时俱进的突出表现。这些发展了的理论是中国特色社会主义文化理论的重要组成部分,极大地丰富和充实了马克思主义文

---

① 《学习习近平总书记8·19重要讲话》,人民出版社2013年版,第1-5页。

化理论宝库。当然,也应当清醒地看到,实践在不断发展变化,层出不穷的新问题和新挑战对党的文化理论提出了新的更高的要求。我们必须正确认识和把握世情、国情、党情的变与不变,坚持基于实践的理论创新,不断调整、充实和完善党的文化理论。而另一方面,又要系统地把握党的文化理论的科学体系。作为马克思主义文化理论在中国发展的新阶段,党的文化理论是一个内容丰富、结构严密的完整体系,涉及社会主义文化建设的地位作用、目标任务、发展方向、发展动力、方法路径等诸多问题。以习近平为总书记的党中央基于对国内外形势的全面分析和对文化发展规律的准确把握,主要在社会主义核心价值观、传统文化、文化软实力、文化体制改革、意识形态五个方面对党的文化理论做出了突出的贡献。这几个方面的理论成果,既相互区别,又相互联系,共同构成新时期党的文化理论的基本内容,并统一于中国特色社会主义文化建设的实践中。对于十八大以来中国特色社会主义文化理论发展的新成果,我们不仅要深刻领会其创新发展的突出表现,更要准确把握各方面内容之间的内在联系。前者有助于帮助人们更好地认识党在新时期的文化理论的基本内容和特点,而后者则能够促使人们加深对这些创新成果相互之间逻辑关系的理解。总而言之,历史地系统地认识和把握十八大以来党的一系列文化思想、观点和论断,是坚持、运用和发展党的文化理论的重要前提和必要条件。

2. 坚持科学的文化理论的指导是推进中国特色社会主义文化大发展大繁荣的根本要求

中国特色社会主义文化理论,是马克思主义文化理论与中国具体实际相结合的产物,凝聚了几代中国共产党人对社会主义文化建设规律的不懈探索,是建设中国特色社会主义文化的根本思想武器。十八大以来,新一届中央领导集体在更大的广度和深度上深化了党的文化理论,从而使得中国特色社会主义文化理论得以进一步的丰富和完善。而新时期党的文化理论要有效发挥其价值和作用,必然要走向中国特色社会主义文化建设的实践。从这一逻辑出发,可以得出以下几点启示。

首先,必须始终坚持正确的前进方向。以马克思主义特别是中国特色社会主义文化理论为指导,坚持走中国特色的文化发展道路,是确保文化建设沿着正确的方向前进的根本保证,这对于推进文化建设具有极大的启示意义。在当前和今后一个时期,要进一步兴起中国特色社会主义文化建设的新高潮,必须坚持把十八大以来党的发展了的文化理论作为行动指南。这个理论体系深入探讨和回答了文化建设中具有方向性、根本性、战略性的重大问题,为文化建设指明了前进方向。与此同时,坚持正确的文化发展方向,还必须遵循以下基本要求:一是坚持人民至上的原则,以满足人民群众的精神文化需求为价值旨归;二是坚持为改革开放和社会主义现代化建设服务的方向,努力为实现全面建成小康社会和中华民族伟大复兴的奋斗目标提供源源不断的思想支撑和精神动力;三是坚持弘扬主旋律与提倡多样化相结合的方针,在充分反映当代中国主流思想和价值取向的基础上最大限度地激发文化创造活力;四是坚持从实践中来到实践中去的方法,以当前文化发展面临的重大实际问题为中心。

其次,必须切实增强中国特色社会主义文化自信。坚定中华民族的文化信念和文化追求,提高对中国特色社会主义文化的自信心和自豪感,是探究党对文化理论的创新发展得出的又一重要启示。改革开放以来,党始终把文化建设摆在突出的战略地位,走出了一条既富有中国特色又体现社会主义本质要求的中国特色社会主义文化发展道路。这条文化发展道路,体现了中国共产党人高度的文化自觉,是繁荣发展中国特色社会主义文化的必由之路。作为中国特色社会主义经济和政治的反映,中国特色社会主义文化是中国特色社会主义事业总体布局的有机组成部分,特指中国共产党在马克思主义的指导下,领导人民在改革开放新时期创造的面向现代化、面向世界、面向未来的,民族的科学的大众的社会主义文化。善于借鉴和吸收中华民族优秀传统文化和世界优秀文化成果中对人类身心有益处的现代共性的成分,是中国特色社会主义文化之所以能够展示出独特优势和光明前景的重要原因。一方面,中国特色社会主义文化植根于改革开放和现代化建设的实践,体现了鲜明的时代特征,但它更有着厚重的历史文化底蕴,深深地打上了中华文化的烙印。可以说,博大精深的中华优秀传统文化为其形成、丰富和发展提供了充足的营养、奠定了坚实的基础;另一方面,这个文化的发展又面向世界、博采众长,开放、包容的特性使得它能够在与其他民族文化的不断交流、借鉴和融合中得以发展繁荣。可见,中国特色社会主义文化是既传承中华历史文化传统,又着眼于当代中国;既立足于本国,又吸取国外一切文明成果的先进文化。改革开放30多年来,文化建设硕果累累,中国特色社会主义文化取得了长足发展。十八大以来,中国特色、中国风格、中国气派的社会主义文化得以真正确立,并日益展现出蓬勃的生机和活力,开创了中国特色社会主义文化事业的崭新局面。我们坚信,在以习近平为总书记的党中央的文化理论的科学指导下,全党全国各族人民一定能够创造出中国特色社会主义文化新的辉煌。

三、努力抓好当前社会主义文化建设的着力点

在深刻领会十八大以来党的文化理论创新发展的突出表现的基础上,必须针对当前文化建设中存在的主要矛盾和问题,找准着力点和切入点,有重点地推进

社会主义文化强国建设的系统工程。我们应当清醒地认识到,当前我国的文化发展与中国特色社会主义经济、政治和社会的发展还不完全适应,与人民群众精神文化生活新期待和全面深化改革新要求还存在着较大差距,主要表现在:一些领域道德沉沦、伦理失范严重,一些社会成员追名逐利,与我国社会主义主流价值观念和理想信念背道而驰,需要进一步弘扬主旋律、凝聚正能量,不断巩固团结奋斗的共同思想基础;一些制约文化发展的体制机制障碍依然存在,急需进一步破除;对传统文化当代性的认识有待加强,需要进一步深入发掘中华优秀传统文化的思想道德资源;舆论引导能力急需提高,特别是新媒体环境下网络建设和管理的方法手段还需要改进;文化事业发展相对滞后,城乡、区域文化发展不平衡,人民的基本文化权益尚未得到切实维护;文化产业的整体水平较低,对社会主义市场经济发展的贡献不够大,文化生产力还有待进一步解放;文化作为软实力的作用和地位还没有充分凸显,中华文化国际影响力亟待加强;等等。

要解决当前文化改革发展面临的矛盾和问题,根本出路在于着眼于全面深化改革的新要求、紧紧抓住重要领域和关键环节深化文化体制改革,进一步推进文化体制机制创新。而文化体制改革的途径与对策主要包括:一是建立健全文化管理体制,完善舆论引导的体制机制;二是构建现代文化市场体系,健全文化产品生产经营机制,鼓励非公有制文化企业发展;三是建立健全现代公共文化服务体系,引入竞争机制,完善城乡一体化的公共文化服务网络;四是健全对外文化交流的体制机制,推动中华文化走向世界。

此外,建设中国特色社会主义文化还需要把握好以下几个着力点:一是着力弘扬和培育社会主义核心价值观,切实把其作为一项重大而紧迫的战略任务抓紧、抓好;二是着力构建中华优秀传统文化传承体系,创新传统文化资源现代化转换的方式方法,以弘扬中华民族传统美德为重点推进公民道德建设工程;三是着力提高国家文化软实力,重视传播中国特色社会主义价值观念,增强对外话语的创造力、感召力、公信力。

总之,历史地系统地把握十八大以来党的文化理论,并用不断发展着的文化理论指导文化建设的实践,努力建成社会主义文化强国,既是我们这个时代的迫切要求,也是探讨党在新阶段对文化理论的重要贡献得出的基本结论。

（原载于《中国特色社会主义研究》2014 年第 3 期）

文化自信：更基础、更广泛、更深厚的自信*

——学习习近平总书记关于文化自信的有关论述

张远新

党的十八大以来，习近平曾在不同场合多次提到文化自信，宣传他的文化理念和文化思想。2014年2月24日在中央政治局第十三次集体学习时，习近平提出要"增强文化自信和价值观自信"。2014年3月7日在参加贵州团审议时，习近平讲到，"我们要坚定理论自信、道路自信、制度自信，最根本的还要加一个文化自信。"2014年10月15日，在文艺工作座谈会上的讲话中，习近平指出，"增强文化自觉和文化自信，是坚定道路自信、理论自信、制度自信的题中应有之义。"2014年12月20日，在和澳门大学学生座谈时，习近平又指出，"建立制度自信、理论自信、道路自信，还有文化自信。文化自信是基础。"2016年5月17日，在哲学社会科学工作座谈会上，习近平重申，"我们要坚定中国特色社会主义道路自信、理论自信、制度自信，说到底是要坚持文化自信。"特别是2016年7月1日，在建党95周年庆祝大会的重要讲话中，习近平再次强调要坚持文化自信，他指出："坚持不忘初心、继续前进，就要坚持中国特色社会主义道路自信、理论自信、制度自信、文化自信，坚持党的基本路线不动摇，不断把中国特色社会主义伟大事业推向前进。"并认为"文化自信，是更基础、更广泛、更深厚的自信"。这样，"文化自信"，就继"道路自信、理论自信和制度自信"之后，正式成为中国特色社会主义的"第四个自信"，并在"四个自信"中占有重要地位。习近平关于文化自信的论述，思想深刻，内涵丰富，意义重大。但目前学界对这一重要问题的研究还十分薄弱。文章仅择要谈谈

---

* 作者简介：张远新，华东理工大学、浙江大学博士生导师，上海政法学院马克思主义学院教授、院长。

基金项目："中国共产党国家安全"创新性学科团队和2014年国家社科基金重点项目"近年来'非毛化'错误思潮评析"（项目编号：14AKS003）的阶段性研究成果。

自己的学习体会和认识。

一、文化自信是更基本、更深沉、更持久的力量

习近平曾经指出:"文化自信是更基本、更深沉、更持久的力量。"这一论断充分表明了文化自信的重要地位和重要价值。之所以如此,其关键和根源在于,在当今时代,文化已经成为一种重要力量,而且与物质力量相比,文化是一种更基本、更深沉、更持久的力量。文化,是国家、民族、社会兴旺发达的重要支撑和基本内容,是人类生存的精神家园。没有文化发展,便没有国家民族社会的兴盛,人类生活也失去了意义。

(一)文化是民族生存和发展的重要力量

习近平认为,文化是民族生存和发展的重要力量。人类社会每一次跃进,人类文明每一次升华,无不伴随着文化的历史性进步。他还指出,一个国家、一个民族的强盛,总是以文化兴盛为支撑的,中华民族伟大复兴需要以中华文化发展繁荣为条件。这些论述非常深刻。对于一个民族的生存与发展来说,文化具有至关重要的意义和价值。首先,文化是维系一个民族存在的精神基础。文化是一个民族传承绵延的精神血脉,是形成民族归属感认同感的精神纽带,是孕育民族气质品格的精神基因。一些社会成员之所以以"民族"相互认同并以"民族"结成共同体,是因为这些社会成员在价值观念、思维方式、伦理道德、风俗习惯和气质品格等文化血脉上具有相同共享之处。正是凭借着共同的价值观、共享的文化,人们才能够顺利地交流、集结、生存和发展。文化意义上的民族身份,构成了一个民族的精神世界和行为规范,凝聚着一个民族的精神力量,维系着一个民族的安全、自信和独立。如果一个民族的文化认同受到挑战或质疑,则民族认同就会出现危机,进而孕育着国家危机。正如美国哈佛大学教授S·亨廷顿先生所指出的那样,"一个不属于任何文明的、缺少一个文化核心的国家","不可能作为一个具有内聚力的社会而长期存在。"①其次,文化是推动一个民族发展壮大的重要动力。文化是无形的,但文化可以塑造人,可以创造科技,可以创设制度,并由此产生无穷的力量,去改造社会,推动着民族的发展进步。一个强大的民族,与其说是其经济实力、军事实力强大,毋宁说是其文化科技实力强大,是其创造力强大。由于其拥有强大的文化实力、创新实力,它就能够保持创新优势,大力推进理论创新、科技创新、制度创新和知识创新,不断创造出新的产品、新的财富和新的文明。当今世

---

① [美]S·亨廷顿:《文明的冲突与世界秩序的重建》,新华出版社 1999 年版,第 353 -
354 页。

界，文化与经济、政治相互交融、相互渗透，各种思想文化相互交错、相互激荡。文化的力量，深深熔铸在民族的生命力、创造力和凝聚力之中。国家的发展和强盛，民族的独立和振兴，人民的尊严和幸福，都离不开强大文化的支撑。文化在民族发展中的战略地位和重要作用日益凸显出来。

（二）文化软实力是国家综合实力最核心的、最高层的力量

综合国力由物质力量和精神力量两方面构成。物质力量主要是指经济实力、军事实力、资源实力等，尤其是指经济力。精神力量主要是指科技实力、民族凝聚力、文教实力等，尤其是指文化力。前者又叫"硬实力"，后者又叫"软实力"。在不同的时代、不同的条件下，物质力量和精神力量在综合国力系统中的作用和地位是不同的，并且随着时代和条件的变化，它们在综合国力系统中的作用和地位也会不断地发生转换。在封建社会及以前，武力（物质力量）在综合国力中一直居轴心地位。谁拥有强大的武力，谁就能拥有权势、土地、财富、臣民等一切。于是，拼命地拥有武力并通过武力去获得自己所期望的东西，便成为各国统治者和天下英雄竞相追求的目标。当人类进入资本主义社会之后，金钱（物质力量）便成了综合国力的轴心。人们崇拜金钱、追逐金钱，金钱的魔力无所不及。在这样高度商品化的社会，一个国家、一个民族乃至一个人的地位高低、能力强弱和价值大小，都是要用金钱这个尺度和砝码来度量的。这时军事力量虽然在社会运行中仍然占有特别重要的地位，有时甚至起决定作用，但归根结底，它是为经济服务的。

当今世界，科学技术突飞猛进，知识经济迅猛发展，综合国力竞争日趋激烈。而综合国力竞争的一个显著特点，就是文化的核心地位和作用更加凸显。与经济、政治、军事的力量的增长越来越受到资源和环境条件限制不同，文化力量的增长具有很大的增长空间，并且文化的因素可以渗透于经济、政治、军事的因素之中，起到力量倍增器的作用。同时，随着经济全球化进程的加快，文化的交流和传播越来越成为各国相互关系的重要内容，文化的交锋和冲突也越来越成为国际冲突的重要方面，文化已经成为一种无形胜有形、"柔弱胜刚强"的软实力，对其他民族心理产生了很大的影响力、冲击力和征服力。因此，谁占据了文化发展的制高点，谁就能够在激烈的国际竞争中赢得主动；谁掌握了先进的文化、科技，谁就能在激烈的综合国力竞争中取胜。

（三）文化是经济社会发展的重要支撑

当今社会，文化与经济社会的相互交融不断加深。经济的文化含量日益提高，文化的经济功能越来越强，出现了"经济文化"或"文化经济"的新态势。所谓"经济文化化"，就是文化将取代劳动力、资本、财富而对经济的增长和发展具有第一位的决定性的作用。智力资源的占有、开发和利用成为经济快速发展的首要因

素。科学技术的突飞猛进,给生产力和人类经济社会的发展带来了极大的推动。据测算,科技进步对经济增长的贡献率,20世纪初仅占5%—20%;到了五六十年代,这个比重已上升到50%左右;而到了八九十年代,已高达60%—80%。① 由此可见,科学技术对经济发展的推动速度越来越快,所占比重也越来越大。所谓文化经济化,是指文化已经成为一种产业,并在新经济的增长中起着重要作用,也是当今世界激烈的综合国力竞争的一个重要方面和新的特点,被称之为21世纪的支柱产业。美国文化产业的产值占GDP的比重已由20世纪60年代的2%上升到12%;英国也由3%上升到10%;意大利则由当时的起步飞跃到25%。美国、澳大利亚、加拿大和芬兰的文化产业就业人员占全部就业人员比例分别达到20%、10%、6%和5%。② 因此,不管从哪个视角看,文化对经济发展的贡献越来越大,已经成为经济发展的首要支撑。同时,从文化对社会发展的作用看,文化既规范着社会发展的制度、准则和价值观,又是维护社会稳定和谐的"润滑剂""减压阀",是实现人与自然、人与社会、人自身和谐的重要的不可替代的精神力量。如果没有一种普遍认同的制度体系、价值观念、思想信仰和行为规范,不注重人文关怀、心理疏导,就难以维护社会的稳定、有序和和谐。可以说,社会越发展,科技越进步,文化对经济社会发展的支撑作用就越强。

(四)文化是人类的精神家园

人创造了文化,文化也塑造和滋养着人。文化对人来说,是一种精神上的内在需求、普遍需求和终生需求。文化是人类的精神家园。文化可以启蒙心智、认识社会,使人获得思想上的教益;文化可以愉悦身心、陶冶性情,使人获得精神上的满足和依归。先进文化能够给人以崇高的理想、坚定的信念和美好的希望;可以使人具有宽容的气度、创新的思维和理性的精神;可以使人具有厚重的历史感、强烈的现实感和明晰的未来感;可以使人求真务实、慎思明辨、境界博大;可以使人性情坦然、心态稳重、心灵充实。人们通过一定的文化,还可以交流思想、表达情感、建立友谊、丰富生活、提升境界。尤其是在现代社会,工作和生活节奏加快,竞争加剧,人们的精神压力很大,这就容易产生急功近利、心浮气躁的心态,甚至会产生怨恨、仇视等负面情绪。文化能够加强人的自身修养、塑造健全的人格和良好的意志品质,有效调节人们的情感和心理,用合理合法的方式表达利益诉求;能够促进人与人之间相互尊重、相互信任、相互帮助,形成良好的人际关系,维护

---

① 中华人民共和国教育部编:《科教兴国动员令》,北京大学出版社1998年版,第57-58页。
② 花建:《软权力之争:全球化视野中的文化潮流》,上海社会科学院出版社2001年版,第144页。

和谐的局面。人类倘若失去了先进文化的支撑,人类的精神、思想、灵魂等便苍白无力、黯淡无光,既没有震撼人心的形象魅力,也没有叩击心灵的思想力量,也就失去了生活的价值和意义。

二、文化自信是道路自信、理论自信和制度自信的基础

习近平提出,在"四个自信"中,"文化自信,是更基础、更广泛、更深厚的自信"。这一论断寓意深刻。这里,我们仅对"文化自信是道路自信、理论自信和制度自信的基础"问题予以初步探讨。

(一)文化自信是道路自信的根脉所在

中国特色社会主义道路,是党的十一届三中全会以来以邓小平为代表的中国共产党人将马克思主义与中国具体实际结合起来而开辟的一条改革开放、科学发展之路,是一条实现国家富强、民族复兴、人民幸福的必由之路。30多年来,中国特色社会主义取得的辉煌成就,已经向世人昭示了中国特色社会主义道路的正确性和科学性。中国共产党和中国人民对中国特色社会主义道路有着高度自信,这既是基于历史结论、人民选择,同时也是基于高度的文化自信。文化自信是道路自信的根脉所在。

首先,对马克思主义先进文化的坚信是中国共产党领导人民开辟中国特色社会主义道路的文化指南。近代以降,中国逐步沦为半殖民地半封建社会。面对国家衰亡和民族危亡,中国人民前仆后继,英勇奋斗,既同帝国主义列强和腐朽封建统治者顽强地进行革命斗争,又积极奔走世界,寻找救国救民的真理,求索振兴中华之路。这一探索是从思想文化开始的。从魏源的"师夷长技以制夷"到张之洞的"中学为体,西学为用";从胡适的"全盘西化"到辜鸿铭的"儒学复兴中华";从康有为、梁启超的维新变法到孙中山领导的资产阶级辛亥革命,一代又一代知识分子为中华复兴在苦苦探求。然而,他们的这些主张或思想,或缺乏科学性,或缺乏先进性,或不符合中国国情,始终未能改变中华民族的历史命运。在五四新文化运动中,又一批具有更强烈文化自觉和文化自信的先进知识分子,通过对时代变化、人类文明演进趋势及中国社会实际考察,通过对不同的意识形态和文化主张反复论战比较,最终选择了马克思主义。这一文化道路的选择具有里程碑意义。正如毛泽东所说:"自从中国人学会了马克思主义以后,中国人在精神上就由被动转入主动。"①正是在马克思主义的指导下,中国才成立了中国共产党,从此中国的面貌就焕然一新。以毛泽东为代表的中国共产党人把马克思主义与中国

---

① 《毛泽东选集》第4卷,人民出版社1991年版,第15-16页。

的革命和建设实际相结合,创立了毛泽东思想。在它的指导下,中国取得了新民主主义革命的胜利,实现了民族独立和人民解放;开辟了社会主义革命和建设道路,确立了社会主义制度,取得了社会主义建设的巨大成就。这一切,为新时期开辟中国特色社会主义道路提供了宝贵经验、理论准备和物质基础。党的十一届三中全会以来,以邓小平为代表的中国共产党人,把马克思主义与中国的改革实际相结合,创立了中国特色社会主义理论体系。在它的指导下,我国成功地开辟了中国特色社会主义道路,取得了举世瞩目的辉煌成就,赋予了中华民族复兴新的强大生机。可以说,中国特色社会主义道路的开辟是中国共产党和中国人民对马克思主义、毛泽东思想,特别是中国特色社会主义理论体系坚信坚持的结果。马克思主义、毛泽东思想、中国特色社会主义理论体系是中国特色社会主义道路的根脉和灵魂。舍此,不可能有中国特色社会主义道路的开辟。

其次,对中华优秀传统文化的弘扬是中国特色社会主义道路开辟的深厚的文化滋养。在五千多年漫长的历史长河中,中华民族创造了灿烂、优秀的思想文化,比如,"道法自然、天人合一"的思想,"天下为公、大同世界"的思想,"自强不息、厚德载物"的思想,"以民为本、安民富民乐民"的思想,"脚踏实地、实事求是"的思想,"为政以德、政者正也"的思想,"苟日新日日新又日新、革故鼎新、与时俱进"的思想,"经世致用、知行合一、躬行实践"的思想,"集思广益、博施众利、群策群力"的思想,"仁者爱人、以德立人"的思想,"以诚待人、讲信修睦"的思想,"清廉从政、勤勉奉公"的思想,"俭约自守、力戒奢华"的思想,"中和、泰和、求同存异、和而不同、和谐相处"的思想,"安不忘危、存不忘亡、治不忘乱、居安思危"的思想,等等。中国优秀传统文化的丰富哲学思想、人文精神、教化思想、道德理念等,是中国特色社会主义道路形成和发展的深厚的文化滋养。正因为这条道路传承了5000多年生生不息的悠久的中华优秀文化,才使中国特色社会主义道路更符合中国国情和实际,为老百姓所接受、认同,并充满生命力、活力和凝聚力。

再次,对中国革命文化的继承是中国特色社会主义道路开辟的红色养分。辉煌的波澜壮阔的中国现代史,就是一部铸造崇高伟大精神的历史。我们党领导各族人民在进行革命、建设和改革的历史实践中,创造了鲜明独特、奋发向上的革命文化。从井冈山精神、长征精神、延安精神、西柏坡精神,到雷锋精神、大庆精神、两弹一星精神,再到载人航天精神、北京奥运精神、抗震救灾精神,等等。这些精神的本质就是:信念坚定,纪律严明;对党忠诚,一心为民;艰苦奋斗,勇于牺牲;实事求是,勇闯新路;清正廉洁,无私奉献。这些精神与中国特色社会主义道路的内涵、目的和意蕴具有相通一致之处,对中国特色社会主义道路的开辟和发展具有滋养和养育作用。建设中国特色社会主义是一项充满艰辛、充满创造的伟大事业，它也需要继承和发扬中国革命文化的崇高精神。

（二）理论自信立足于文化自信

所谓理论，简单地讲，就是对实践的反映，是对实践的概括和总结。它是属于文化的范围，是文化中比较系统、比较抽象、比较精深的道理或原理，是文化的内核部分。没有文化，也就没有理论。与此相应，理论自信也必然立足于文化自信，文化自信是理论自信的基础和根基，为理论自信提供滋养和底气。只有高度的文化自信，才有高度的理论自信。

文化自信是中国共产党的鲜明特征之一。建党95年来，中国共产党始终以高度的文化自觉和文化自信建设先进文化，发展先进文化，充分发挥先进文化对中国革命、建设和改革的推动作用，发挥先进文化对提高民族素质和促进社会全面发展的积极功能，为建设文化强国而奋斗。新民主主义革命时期，尽管客观条件十分有限，但是中国共产党人一刻也不曾放松对先进文化的追求和建设。毛泽东明确指出："我们共产党人多年以来，不但为中国的政治革命和经济革命而奋斗，而且为中国的文化革命而奋斗"，目的是把中国变为"一个政治上自由和经济上繁荣的中国"，"一个被新文化统治因而文明先进的中国"。① 在"为中国的文化革命而奋斗"的过程中，产生了由中国共产党领导的崭新的文化生力军，形成了以马克思主义为指导的反帝反封建的"民主的科学的大众的"新民主主义文化，同形形色色的反动派、复古派、殖民派等进行了坚决不懈的斗争，为新民主主义革命的胜利奠定了坚实而广泛的思想文化基础。1949年9月21日，在中国人民政治协商会议第一届全体会议的开幕词中，毛泽东又自信地宣布："随着经济建设的高潮的到来，不可避免地将要出现一个文化建设的高潮。中国人被人认为不文明的时代已经过去了，我们将以一个具有高度文化的民族出现于世界。"②为达此目的，新中国成立后，中国共产党及人民政府认真进行了在中国历史上前所未有的大规模的社会主义文化建设，取得了令人鼓舞的成就。党的十一届三中全会以后，以邓小平等为代表的中国共产党人，以高度的文化自觉和文化自信，紧紧把握国家民族的前途命运和改革开放与现代化建设的时代主题，总结了我国社会主义文化建设的经验教训，继承和发展了毛泽东的文化思想，创造性地提出并形成了以精神文明建设和培育与践行社会主义核心价值观为核心内容的新时期文化建设理论，开始了中国特色社会主义文化建设的征程。

---

① 《毛泽东文集》第5卷，人民出版社1996年版，第633页。
② 《毛泽东文集》第5卷，人民出版社1996年版，第345页。

　　中国共产党的文化自信及其取得的辉煌成就,为其理论自信打牢了坚实的基础。九十多年来,我们党始终代表中国先进文化的前进方向,大力推进理论建设和理论创新,大力推进马克思主义中国化,体现出高度的理论自觉和理论自信。毛泽东明确指出:"领导我们事业的核心力量是中国共产党,指导我们思想的理论基础是马克思列宁主义。"①邓小平曾总结说:"如果我们不是马克思主义者,没有对马克思主义的充分信仰,或者不是把马克思主义同中国自己的实际相结合,走自己的路,中国革命就搞不成功,中国现在还会是四分五裂,没有独立,也没有统一。对马克思主义的信仰,是中国革命胜利的一种精神动力。"②江泽民提出,马克思主义始终是我们党、工人阶级和劳动群众认识世界、改造世界的行动指南。胡锦涛强调,马克思主义基本原理是颠扑不破的科学真理,是我们立党立国的根本指导思想。坚持和巩固马克思主义指导地位,是党和人民团结一致、始终沿着正确方向前进的根本思想保证。不仅如此,以毛泽东、邓小平为代表的中国共产党人还把马克思主义基本理论同中国革命、建设、改革的实际紧密结合起来,同时代特征和世界发展紧密结合起来,创立了毛泽东思想和中国特色社会主义理论体系,在坚持马克思主义的实践中大大丰富和发展了马克思主义,正确地、有力地指导了中国的革命、建设和改革,并取得了举世瞩目的辉煌成就。可以说,我们党的理论自信之所以达到如此的高度,取得这么丰硕的理论成果,与我们党高度的文化自信是分不开的。没有高度的文化自信作滋养和根基,我们党的理论不可能这么自信。

　　(三)文化自信是制度自信的思想根基

　　任何一种制度的形成、发展和变革,都有其特定的历史土壤、现实条件和思想文化根基。思想文化对制度设计、制度建立和制度运行起着指导、规范和支撑作用。缺少思想文化的支撑,制度设计、建立、运行很难科学、有效和可持续。相应的,文化自信也是制度自信的思想根基,是制度自信的支撑。没有文化自信的制度自信是盲目的自信。我们党和人民之所以对中国特色社会主义制度充满高度的自信,除了历史土壤和现实条件之外,与其文化主张和文化自信是分不开的。对马克思主义先进文化和中国传统文化的坚持、汲取和自信,是中国共产党对中国特色社会主义制度自信的思想根基。

　　1. 对马克思主义先进文化的坚持和自信,是中国共产党对中国特色社会主义制度自信的思想理论支撑

---

① 《毛泽东著作选读》下,人民出版社1989年版,第715页。
② 《邓小平文选》第3卷,人民出版社1993年版,第63页。

马克思主义政治学说认为，一个国家的性质首先要看占据领导权的统治阶级的性质。只有无产阶级取得政权，才能建立代表最广大人民利益的国家。马克思、恩格斯指出："工人革命的第一步就是使无产阶级上升为统治阶级，争得民主。""在无产阶级和资产阶级的斗争所经历的各个发展阶段上，共产党人始终代表整个运动的利益。"①那么，无产阶级取得政权之后如何建立自己的政权呢？马克思说："在资本主义社会和共产主义社会之间，有一个从前者变为后者的革命转变时期。同这个时期相适应的也有一个政治上的过渡时期，这个时期的国家只能是无产阶级的革命专政。"②这就是说，在无产阶级夺取政权后的共产主义社会的第一个阶段，即社会主义阶段，由于还存在着阶级斗争，还要向消灭阶级和无产阶级社会过渡，所以，应该实行无产阶级专政。中国共产党把马克思主义无产阶级专政理论与我国具体实际相结合，建立了工人阶级领导的、以工农联盟为基础的人民民主专政的国家制度。

马克思主义经济学说认为，未来共产主义社会应坚持生产资料归社会占有的公有制原则。这不仅解决了资本主义社会的基本矛盾，消灭了阶级存在及其斗争的经济基础，而且为生产力快速发展，为实现人的全面发展奠定了经济制度基础。早在1847年，两位革命导师在《共产党宣言》中，就曾明确提出共产主义社会所有制的性质是"公有制原则"的思想，并把共产党人的理论概括为一句话："消灭私有制。"③后来，他们又多次强调这一思想。特别是1890年恩格斯再次指出，社会主义社会同资本主义社会"具有决定意义的差别当然在于，在实行全部生产资料公有制（首先是单个国家实行）的基础上组织生产"④。列宁也提出，社会主义必须消灭生产资料私有制，把它们变为公有财产。我们党把马克思主义的生产资料公有制思想与中国具体实际结合起来，建立了以公有制为主体、多种所有制经济共同发展的社会主义基本经济制度。同时，我们党还把马克思主义的按劳分配思想与中国具体实际结合起来，建立了以按劳分配主体、多种分配方式并存的社会主义分配制度。

2. 对中国优秀传统文化的自信和弘扬，是中国共产党对中国特色社会主义制度自信的文化基因

传统文化是一个民族的精神基因和血脉，没有一个民族可以抛弃其文化传统

① 《马克思恩格斯文集》第2卷，人民出版社2009年版，第44、52页。
② 《马克思恩格斯文集》第3卷，人民出版社2009年版，第445页。
③ 《马克思恩格斯选集》第1卷，人民出版社2012年版，第414页。
④ 《马克思格斯选集》第4卷，人民出版社1995年版，第693页。

而重新开始。同样,任何新制度的创建也必须植根于本民族的文化传统之上。传统文化对于一个国家政治制度的建立与运转具有不可替代的意义。正如习近平指出:"中华文明有着5000多年的悠久历史,是中华民族自强不息、发展壮大的强大精神力量。我们的同胞无论生活在哪里,身上都有鲜明的中华文化烙印,中华文化是中华儿女共同的精神基因。"①"中国有坚定的道路自信、理论自信、制度自信,其本质是建立在5000多年文明传承基础上的文化自信。"②

比如,中国传统文化中丰富的民本思想,对我们建立人民当家做主的人民代表大会制度就具有滋养意义。"以人为本"是中国传统文化的基本精神之一,中国古代的政治家、史学家提出了宏富的"以民为本"思想。《尚书·五子歌》中就提出"民为邦本,本固邦宁",强调民众在国家政治生活中的重要地位。孟子提出"民为贵,社稷次之,君为轻"。确立了人民、国家和君主的轻重次序,认为为政之道在于得民心,合民意,奉劝统治者重视人民。汉代的贾谊则进一步提出"闻之于政也,民无不为本也。国以为本,君以为本,吏以为本。故国以民为安危,君以民为威侮,吏以民为贵贱。此之谓民无不为本也。"唐代李世民也提出"君依于国,国依于民","君,舟也;民,水也。水能载舟,亦能覆舟。"宋代石介一也强调"民,国之根本也,未有根本亡而枝叶存者。"由此可见,以民为本思想在中国传统文化中一以贯之,其基本精神是重民、爱民、仁民、恤民。中国共产党将传统文化中的民本思想发扬光大,并与中国现代国情结合起来,创立了人民当家做主的人民代表大会制度。

再比如,中国传统文化中的"合""和"文化,和谐思想,对我们确立中国共产党领导的多党合作和政治协商制度也有一定的涵养意义。《周易·乾·象传》指出"保和太和,乃利贞",《国语·郑语》也提出"和实生物,同为不继",都强调和谐才能产生世界万物,万物才能顺利发展。《论语·学而》指出"礼之用,和为贵"。"和为贵"是大多数中国人处理人际关系的基本准则。孟子指出"天时不如地利,地利不如人和",强调人和的重要性。《礼记·中庸》指出"致中和,天地位焉,万物育焉",认为,中和、和谐是天地万物最佳的存在状态和发育的基本规律。应该说,追求和谐精神已融入中国人的血脉中,也是中华文化的基本精神。在这样文化涵养下的当代中国,在政党制度方面采取的是中国共产党领导的多党合作和政治协商制度,而非西方两党制或多党制。

---

① 《习近平会见第七届世界华侨华人社团联谊大会代表》,《人民日报》2014年6月7日。
② 《习近平会见第二届"读懂中国"国际会议期间外方代表》,《人民日报》2015年11月4日。

总之，中国共产党既是中国先进文化的积极倡导者和发展者，又是中华优秀传统文化的忠实传承者和弘扬者。正是因为有这样的文化自信作滋养、根基和支撑，中国共产党才有高度的道路自信、理论自信和制度自信。

三、大力增强文化自信

习近平指出，"在5000多年文明发展中孕育的中华优秀传统文化，在党和人民伟大斗争中孕育的革命文化和社会主义先进文化，积淀着中华民族最深层的精神追求，代表着中华民族独特的精神标识。"显然，在习近平看来，让中国人"自信"的"文化"，应该包括三个层面，即中华优秀传统文化、革命文化、社会主义先进文化。既如此，那么，增强文化自信也理应从这三个方面抓起。

（一）努力建设中国特色社会主义先进文化

1. 坚持马克思主义在先进文化中的指导地位

习近平明确指出，坚持以马克思主义为指导，是当代中国哲学社会科学区别于其他哲学社会科学的根本标志，必须旗帜鲜明加以坚持。在我国，不坚持以马克思主义为指导，哲学社会科学就会失去灵魂、迷失方向，最终也不能发挥应有作用。这一思想也适合指导当前中国先进文化建设。

马克思主义深刻揭示了自然界、人类社会、人类思维发展的普遍规律，为人类社会发展进步指明了方向；马克思主义坚持实现人民解放、维护人民利益的立场，以实现人的自由而全面的发展和全人类解放为己任，反映了人类对理想社会的美好憧憬；马克思主义揭示了事物的本质、内在联系及发展规律，是"伟大的认识工具"，是人们观察世界、分析问题的有力思想武器；马克思主义具有鲜明的实践品格，不仅致力于科学"解释世界"，而且致力于积极"改变世界"。正因为如此，中国共产党自创立之日起就高高举起了马克思主义的旗帜，将马克思主义作为自己的指导思想。在革命、建设、改革各个历史时期，我们党坚持马克思主义基本原理同中国具体实际相结合，运用马克思主义立场、观点、方法研究解决各种重大理论和实践问题，不断推进马克思主义中国化，产生了毛泽东思想、中国特色社会主义理论体系等重大成果，指导党和人民取得了新民主主义革命、社会主义革命和社会主义建设、改革开放的伟大成就。

中国特色社会主义先进文化建设是一项重要、艰巨而复杂的任务，是一个伟大的系统工程，事关中国特色社会主义事业的发展和成败。而中国特色社会主义文化的核心灵魂，就是马克思主义，它决定了中国特色社会主义文化的性质，代表了中国特色社会主义文化发展和前进的方向，保证着中国特色社会主义文化沿着健康正确的轨道前进。因此，我们一定要牢牢坚持马克思主义在中国特色社会主义文化中的指导地位,不能有丝毫的动摇和偏离。

坚持和巩固马克思主义在我国先进文化中的指导地位,就必须坚定不移地用中国特色社会主义理论体系领中国特色社会主义文化建设,用社会主义核心价值观引领和教育广大人民群众,在全党全社会树立共同理想和精神支柱。要制定并实施正确的文化建设方针、原则和政策,努力把马克思主义的立场、观点、方法融入各种形式的精神文化产品和思想道德教育内容之中,用马克思主义牢固地占领社会主义思想文化阵地。要以我们正在做的事情为中心,着眼于马克思主义理论的运用,着眼于对实际问题的思考,着眼于新的实践和新的发展,深入研究改革开放和现代化建设的重大理论和实践问题,从初级阶段的实际出发,积极探索中国特色社会主义经济、政治、文化的发展规律,用在新的实践经验基础上形成的新的理论成果,来丰富和发展马克思主义。

坚持和巩固马克思主义在我国先进文化中的指导地位,还必须坚定不移地贯彻重在建设的方针,坚决抵制各种错误思想和腐朽文化的侵蚀。要严格区分学术问题和政治问题的界限。对事关政治方向、事关全局的重大原则问题,必须旗帜鲜明,分清是非。对违反四项基本原则、违反改革开放路线、方针、政策的错误观点,要严肃批评,绝不能听之任之;对那些腐朽没落的文化垃圾和生活方式,要坚决禁止,绝不能任其泛滥。

近年来,在文化建设方面,一些人主张要"消解主流文化的意识形态性""告别革命""躲避崇高"。还有个别人鼓吹以儒学代替马克思主义,认为要在中国实现现代化,必须首先为中华民族生命与民族精神找到一个安顿处与立足点;马克思主义既不能体现民族生命,又不能代表民族精神,为此,儒学应取代马克思主义,恢复历史上的崇高地位,成为代表中华民族生命与民族精神的正统思想。这些人的根本目的之一,就是要否认当代中国文化的马克思主义意识形态性,否定马克思主义在文化建设中的指导地位。同时,亨廷顿等西方学者亦宣扬,二战后全球冲突的根源主要是文化的而不是意识形态的和经济的。这种论调,人为地将文化与意识形态剥离,实质上隐含着以文化冲突来掩盖资产阶级意识形态渗透的企图。对此,我们必须保持清醒的认识和高度的警惕,并作坚决地斗争。如果我们放弃了对错误思想和腐朽没落文化的斗争,先进文化就难以健康发展,我们就会在激烈的国际文化竞争中吃败仗。

2. 培育和践行社会主义核心价值观

一个国家、一个社会,要健康和谐地存在与发展,就需要有社会成员普遍认同的核心价值观。它是维系社会团结和睦的价值纽带,是推动社会科学发展的精神动力,是指引社会前进方向的价值引领。当今世界,各种思想文化相互激荡;当今中国,思想观念深刻变化。在思想大活跃、观念大碰撞、文化大交融的新背景下,我们党从中国发展的长远大局出发,提出了"培育和践行建设社会主义核心价值观"这一重大战略思想。2013年12月,中共中央办公厅发布了《关于培育和践行社会主义核心价值观的意见》,正式提出了社会主义核心价值观,即富强、民主、文明、和谐是国家层面的价值目标,自由、平等、公正、法治是社会层面的价值取向,爱国、敬业、诚信、友善是公民个人层面的价值准则,这24个字是社会主义核心价值观的基本内容,为培育和践行社会主义核心价值观提供了基本遵循。社会主义核心价值观的提出,具有重要现实意义和深远历史意义。习近平指出,核心价值观是文化软实力的灵魂、文化软实力建设的重点。这是决定文化性质和方向的最深层次要素。一个国家的文化软实力,从根本上说,取决于其核心价值观的生命力、凝聚力、感召力。培育和弘扬核心价值观,有效整合社会意识,是社会系统得以正常运转、社会秩序得以有效维护的重要途径,也是国家治理体系和治理能力的重要方面。历史和现实都表明,构建具有强大感召力的核心价值观,关系社会和谐稳定,关系国家长治久安。

培育和践行社会主义核心价值观,是我们党在思想文化建设上的一个重大创新,是中国特色社会主义文化建设的强基固本之举。它鲜明地回答了在新的历史条件下,我们党用什么样的价值观团结带领全体人民开拓进取,中华民族以什么样的价值观屹立于世界民族之林的重大问题,为发展中国特色社会主义提供了强大的精神动力和价值观保证。推动社会主义文化大发展大繁荣,必须把培育和践行社会主义核心价值观作为第一位的任务,坚持用社会主义核心价值观引领社会思潮,全面提高公民道德素质,培育知荣辱、讲正气、作奉献、促和谐的良好风尚,增强中国特色社会主义价值观的吸引力和影响力。

(二)大力弘扬中华优秀传统文化

习近平指出:"不忘历史才能开辟未来,善于继承才能善于创新。优秀传统文化是一个国家、一个民族传承和发展的根本,如果丢掉了,就割断了精神命脉。我们要善于把弘扬优秀传统文化和发展现实文化有机统一起来,紧密结合起来,在继承中发展,在发展中继承。"这一论述对于大力弘扬中华优秀传统文化,推进先进文化建设具有重要指导意义。

中华民族在长期实践中培育和形成了独特的思想理念、道德规范和理想追求,有崇仁爱、重民本、守诚信、讲辩证、尚和合、求大同等思想;有自强不息、敬业乐群、扶正扬善、扶危济困、见义勇为、孝老爱亲等传统美德;还有"先天下之忧而忧,后天下之乐而乐"的政治抱负,"位卑未敢忘忧国"、"苟利国家生死以,岂因祸福避趋之"的报国情怀,"富贵不能淫,贫贱不能移,威武不能屈"的浩然正气,"人生自古谁无死,留取丹心照汗青"、"鞠躬尽瘁,死而后已"的献身精神等理想追求。中华优秀传统文化中的这些思想精华,积淀着中华民族最深层的精神追求,代表着中华民族独特的精神标识,为中华民族生生不息、发展壮大提供了丰厚滋养,是我们最深厚的文化软实力,是我们在世界文化激荡中站稳脚跟的根基,也是中国特色社会主义植根的沃土,不论过去还是现在,都有其永不褪色的价值。我们一定要结合新的时代条件弘扬中华优秀传统文化。

弘扬中华优秀传统文化,应做到以下几点:一要坚持马克思主义的态度和方法。即,要坚持以马克思主义为指导,用马克思主义的立场、观点和方法去研究、阐释中华传统文化的基本观点,要坚持古为今用、洋为中用、去粗取精、去伪存真的基本态度去辨别、传承和弘扬中国传统文化,把弘扬中华传统文化与建设中国先进文化紧密结合起来,在继承中发展,在发展中继承,不断推动中华文化向前发展。二要坚持创造性转化和创新性发展。即,在弘扬传统文化时,一定要与时俱进,推陈出新,紧密结合当代中国的国情、当代中国社会发展的实际需要和当今世界发展的实际情况,对中华传统文化进行创造性的转化和创新,为当代中国发展服务。三是加强文化交流互鉴。即,我们在弘扬中华传统文化时,要汲取不同国家、不同民族创造的优秀文化成果,取长补短、兼收并蓄,不断推进中华文化与世界文化在交流互鉴中和谐进步。

(三)大力传承革命文化

近年来,有的人以所谓"反思历史""重新评价"为名,大搞历史虚无主义,提出"革命有罪",要"告别革命";认为革命文化是"过去时",今天讲革命文化没什么意义;并捏造事实,曲解史料,随心所欲地戏说历史、消解红色经典,对英雄人物、历史人物进行颠覆性评价。这是对历史的歪曲,也是对文化的亵渎。

事实上,在中国人民艰辛革命历程中形成的革命文化,是中华民族优秀文化传统的凝聚升华,是中国共产党和中国人民伟大创造精神的生动体现。不论现在还是将来,革命文化都是激励我们不懈奋斗的强大精神力量。建设和发展社会主义先进文化,一定要用好用足党领导人民创造的丰富革命文化资源,使之深深融入人们的精神世界,不断汇聚新的精神力量。为此,我们一要加大对革命文化资源保护。一方面是要加大对革命历史的挖掘考证工作,对相关史实进行记录整理。另一方面是要加强革命文物的保护和革命遗址遗迹的建设工作。进一步征集革命文物,将分散的革命文物集中存入馆内,并辅以文字图表,全面展示革命历史。二要加强革命文化宣传教育。通过发行书刊、制作影视作品、参观遗迹遗址、开展纪念活动等多种形式,广泛传播革命历史,传播革命精神,使革命文化深入人心。各级各类学校要积极开展革命传统教育,推动党史教育进教材、进课堂、进头脑,坚定青少年对中国共产党领导、社会主义制度的信念和信心。三要把宣传革命文化与推动当前工作结合起来,用红色精神教育人,塑造人,为中国特色社会主义建设与发展提供精神动力。

（原载于《兰州学刊》2016 年第 10 期）

提升文化软实力的战略路径*

——学习习近平总书记关于文化软实力建设的重要论述

夏文斌　王　晨

党的十八大以来,习近平总书记高度重视国家文化软实力建设,从世界文化格局与中国国际地位和影响力的新变化,从实现"两个一百年"奋斗目标和中华民族伟大复兴中国梦的战略出发,深刻论述了当代中国文化软实力建设的重大意义、基本内蕴、基本要求。深入学习习近平总书记的相关论述,对于我们进一步把握文化软实力的意义和内涵,提升文化软实力的内在自觉性,树立文化自信,积极探索和践行加强文化软实力建设的新方式、新途径,都具有重要的理论意义和实践价值。

一

习近平总书记在中央政治局第十二次集体学习时指出,提高国家文化软实力,关系我国在世界文化格局中的定位,关系我国国际地位和国际影响力,关系"两个一百年"奋斗目标和中华民族伟大复兴中国梦的实现。

首先,世界文化格局的重塑需要中国文化软实力的提升。经过30多年的改革开放,我国的生产力水平和综合国力有了巨大的提升。自2008年以来,国际金融危机的深层影响依然存在,世界经济的深度调整步履维艰,而中国的发展则保持了一个良好的势头。特别是自2010年以来,我国的经济总量已跃居世界第二,2015我国经济总量达到76708亿元,对世界经济增长的贡献率为25%以上。习近

---

* 作者简介:夏文斌,北京大学马克思主义学院教授;王晨,北京大学马克思主义学院博士研究生。

基金项目:本文系国家社会科学重大招标项目"习近平总书记治疆方略与新疆长治久安研究"(项目编号:15ZDA005)阶段性成果。

平总书记在庆祝中国共产党成立 95 周年大会上指出："什么样的国际秩序和全球治理体系对世界好、对世界各国人民好，要由各国人民商量，不能由一家说了算，不能由少数人说了算。中国将积极参与全球治理体系建设，努力为完善全球治理贡献中国智慧，同世界各国人民一道，推动国际秩序和全球治理体系朝着更加公正合理方向发展。"①中国要在世界治理的关键性、基础性问题上发声，就必须把文化软实力的提高作为一个重要的战略命题，设计好、践行好。

其次，增强国际影响力迫切需要提升文化软实力。美国前国家安全顾问布热津斯基认为："国家实力有四个主要方面，即军事、经济、技术和文化。它们合在一起造成决定性的全球政治影响力。"②在世界全球化的今天，文化的交往交流日益密切，我们依靠什么参与到世界文化竞争和对话中，这是我们需要深刻反思的。客观地说，在世界文化交流的大舞台，我们对外开放，了解发达国家的文化程度与发达国家了解我们文化程度是不平衡的。国外一些人对中国的想当然的看法，远远不能代表当代中国的真实形象，更有一些别有用心的人故意妖魔化、污名化中国，更使得中国的影响力受损。事实上，"面对'西强我弱'的国际舆论格局，我国新闻媒体国际传播能力还不够强，声音总体偏小偏弱"③。

再次，文化软实力提升是实现中国梦的题中之义。从文化软实力的任务要求看中华民族伟大复兴目标的实现，我们可以进一步把握实现中华民族复兴中国梦的一些关键点所在。一是实现中华民族伟大复兴，需要进一步强化我们民族的共同理想，进一步强化我们的民族精神，而这正是提高文化软实力的首要任务所在。习近平总书记明确指出："实现中国梦必须弘扬中国精神。……全国各族人民一定要弘扬伟大的民族精神和时代精神，不断增强团结一心的精神纽带、自强不息的精神动力，永远朝气蓬勃迈向未来。"④二是实现中华民族伟大复兴中国梦需要社会结构的优化和综合实力的提升，而这又离不开文化软实力的提高。文化既是社会结构优化和综合实力的一个重要标志，同时，文化又对经济政治等有着重要的影响和促进作用。习近平总书记在庆祝中国共产党成立 95 周年大会上的讲话中深刻指出："'五位一体'和'四个全面'相互促进、统筹联动，要协调贯彻好，在

---

① 习近平：《在庆祝中国共产党成立 95 周年大会上的讲话》，人民出版社 2016 年版，第 20 页。

② ［美］布热津斯基：《大棋局》，中国国际问题研究所译，上海人民出版 1998 年版，第 33 - 34 页。

③ 《习近平总书记重要讲话文章选编》，中央文献出版社、党建读物出版社 2016 年版，第 419 页。

④ 《习近平谈治国理政》，外文出版社 2015 年版，第 40 页。

推动经济发展的基础上,建设社会主义市场经济、民主政治、先进文化、生态文明、和谐社会,协同推进人民富裕、国家强盛、中国美丽。"①

二

美国学者约瑟夫·奈最早提出软实力概念。但不同的社会制度伦理,对文化软实力内涵的理解是不同的。习近平总书记从中国特色社会主义理论、制度、道路、文化属性出发,深刻论述了中国特色社会主义文化软实力的目标和内涵。

首先,社会主义核心价值观是灵魂。不同国家对文化软实力的差异在于不同国家在核心价值观的指向上有着本质的区别。习近平总书记指出:"核心价值观……是决定文化性质和方向的最深层次要素。一个国家的文化软实力,从根本上说,取决于其核心价值观的生命力、凝聚力、感召力。"②社会主义核心价值观提炼总结于中国特色社会主义发展实践的进程中,体现了社会主义的本质要求,代表着中国先进文化的前进方向,展示了中国特色社会主义道路自信、理论自信、制度自信、文化自信。文化软实力来源于价值观、文化、政策和制度等,但它根本上不是这些因素的简单相加,而是由这些因素产生的一种具有吸引力和影响力的新的文化力量。这种吸引力和影响力又来自于其内在灵魂。

其次,中国特色社会主义理论体系、制度是保证。理论和制度等不仅是一个国家文化软实力的重要组成部分,反过来又是文化软实力的保证。文化软实力的产生和发展,从来就不是孤立的,经济社会的强大构成了文化软实力强盛的保证。从文化软实力的内在诉求来讲,其真正产生作用的标志,是使人的社会属性得到极大地丰富,人的全方位解放得以完成。马克思也是从人的本质的丰富性、全面性来理解共产主义制度的内在意蕴的。他在《政治经济学批判》中指出:"培养社会的人的一切属性,并且把他作为具有尽可能丰富的属性和联系的人,因而具有尽可能广泛需要的人生产出来——把他作为尽可能完整的和全面的社会产品生产出来(因为要多方面享受,他就必须有享受的能力,因此他必须是具有高度文明的人)。"③确立一种进步的制度,并以此确保文化软实力建设的正确方向,这是马克思主义文化观的内在要义。正如习近平总书记所说:"我国成功走出了中国特色社会主义道路,实践证明我们的道路、理论体系、制度是成功的。要加强提炼和

① 习近平:《在庆祝中国共产党成立 95 周年大会上的讲话》,人民出版社 2016 年版,第 15 页。
② 《习近平谈治国理政》,外文出版社 2015 年版,第 163 页。
③ 《马克思恩格斯全集》第 46 卷上,人民出版社 1979 年版,第 392 页。

阐释,拓展对外传播平台和载体,把当代中国价值观念贯穿于国际交流和传播方方面面。"①

三

立足实际,创新引领,积极探寻系统科学并具有现实针对性的文化软实力提升路径,这是当代中国文化软实力建设的重中之重。

(一)核心价值观的决定作用:重在生命力、凝聚力和感召力

恩格斯指出"文化上的每一个进步,都是迈向自文化建设由的一步。"②卡西尔认为:"人类文化当作全体来看,可以被描述为人的不断进行的自我解放的历程。"③作为文化软实力的灵魂,核心价值观不仅规定着文化软实力的性质和方向,更决定了文化软实力作用的发挥。文化软实力是将理想的种子春风化雨般播种在人们心灵并生根发芽的,它并不依靠武力、权力和财力的发挥。因此,习近平总书记指出,要发挥社会主义核心价值观的引领作用,就是要在社会中提升社会主义核心价值观的生命力、凝聚力和感召力。

提升社会主义核心价值观的生命力以加强文化软实力,需要从两个维度加以推进:一是科学的维度。人们将价值观化为内在的生命,并愿意去践行的首要条件,就在于他客观地看到了这种价值观的科学存在依据,从内心认同这样一种价值。真和善是紧密联系在一起,作为一种价值之善,首要前提是价值之真。而我们去揭示这种价值之真,必然会在心灵深处得到一种精神的洗礼,在内心深处掀起一场革命。二是史实维度。揭示和宣传社会主义核心价值观的生命力,需要从波澜壮阔的历史出发,需要从火热的生活实践出发,在历史事实的对比中,在国家民族命运的解析中,让人们看到社会主义核心价值观是国家、社会、个人的命脉,要像珍惜生命一样,珍惜这样一种精神之泉。

提升社会主义核心价值观的感召力以加强文化软实力,需要进一步把握文化的功能,把握文化传播的规律。在现代多媒体、自媒体的时代,人们传播和接受信息文化的渠道和方式已经发生了颠覆性的变化。如何使得核心价值观在信息爆炸时代,能够展现出独特的感召力,确实是一个新挑战。为此,需要带着敬畏、带着真诚去传播之,以真情实感去影响人、感动人。这种虔诚之心,这种真学真信真

---

① 《习近平总书记系列重要讲话读本》2016 年版,学习出版社、人民出版社 2016 年版,第 208 页。
② 《马克思恩格斯选集》第 3 卷,人民出版社 2012 年版,第 492 页。
③ [德]恩斯特·卡西尔:《论人——人类文化哲学导论》,刘述先译,广西师范大学出版社 2006 年版,第 323 页。

行的态度,才会使得核心价值观在人们生活中更多一份内心的激动和感动。同时还需要充分运用现代媒体的新功能,充分考虑青少年接受信息的特点和方式,生动鲜活地展示出核心价值观的内在魅力。

(二)夯实根基:重在思想道德和制度建设

文化软实力作为一种精神、制度、物质相互交织的综合系统,其基本表现就在于"形于中"而"发于外"。习近平总书记指出:"提高国家文化软实力,要努力夯实国家文化软实力的根基。……一个很重要的工作就是从思想道德抓起,从社会风气抓起,从每一个人抓起。"①

文化软实力不同于一般性的思想体系,它是一个动态的精神外化于物质的过程。要做到文化软实力的"发于外",还需要在体制机制上下功夫,要进一步优化文化体制制度,深化改革,要着眼文化产品的属性和功能,形成优良的文化管理体制和文化生产经营机制。由于在一段时间内,我们对文化软实力的重要性认识尚不全面,因此,在公共文化服务体系建设、文化产业的布局和规模化、集约化、专业化建设水平方面,都还存在着明显的不足,所有这些,都需要在深化文化体制改革中,攻坚克难,解决问题。当然,文化体制改革的节点,是如何处理好产业属性、社会效益和经济效益的关系,改革成功的标志只能是社会主义先进文化前进的方向更加明确,马克思主义在意识形态领域的指导地位更加巩固。

(三)基础引领:弘扬中华优秀传统文化

任何一个民族的前行,都离不开其历史文化传承的支撑和推动。中华优秀传统文化是中华民族5000多年克服困难、奋力前行的精神动力,是文化软实力建设的重要精神依托。在文化软实力建设中,习近平总书记强调"要讲清楚中华优秀传统文化的历史渊源、发展脉络、基本走向,讲清楚中华文化的独特创造、价值理念、鲜明特色,增强文化自信和价值观自信"②,要"深入挖掘和阐发中华优秀传统文化讲仁爱、重民本、守诚信、崇正义、尚和合、求大同的时代价值"③。

为此,在文化软实力建设中,一是需要准确把握传统文化的精华所在。中华传统文化是本内容丰富、博大精深的大书,在这部大书中,其主体是需要一代代人加以继承弘扬的优秀文化,但也掺杂着一些消极落后的文化,掺杂着在今天已经不合时宜的风俗习惯。把握优秀精华,传播正能量,这是文化软实力建设的重中之重部分。二是需要进行创造性转换。历史是不断发展进步的,我们要忠于历

---

① 《习近平谈治国理政》,外文出版社2015年版,第160页。
② 《习近平谈治国理政》,外文出版社2015年版,第164页。
③ 《习近平谈治国理政》,外文出版社2015年版,第164页。

史,同时要结合时代的变化,结合当代中国先进文化的价值走向,在传统与现代的结合间进行创造性的转换工作,将中华优秀文化价值化为当代中国人前行的新的精神指南。三是要大力开展文化普及工作。从实践出发,从人民群众的生活实际出发,特别是关注青少年成长的特点和规律,努力通过有创意、有底蕴、有感染力的作品,去影响人、感动人、温暖人。

(四)塑造形象:提升国际话语权

全球化背景下,中国离不开世界,世界也离不开中国。但在中国与世界的交流交往中,却存在着这样一种反差,在世界上的中国形象与其本身的发展现实还存在着不小的反差,或者说硬实力与软实力还没有齐头并进地走向世界。正如习近平总书记指出的:"落后就要挨打,贫穷就要挨饿,失语就要挨骂。现在,'挨骂'问题还没有得到根本解决。这其中原因是多方面的,国际传播能力不强是一个重要原因。"①为此,一是要讲好中国故事,传播好中国声音。讲好中国故事,这是国际传播产生影响力的一个最佳方式。要通过见微知著的细节,用真情实感、用真实数据,展现中华民族和中国人的新形象、新智慧、新力量。二是要善于以文载道。要通过引人入胜、让人回味无穷的点滴细节,展示出当代中国的发展之道、价值之道。三是创新对外表达方式。要避免简单地政治口号式进行对外传播,要深入研究世界文化传播的规律和走势,研究不同国家、不同受众群体文化信息接收习惯,把我们特别想要传播出去与国外急需了解加以有机对接,真正使文化传播产生出实实在在的影响力和感染力。

(五)协调发展:可持续提升的保障

"古往今来,任何一个大国的发展进程,既是经济总量、军事力量等硬实力提高的过程,也是价值观念、思想文化等软实力提高的进程。"②越来越重视文化软实力的建设,这是西方发达国家治理的一个重要特征和趋势。兰德曼认为:"我们必须是文化的存在,……放弃文化就是放弃我们自己。"③把握发展的整体性,统筹兼顾,辨证施治,是推进国家现代化建设的必然之路。习近平总书记指出,我们要"在增强国家硬实力的同时注重提升国家软实力,不断增强发展整体性"④。要加强硬实力和软实力的协调发展,一是需要在总体设计规划上做到统一施策。无

---

① 《习近平总书记重要讲话文章选编》,中央文献出版社、党建读物出版社 2016 年版,第432 页。

② 《习近平总书记系列重要讲话读本》2016 年版,学习出版社、人民出版社 2016 年版,第207 页。

③ [德]蓝德曼:《哲学人类学》,彭富春译,工人出版社 1988 年版,第 260 – 261 页。

④ 《习近平总书记系列重要讲话读本》,学习出版社、人民出版社 2016 年版,第134 页。

论是国家的总体发展规划,还是地方的发展规划,都必须考虑到硬实力和软实力的现有基础、内在需求、发展走势,从而进行科学预判,未雨绸缪,在总体设计时做到两者的互相融通。二是需要在发展实践中,互相配合共同推进。要在经济建设中,充分考虑到文化软实力的元素,将文化软实力作为硬实力建设的一个重要组成部分;要在文化软实力建设时,充分考虑到本地的经济和消费习惯,通过软实力建设引导和拉动经济建设和消费,如此两者联动,相互促进,才能使得发展有序和可持续。三是需要着力优化和调整发展评价体系,构建包含文化软实力在内的科学的发展评价体系。要把创新发展、智慧发展、绿色发展作为重要权重列入,真正使文化软实力建设在国家总体发展中有着刚性的评价指标要求。

(原载于《中国特色社会主义研究》2016 年第 5 期)

关于文化思想深刻意涵

范玉刚 *

当今时代,战略已成为一个国家发展中最具决定意义的主题词。处于伟大历复兴进程拐点的中国就处在这样一个战略时代,这是一个全球化语境中文化思潮空前激荡的时代,也是国家软实力竞争不断加剧的时代。随着文化的地位和作用的全球凸显,文化日益走入国家政策和发展战略的中心。国际上,文化领域的扩张和反扩张、渗透和反渗透的博弈成为国际政治经济竞争的焦点之一,对文化资源和话语权的争夺成为全球性资源配置的重要内容,越来越多的文化产品进入全球市场,越来越多的区域文化经济融入现代世界市场体系。各种文化力量之间的博弈空前激烈。习近平总书记在系列重要讲话中,频频提及"中华优秀传统文化是中华民族的突出优势,是我们最深厚的文化软实力","培育和弘扬社会主义核心价值观必须立足中华优秀传统文化"等。随着施政目标的全面推进,习近平的文化战略思想凸显,即弘扬社会主义核心价值观,提升国家文化软实力,建设社会主义文化强国,这是当前和今后一个时期国家发展和文化建设的指导思想。

高远的文化理想

习近平总书记的文化思想以"中国梦"的话语表述获得最广大人民的认同,作为最有精神感召力的文化符号凝聚了社会转型期的民心

习近平的文化思想是对中国共产党光辉思想的传承和弘扬,体现了我党对文化本质的深刻认知与文化自觉,具有高远的文化理想,是对马克思主义指导思想的高度肯定,是我们面对纷纭复杂形势的定力之本,是马克思主义中国化的最新成果。弘扬马克思主义文化理想和信仰,不仅管当前,更要管长远。一个伟大国

---

* 作者简介:范玉刚,中共中央党校文史教研部教授。

家和民族的发展不能缺失理想，没有文化的积极引领，没有人民精神世界的极大丰富，没有全民族精神力量的充分发挥，一个国家、一个民族不可能屹立于世界民族之林。

以习近平为总书记的新一届中央领导集体上任伊始就提出了具有伟大精神感召力的"中国梦"，它以民族的伟大复兴和寻常百姓共享人生出彩的机会为核心，激发了所有中华儿女的共同追求，凝聚了国家、民族、人民、个人的共同理想，体现了中国共产党人以寻常百姓之心为心，把党的文化理想和精神追求播撒在中华民族的心坎上，自觉担负起中华民族最深沉的精神追求的使命。"中国梦"的价值感召不单是着眼于国家发展的现实利益，更是一次价值上的逾越，被提升到国家治理的文化"价值高度"，成为国家治理体系和治理能力现代化的重要组成部分。习近平的文化思想以"中国梦"的话语表述获得最广大人民的认同，作为最有精神感召力的文化符号凝聚了社会转型期的民心，其思想是接地气的，切近人民大众心理，体现大众喜怒哀乐，以最朴素的民间语言和老祖宗的语言表达出来，最温暖人心。

习近平的文化思想不是突兀的，是我党对文化本质认知和文化自觉的体现。改革开放以来，从十二大到十四大的十五年间，历次党代会反复重申社会主义精神文明建设的重要意义，将文化建设视作精神文明建设的一个重要方面来抓。十四届六中全会提出，积极发展社会主义文化事业，满足人民群众日益增长的精神文化需求；积极培育和完善文化市场，一手抓繁荣，一手抓管理；深化文化体制改革，增强文化事业的活力。文化开始以独立的形态进入党的工作视野。十五大则明确提出，文化是综合国力的重要标志，文化的地位开始凸显。十六大不仅提出了"三个代表"重要思想，还确立了小康社会的文化发展目标，阐明了"文化建设和文化体制改革"的具体任务，明确区分了文化事业和文化产业。十七大首次做出了"提高国家文化软实力"的战略部署，表明中央开始从战略高度深刻认识文化的重要作用。十七届六中全会提出培养高度的文化自觉和文化自信，提高全民族文明素质，增强国家文化软实力，弘扬中华文化，努力建设社会主义文化强国。十八大提出扎实推进社会主义文化强国建设，十八届三中全会提出坚持以人民为中心的工作导向，坚持把社会效益放在首位、社会效益和经济效益相统一，以激发全民族创造活力为中心环节，进一步深化文化体制改革的新要求。从党的文化自觉，可充分感觉对文化的理解越来越全面、越来越深刻。

在习近平的文化思想中，文化建设被置于"五位一体"的现代化事业总体布局中，提到"文化立国"的战略高度，文化不仅是推动社会发展的重要手段，更是社会文明进步的重要目标，文化上升到引领文明进步的高度。文化发展旨在激发全民族的文化活力、文化创造力和想象力,焕发全民族的文化激情,文化建设需要各领域、各民族和每个人的广泛参与,以全民族文化素质和文化意识的提升释放实现伟大复兴的正能量,这样的文化观才能支撑建设文化强国的重任!

面对世界格局的多变、多元价值观冲击、转型的阵痛,唯有唤起国人的文化自信,才会有道路自信、制度自信,才会有对最大公约数——社会主义核心价值观的培育和践行。社会主义核心价值观必须扎根深厚的文化土壤,才能获得民族文化强有力的润泽,才会有搏动的心去真诚践履,否则,社会主义核心价值观就会成为无源之水、无本之木,就会沦为话语的自我复制和自说自话的空洞表演。失去真诚的信仰追求,国家的文化软实力就无从谈起。文化的生命力就在于接地气,以梦想和信仰来照亮大众的生活。提出中国梦,就是为了克服精神懈怠,为一些精神迷失的人提供精神支柱,为人民点燃梦想。因此,习总书记指出中国梦的宣传和阐释,要与当代中国价值观念紧密结合起来,弘扬社会主义先进文化,深化文化体制改革,推动社会主义文化大发展大繁荣,不断丰富人民精神世界、增强人民精神力量,不断增强文化整体实力和竞争力,朝着建设社会主义文化强国的目标不断前进。

这种战略意识,源自我党对世情、国情的深刻把握。放眼全球,当今世界正走向一个全球化、信息化的时代,国际体系中新的权力和利益分配格局正在形成。在新的全球战略格局重组中,文化的力量在综合国力竞争中日益凸显,世界各国尤其是发达国家的政要对文化的软实力日益倚重。提升国家文化软实力,建设社会主义文化强国的战略目标,指向的正是中国如何在文化转型的时代取得文化发展的自主地位,如何在新的世界格局重构中确立自己的位置这样一个时代的命题。从国内看,经过30多年改革开放和高速发展,今日中国已站在近代170多年来的历史最高点,走到了一个通向大国复兴和崛起的历史关节点上。"文化强国"战略目标的提出,意味着文化的发展、人的发展已经为"发展"做出了新的定义。发展不单是经济的发展,文化的发展是发展的最高阶段。这是一种新的发展观,也是一种新的文化观,其本质是以人为本。正如习总书记在《之江新语》中所讲:文化即"人化",文化事业即养人心智、育人情操的事业。人,本质上是文化的人而不是"物化"的人;是能动的、全面的人,而不是僵化的、"单向度"的人。人类不仅追求物质条件、经济指标,还要追求"幸福指数";不仅追求自然生态的和谐,还要追求"精神生态"的和谐;不仅追求效率和公平,还要追求人际关系的和谐与精神升华的充实,追求生命的意义。

深远的文化情怀

习近平总书记的文化思想深深扎根于中华民族文化的深厚沃土中

文化作为国家综合国力的重要标志,不仅走向历史的前台,还越来越进入国家政策的中心,文化成为国家发展战略的重要组成部分,在新一届中央领导集体施政目标中,文化已成为"五位一体"科学发展的支撑点和价值之源。文化力的凸显不仅表现在自身作为经济社会发展的动力和引擎,还表现在增强国家认同感的凝聚力与核心价值观建构的支撑上。习近平的文化思想不是空中楼阁,而是深深扎根于中华民族文化的深厚沃土中,具有深远的文化情怀。优秀传统文化凝聚着中华民族自强不息的精神追求和历久弥新的精神财富,是发展社会主义先进文化的深厚基础,是建设中华民族共有精神家园的重要支撑。习总书记在同各界优秀青年代表座谈时,指出:一个没有精神力量的民族难以自立自强,一项没有文化支撑的事业难以持续长久。在山东曲阜考察时,习总书记进一步强调:一个国家、一个民族的强盛,总是以文化兴盛为支撑的,中华民族的伟大复兴要以弘扬中国优秀传统文化为前提,这是由中国的遗传基因决定的。

文化自信使我们勇于亮出中国特色社会主义旗帜,所谓中国特色主要源自独特的文化传统,独特的历史命运,独特的国情。每个国家和民族的历史传统、文化积淀、基本国情不同,其发展道路必然有自己的特色。习总书记指出,中华民族在5000多年的文明发展进程中创造了博大精深的中华文化,中华文化积淀着中华民族最深沉的精神追求,包含着中华民族最根本的基因,代表着中华民族独特的精神标识,是中华民族生生不息、发展壮大的丰厚滋养;中华优秀传统文化是中华民族的突出优势,是中华民族自强不息、团结奋进的重要精神支撑,是我们最深厚的文化软实力;中国特色社会主义植根于中华文化沃土、反映中国人民意愿、适应中国和时代发展进步要求,有着深厚历史渊源和广泛现实基础,中华民族创造了源远流长的中华文化,中华民族也一定能够创造出中华文化新的辉煌。总书记的论述,阐明了我们从哪里来,要向哪里去。中国特色社会主义成功的奥秘就在其道路、理论体系、制度,在其实现途径、行动指南、根本保障的内在联系,以及这三者统一于中国特色社会主义伟大实践。历史就是历史,历史不能任意选择,一个民族的历史是一个民族安身立命的基础。不论发生过什么波折和曲折,不论出现过什么苦难和困难,中华民族5000多年的文明史,中国人民近代以来170多年的斗争史,中国共产党90多年的奋斗史,中华人民共和国60多年的发展史,都是人民书写的历史。中华文化深厚的底蕴、中华民族独特的文明遗产、精神记忆和文化心理结构,是构成我们"三个自信"的基础。

提高国家文化软实力,必须夯实文化的根基。这个根基是坚持走中国特色社会主义文化发展道路,弘扬中华优秀传统文化。在去粗取精、去伪存真的基础上,坚持古为今用、推陈出新,实现中华文化的创造性转化、创新性发展,习总书记指出,要使中华民族最基本的文化基因与当代文化相适应、与现代社会相协调,以人们喜闻乐见、具有广泛参与性的方式推广开来,把跨越时空、超越国度、富有永恒魅力、具有当代价值的文化精神弘扬起来,把继承传统优秀文化又弘扬时代精神、立足本国又面向世界的当代中国文化创新成果传播出去。系统梳理传统文化资源,让收藏在禁宫里的文物、陈列在广阔大地上的遗产、书写在古籍里的文字都活起来。把文化资源通过文化产业创造出适合时代特点的文化精品,通过公共文化服务体系的均等化,广泛传播社会主义文化,弘扬社会主义核心价值观。

平远的文化视野

习近平总书记的文化思想是开放的,海纳百川,体现了对人类共同价值的追求

习近平的文化思想不仅契合了世界文化发展潮流,其以人为本的执政理念和促进人的自由全面发展的理想感召,还作为一种现代文化价值观,为中国的现代化事业和民族伟大复兴奠定精神基础。其文化思想是开放的,海纳百川,有着平远的文化视野,它扎根于中华民族探索现代化的实践和借鉴西方优秀文化成果及其现代性立场上,体现了对人类共同价值的追求。

和而不同是中国的文化精神,也是建构和谐世界的基础。习总书记指出,当今世界,人类生活在不同文化、种族、肤色、宗教和不同社会制度所组成的世界里,各国人民形成了你中有我、我中有你的命运共同体。世界上有 200 多个国家和地区,2500 多个民族以及多种宗教。如果只有一种生活方式,只有一种语言,只有一种音乐,只有一种服饰,是不可想象的。对待不同文明,需要比天空更宽阔的胸怀。这是一种境界,更是人类应该追求的目标。文化在本质上不是冲突的,而是宽容和共享的。应推动不同文明相互尊重、和谐共处,让文明交流互鉴成为增进各国人民友谊的桥梁、推动人类社会进步的动力、维护世界和平的纽带。人类共处一个地球村,要用欣赏、包容的态度来看待世界上的不同文明,从中寻求智慧、汲取营养,为人们提供精神支撑和心灵慰藉,携手解决人类共同面临的各种挑战。文化说到底是人类应对挑战的产物,经过创造性转化和创新性发展的中华文明,将同世界各国丰富多彩的文明一道,为人类提供正确的精神指引和强大的精神动力。一个开放的中国,正与全球共享自身发展机遇,让世界对中国的发展充满期待。

中国共产党一贯强调对古今中外人类文明一切优秀成果,采取批判继承、综合创新的态度。毛泽东早在20世纪40年代就提出"古今中外法",认为这是对待文化问题的一种"全面的历史的方法"。① 习总书记说,"中华民族是兼容并蓄、海纳百川的民族。我们在实现中国梦的道路上勇于探索、不断前行。"面对世界一些国家对中国存在的偏见,要保持自身文化的自信、耐力、定力。因为文化底蕴的力量,习总书记说,"独立自主,是中华民族和法兰西民族的共有禀赋","中华民族和德意志民族是两个伟大民族,为人类文明进步作出了重大贡献"。其欧洲之行展示了中华民族的文化风采,张扬了"中国风",让全世界了解中国道路、中国立场、中国机遇和中国精神。启示全世界,看待中国的视角,要跟得上中国的发展变化,当今中国正努力成为传统底蕴和先进理念兼备的现代国家。所谓"文化强国"旨在培育一种汲取中国传统优秀文化、吸收世界文明成果、反映时代发展和中国实践要求、被广大人民群众认同的共同价值观。对此,中国已做好准备,用更加开放、更加包容的姿态,展示发展的勇气和智慧。

(原载于《人民论坛》2014年8月下)

---

① 毛泽东:《如何研究中共党史》,《毛泽东选集》第2卷,1942年版。

十八大以来国家文化安全理论的新发展*

程　伟

党的十八大以来,以习近平为总书记的党中央不断深化对我国文化安全问题的战略思考,形成了与时俱进的思想认识,主要表现在以下几个方面。

一、意识形态工作与党的中心工作相互依靠、相辅相成,意识形态安全是国家文化安全的核心

当前及今后一个历史时期,处于社会主义初级阶段仍然是我国最大的基本国情,党的任何工作都要服从和服务于经济建设这一中心工作,维护国家文化安全也必须与党的中心工作相结合。从根本上说,文化从属于上层建筑的范畴,而上层建筑是由经济基础决定的,只有经济基础安全,上层建筑才能实现真正安全。维护国家文化安全必须依靠经济建设提供坚实的物质基础。没有发达的生产力为保障,没有国家富强和人民富裕为支撑,维护国家文化安全也只能是空谈。另一方面,意识形态工作作为维护国家文化安全的核心工作也极为重要,它直接决定党和人民事业的发展方向,关系到我们"扛什么旗""走什么路"的关键问题。中国共产党90多年的发展历史也反复证明,意识形态工作的成功与否,关系到党和国家的前途命运。

改革开放以来,中国共产党矢志不渝地坚持社会主义初级阶段的基本路线,经济建设取得辉煌成就,人民生活水平显著提高,中国特色社会主义事业充满生机和活力,社会意识变动的主流呈现出积极、健康、向上的趋势,主流意识形态与时俱进。然而,与此同时西方发达国家对我们"和平演变"的图谋一刻也没有停

＊ 作者简介:程伟,男,河南博爱人,河南理工大学教授,主要研究方向为马克思主义理论。

基金项目:本文系国家社科基金重点项目《改革开放以来社会意识变动视阈下的国家文化安全问题研究》(编号:14AKS015)的阶段性成果。

止,意识形态领域的争夺与斗争愈加白热化。正如胡锦涛曾指出的那样:"我们必须清醒地看到,国际敌对势力正在加紧对我国实施西化、分化战略图谋,思想文化领域是他们进行长期渗透的重点领域。我们要深刻认识意识形态领域斗争的严峻性和复杂性,警钟长鸣、警惕长存,采取有力措施加以防范和应对。"①

党的十八大以来,以习近平为总书记的党中央审时度势、高瞻远瞩,在坚持马克思主义社会意识理论的基础上,把维护意识形态安全作为党和国家的一项基础性工作。习近平明确指出:"经济建设是党的中心工作,意识形态工作是党的一项极端重要的工作","只要国内外大势没有发生根本变化,坚持以经济建设为中心就不能也不应该改变",同时"要巩固马克思主义在意识形态领域的指导地位,巩固全党全国人民团结奋斗的共同思想基础"②。这一科学论断深刻阐明了新形势下经济建设与意识形态工作的辩证关系——相辅相成、相互促进,对党的宣传思想工作做出了新的历史定位,将意识形态建设提到了新的战略高度。他要求全党,在坚持以经济建设为中心毫不动摇的同时,也要把握好社会主义意识形态这个主旋律,牢牢掌握意识形态工作的领导权、管理权、话语权,一刻也不放松对宣传思想阵地的控制。"党员、干部要坚定马克思主义、共产主义信仰,脚踏实地为实现党在现阶段的基本纲领而不懈努力,扎扎实实做好每一项工作","领导干部特别是高级干部要把系统掌握马克思主义基本理论作为看家本领"③。通过学习,学会运用马克思主义的立场、观点、方法观察和解决实际问题,坚定理想信念。

需要指出的是,党的十八大以后,中共中央根据坚持和发展中国特色社会主义的现实需要,把如何正确看待毛泽东思想,如何正确看待改革开放前后党领导人民进行社会主义建设这一理论问题提升到了新的政治高度。众所周知,新时期意识形态领域的争夺异常激烈,并呈现出新的时代特点。国内外敌对势力面对中国和平崛起的大好局面,转而开始诋毁、攻击和丑化我国近现代以来的革命历史和社会主义建设史,妖魔化毛泽东思想,企图从根本上推翻我们长期以来确立的科学理论,进而达到其颠覆社会主义制度的丑恶目的。维护意识形态安全,就必须从维护毛泽东思想的历史地位,科学对待社会主义的实践探索做起。在谈到这一问题时,习近平反复强调:"这个重大政治问题处理不好,就会产生严重政治后

① 胡锦涛:《坚定不移走中国特色社会主义文化发展道路,努力建设社会主义文化强国》,《求是》2012 年第 1 期。
② 《习近平谈治国理政》,外文出版社 2014 年版,第 153 页。
③ 《习近平谈治国理政》,外文出版社 2014 年版,第 153 – 154 页。

果。古人说:'灭人之国,必先去其史'。"①历史不能任意选择,一个民族的历史是一个民族安身立命的基础。我们必须汲取苏联的前车之鉴,苏共否定列宁,否定斯大林,否定历史,搞历史虚无主义,最终偌大的苏联共产党作鸟兽散,这是我们必须要警醒的。他指出,无论是对毛泽东同志的评价,对毛泽东思想的阐述,还是正确处理改革开放前后的社会主义实践探索的关系,"不只是一个历史问题,更主要的是一个政治问题"②。为此,必须坚持实事求是的思想路线,坚持真理,修正错误,"把党和人民九十多年的实践及其经验,当做时刻不能忘、须臾不能丢的立身之本,既不妄自菲薄、也不妄自尊大,毫不动摇走党和人民在长期实践探索中开辟出来的正确道路。"③

二、社会主义从来都是在开拓中前进,理论创新是维护国家文化安全的内生动力

任何科学理论都会在实践中面对新情况、新问题,也只有在新鲜实践中充分汲取养分,才能持久地保持生命力。自诞生以来,马克思主义就是在一次次的理论创新中彰显其强大的生命力,在开拓进取中焕发出新的生机与活力。改革开放以后,中国特色社会主义文化面对西方文化的侵袭,之所以能够屹立不倒且发扬光大,其根本动力也在于中国共产党始终坚持以巨大的理论勇气和政治勇气不断推进理论创新和实践创新。

党的十八大以来,中国共产党一如既往地高度重视推进理论创新,要求全党坚持马克思主义,坚持社会主义,一定要用发展的观点,着眼于新的实践和新的发展,发挥历史的主动性和创造性,不断有所发现、有所创造、有所前进。从根本上而言,马克思主义理论创新既是社会主义意识形态发展壮大的滥觞,也是中国特色社会主义文化大发展大繁荣的前提和基础。这就要求全党必须把开拓创新作为一种常态,不断用发展着的马克思主义指导新的实践,又从实践中做出新的理论概括,不断赋予马克思主义新的生命活力,义无反顾地把马克思主义坚持下去。习近平明确指出:"我们对社会主义的认识,对中国特色社会主义规律的把握,已经到了一个前所未有的新的高度,这一点不容置疑",同时,也要看到,"对事物的

---

① 中共中央文献研究室:《十八大以来重要文献选编》上,中央文献出版社2014年版,第113页。
② 中共中央文献研究室:《十八大以来重要文献选编》上,中央文献出版社2014年版,第113—114页。
③ 中共中央文献研究室:《十八大以来重要文献选编》上,中央文献出版社2014年版,第695页。

认识是需要一个过程的,而对社会主义这个我们只搞了几十年的东西,我们的认识和把握也还是非常有限的,还需要在实践中不断深化和发展。"①世界上没有放之四海而皆准的发展道路与模式,也没有一成不变的思想认识和理论体系,中国特色社会主义事业越是发展,面对的新情况新问题越是层出不穷,越是需要以开拓创新的政治勇气坚持和运用好马克思主义活的灵魂,以改革开放和社会主义现代化建设的实际问题、以正在做的事情为中心,时刻关注社会发展的客观要求和人民群众的实践创造,根据新鲜实践经验不断推进理论创新。

在这一思想主导下,以习近平为总书记的党中央面对全面建成小康社会的新形势、新局面,提出了实现中华民族伟大复兴的中国梦,为党和人民的事业提出了新的奋斗目标,并在坚持社会主义核心价值体系基本内涵的基础上提炼出社会主义核心价值观,对社会主义核心价值体系进行高度凝练和集中表达,对社会主义的根本性质和基本特征做了更为深刻的科学解答,进一步凝聚了中国力量,提振了民族信心,提升了全国人民对于中国特色社会主义的认同感和接受度,为维护国家文化安全做出了新的重要贡献。

三、革命理想高于天,加强理想信念教育,为国家文化安全提供价值导向

"坚定理想信念,坚守共产党人精神追求,始终是共产党人安身立命的根本。对马克思主义的信仰,对社会主义和共产主义的信念,是共产党人的政治灵魂,是共产党人经受住任何考验的精神支柱。"②失去了理想信念,丢掉了科学的价值标准,共产党人便失去了基本的底线,意识形态领域也将会引起思想混乱,国家文化安全也就无从谈起。信念坚定,既是中国共产党人最鲜明的政治品格,也是应有的精神脊梁。

党的十八大以来,中央面对意识形态和思想观念领域日趋复杂的斗争形势,积极探索理想信念教育新途径,总结社会主义价值观念传播的新规律。概括而言,主要体现在五个方面的教育和引导上。

一是突出重点,加强党性和道德教育。习近平形象地指出,理想信念就是共产党人精神上的"钙",理想信念不坚定,精神就会"缺钙",会得"软骨病",共产党人锤炼党性,首要的就是坚定共产主义远大理想和中国特色社会主义共同理想。

① 中共中央文献研究室:《十八大以来重要文献选编》上,中央文献出版社 2014 年版,第80 页。
② 中共中央文献研究室:《十八大以来重要文献选编》上,中央文献出版社 2014 年版,第114 页。

"党员、干部必须认真学习马克思列宁主义、毛泽东思想特别是中国特色社会主义理论体系,自觉用贯穿其中的立场、观点、方法武装头脑、指导实践、推动工作,始终不渝为中国特色社会主义共同理想而奋斗。"①只有坚定理想信念,坚守精神追求,面对困难才能坚韧不拔,经受住各种腐朽消极思想的侵袭,才能保持良好的道德情操。

二是理想信念教育要与现实工作相结合。"没有远大理想,不是合格的共产党员;离开现实工作而空谈远大理想,也不是合格的共产党员。"②"空谈误国、实干兴邦"。习近平告诫全党,远大理想的实现要靠脚踏实地的作风,要坚持历史唯物主义的基本观点和方法,把衡量共产党员和领导干部是否具有崇高理想的标准具体化,"不管是'倒海翻江卷巨澜',还是'雄关漫道真如铁'"③,都要矢志不移地持续努力,贡献自己的全部精力乃至生命,在达成一个个现实目标的基础上,不断向最高理想迈进。

三是教育广大党员、干部把践行中国特色社会主义共同理想和坚定共产主义远大理想统一起来,做到虔诚而执着、至信而深厚。习近平总书记创造性地提出的"中国梦"思想,实现了最高理想与共同理想的统一,既有宏伟蓝图,又有现实目标。"有了坚定的理想信念,站位就高了,眼界就宽了,心胸就阔了,就能坚持正确政治方向"④,在胜利和顺境中不骄不躁,在困难和逆境中不弃不馁,在面对风险和考验时从容应对,永葆马克思主义者的政治品格。

四是积极引导广大青年坚定理想信念,放飞青春梦想。青年历来都是祖国的未来、民族的希望、党和人民事业发展的生力军。青年一代有理想、有担当,国家就有前途,民族就有希望,党和人民事业的发展也就有源源不断的强大力量。广大青年要坚持以科学的马克思主义理论武装头脑,"把理想信念建立在对科学理论的理性认同上,建立在对历史规律的正确认识上,建立在对基本国情的准确把握上,不断增强道路自信、理论自信、制度自信,增强对坚持党的领导的信念,永远

---

① 习近平:《在党的群众路线教育实践活动总结大会上的讲话》,《人民日报》2014 年 10 月 9 日。
② 中共中央文献研究室:《十八大以来重要文献选编》上,中央文献出版社 2014 年版,第 116 页。
③ 中共中央文献研究室:《十八大以来重要文献选编》上,中央文献出版社 2014 年版,第 688 页。
④ 中共中央文献研究室:《十八大以来重要文献选编》上,中央文献出版社 2014 年版,第 117 页。

紧跟党高高举起中国特色社会主义伟大旗帜。"①

五是在全社会培育和弘扬社会主义核心价值观,筑牢全党全国人民共同奋斗的思想道德基础。理想信念教育,不仅要树立共产主义崇高理想,还应践行社会主义的基本价值理念。只有把培育和践行社会主义核心价值观融入国民教育全过程,落实到经济发展实践和社会治理中,融入社会生活的方方面面,人们才能真正做到入脑入心,在全社会普遍形成弘扬社会主义价值观念与道德标准的良好氛围,国家文化安全才能从根本上得以保证,中国特色社会主义文化才能不断繁荣发展。

四、建立集中统一的国家安全体制,坚持总体国家安全观,为文化安全提供体系保障

进入 21 世纪后,国际安全环境比冷战时代愈加复杂,安全威胁更加多样,国内安全与国际安全密切互动,应对和消除安全威胁的途径和方式也呈现新的趋势。随着非传统安全问题的凸显,原有的传统安全观念即依靠军事手段来维护国家安全的观念受到挑战,树立不同于传统安全观的新型安全观的呼声迭起。以美国为首的西方发达国家集团提出的"新安全观",主张以人(人类)为中心而不是以国家为中心,提升个人的权利与福利,淡化国内安全与国外安全的界限,把非传统安全威胁视为突出的威胁。特别是"9·11"以后,他们奉行应对所谓非传统安全威胁的战略和政策实践,都是这种"新安全观"的体现。这种安全观,实质上是以我为中心、以"新干涉主义"为思想武器的霸权主义理论。

面对这一形势,以习近平为总书记的党中央居安思危、沉着应对,从治党治国全局出发,提出了巩固党的执政地位,坚持和发展中国特色社会主义,保证国家安全是头等大事这一科学论断。习近平要求全党,"要准确把握国家安全形势变化新特点新趋势,坚持总体国家安全观,走出一条中国特色国家安全道路。"②他随之对"总体国家安全观"进行了详细阐述,认为"当前我国国家安全内涵和外延比历史上任何时候都要丰富,时空领域比历史上任何时候都要宽广,内外因素比历史上任何时候都要复杂,必须坚持总体国家安全观,以人民安全为宗旨,以政治安全为根本,以经济安全为基础,以军事、文化、社会安全为保障,以促进国际安全为依托,走出一条中国特色国家安全道路。""既重视传统安全,又重视非传统安全,

---

① 中共中央文献研究室:《十八大以来重要文献选编》上,中央文献出版社 2014 年版,第 278 页。
② 《习近平谈治国理政》,外文出版社 2014 年版,第 200 页。

构建集政治安全、国土安全、军事安全、经济安全、文化安全、社会安全、科技安全、信息安全、生态安全、资源安全、核安全等于一体的国家安全体系。"①坚持贯彻"总体国家安全观"对于维护国家安全和社会安定,对于全面深化改革、实现中华民族伟大复兴的中国梦具有重大意义,全党必须保持清醒头脑、强化底线思维,在切实做好国家安全各项工作的同时,加强对人民群众的国家安全教育,提高全民国家安全意识。

"总体国家安全观"的提出,内涵丰富、影响深远,是对马克思主义安全理论的重大创新与发展,体现了新一届中央领导集体的智慧,是党中央关于国家安全思想的精髓所在,对于新形势下维护我国国家安全有着重要的指导意义。其中包含的十一个安全要素彼此相连、相互依存,每一种安全因素的变动都可能引致其他因素的变动,最终对国家安全产生深刻影响。为此,只有将这十一种安全要素有机整合、合理建构,国家总体安全才能得到根本保证。

值得一提的是,"总体国家安全观"也将文化安全提升到了新的战略高度,彰显出文化安全在全部国家安全要素中居于不可替代的重要地位和作用。文化安全在与其他安全要素相互结合,相互促进,进而在整体上维护国家安全的同时,其他安全要素也为维护国家文化安全提供了有力保障。具体而言,经济安全、资源安全为文化安全提供物质基础;国土安全、军事安全和核安全为文化安全提供战略保障;政治安全、社会安全是文化安全的基本前提;科技安全、信息安全为文化安全提供技术支持。有了总体国家安全观中各个安全要素的合力支持,文化安全才能获得稳定、牢固的体系保障。

五、坚定文化自信,提高国家文化软实力,为文化安全构建基础平台

相较于经济、军事、科技等硬实力而言,国家软实力主要是通过文化、价值观念、意识形态等形式表现出来,并在潜移默化中影响人们的思维方式与行为习惯。它是国家综合实力的重要标志。"一个国家综合实力最核心的还是文化软实力,这事关精气神的凝聚。""提高国家文化软实力,关系'两个一百年'奋斗目标和中华民族伟大复兴中国梦的实现。"②我们要坚定理论自信、道路自信、制度自信,最根本的还要加一个文化自信。

中华民族有着悠久灿烂的历史文化、社会主义核心价值观念和优秀的道德品质,这些无疑都是代表人类文化发展方向的先进文化,中华文化理应在而且必须

---

① 《习近平谈治国理政》,外文出版社 2014 年版,第 200 – 201 页。
② 《习近平谈治国理政》,外文出版社 2014 年版,第 160 页。

在世界文化中占据重要一席。习近平明确要求，要大力弘扬社会主义先进文化，增强各民族的文化创造力，朝着建设社会主义文化强国的目标不断前进。不言而喻，这也是维护国家文化安全的重要途径。他系统阐发了提高国家文化软实力的四个努力方向：首先，要努力夯实国家文化软实力的根基，从思想道德抓起，从社会风气抓起，从每一个人抓起。作为国家文化软实力之根，中华优秀传统文化是我国最深厚的文化软实力。要继承和弘扬中国人民在长期实践中培育和形成的传统美德，坚持马克思主义道德观，坚持古为今用、推陈出新，实现传统美德的创造性转化、创新性发展，大力弘扬民族精神和时代精神，引导人们自觉传播中华文化、践行中华美德。其次，要努力提炼、阐释和传播当代中国价值观念——中国特色社会主义价值观念。广为拓展各类对外传播平台与载体，加大对中国梦的宣传与阐释力度，把当代中国价值观念贯穿于国际交流的方方面面，充分彰显中国人民的价值追求。第三，要努力展示中华文化独特魅力。中华文化历史悠久、博大精深，要着力使中华民族最基本的文化基因与当代文化相适应、与现代社会相协调，采用人们喜闻乐见、易于接受、符合时代气息的方式，充分利用中华文化的巨大资源，积极推广中华文化的精髓，展现中华文化的深厚底蕴。切实提高对外文化交流水平，完善人文交流机制，创新人文交流方式，其中要尤为注重塑造中国在国际上良好的社会主义大国形象。第四，要努力提高国际话语权。积极推进中华文化国际传播能力建设，增强对外话语的创造力、感召力、公信力，加大正面宣传力度，产出更多精品力作，"讲好中国故事、传播好中国声音、阐释好中国特色"，"引导人民树立和坚持正确的历史观、民族观、国家观、文化观，增强做中国人的骨气和底气。"①

　　在形成这些科学认识的基础上，习近平进一步指出，提高国家文化软实力还应实施"塑魂工程"，把培育和弘扬社会主义核心价值观作为凝魂聚气、强基固本的基础工程。"核心价值观是文化软实力的灵魂、文化软实力建设的重点。这是决定文化性质和方向的最深层次要素。"②核心价值观的生命力、凝聚力、感召力直接决定着国家的文化软实力。为此，提升文化软实力，必须构建、培育和弘扬富有强大感召力的核心价值观，强化文化之"魂"。

---

① 习近平：《习近平谈治国理政》，外文出版社 2014 年版，第 162 页。
② 习近平：《习近平谈治国理政》，外文出版社 2014 年版，第 163 页。

六、文明是多彩、平等、包容的,坚持马克思主义新文明观是维护国家文化安全的科学态度

马克思主义文明观认为,世界各国文明因生产力发展程度不同,在发展形式上有着先进与落后之分,不同文明间的交往与融合是人类文明发展的必然趋势。冷战结束后,西方发达国家把"文明冲突"视为国际冲突根源的理论甚嚣尘上,他们片面、孤立地看待各种文明,利用其经济、政治、舆论强势贬低甚至诋毁各种非西方文明,为不同文明之间的交流互鉴制造了障碍。时至今日,这种偏见依然存在,隔阂未见消减。

中国共产党一贯主张用具体的、历史的、发展的眼光看待各种文明,主张不同文明之间的交流与借鉴。党的十八大以来,以习近平为总书记的党中央进一步深入、系统地阐述了当代中国文明观,在继承马克思主义文明观核心思想的基础上做出了重大理论创新。首先,习近平明确提出了"文明交流互鉴"的崭新命题。他指出:"文明因交流而多彩,文明因互鉴而丰富。文明交流互鉴,是推动人类文明进步和世界和平发展的重要动力。"①各种文明都是人类劳动和智慧的结晶,不同文明之间的交流互鉴应以不独尊或不贬损某一种文明为前提。其次,他凝练地概括了推动文明交流互鉴的基本原则:一是文明是多彩的,人类文明因多样才有交流互鉴的价值;二是文明是平等的,人类文明因平等才有交流互鉴的前提;三是文明是包容的,人类文明因包容才有交流互鉴的动力。世界是多样的,各种文明虽各有千秋,但绝无高低、优劣之分,了解文明的真谛,关键在于秉持宽广的胸怀和平等、谦虚的态度与精神。归根结底,傲慢和偏见才是文明交流互鉴的最大障碍。这一命题的提出,无疑向全世界宣告了中国共产党和中国人民对待世界各国文明的基本态度。

在此基础上,习近平进而强调了中华文明与世界其他文明和谐共处,共同为人类提供正确的精神指引和强大的精神动力,实现"和谐文明"的新观点。他明晰界定了中华文明的特质,指出,中华文明积淀着中华民族最深层的精神追求,代表着中华民族独特的精神标识,它既是在中国大地上产生的文明,也是同其他文明不断交融互鉴而形成的文明。中华文明应当与世界其他丰富多彩的文明一同推动人类文明的发展进步。"只有交流互鉴,一种文明才能充满生命力。只要秉持包容精神,就不存在什么'文明冲突',就可以实现文明和谐。"②从古至今,中外文明交流互鉴之中虽有冲突、矛盾、疑惑与拒绝,但更多的却是学习、消化、融合与创

---

① 蔡国英:《自觉增强舆论斗争意识》,《求是》2013 年第 23 期。
② 习近平:《在联合国教科文组织总部的演讲》,《光明日报》2014 年 3 月 28 日。

新。因此,"我们应该推动不同文明相互尊重、和谐共处,让文明交流互鉴成为增进各国人民友谊的桥梁、推动人类社会进步的动力、维护世界和平的纽带"①。同时,习近平也告诫世人,每一种文明都是独特的。以宽阔的胸怀对待不同文明时,还应避免三种极为有害的错误倾向:一是孤芳自赏、夜郎自大;二是崇洋媚外、否定自我;三是生搬硬套、削足适履。

马克思主义新文明观的提出,拓宽了世界文明交流、沟通的眼界与渠道,为人类从不同文明中寻求智慧、汲取营养架设了一道畅通的桥梁,有利于促使中华文化在与其他各国文化的交流互鉴中保持独立性,增加影响力。

七、坚持巩固壮大主流思想舆论,牢牢掌握舆论斗争主动权,为国家文化安全营造舆论强势

"我们正在进行具有许多新的历史特点的伟大斗争,面临的挑战和困难前所未有"②,各种威胁和挑战联动效应明显,特别是新形势下的舆论斗争已成为我国文化安全问题的重中之重。这主要表现在两个方面。

其一,从国内看,一些错误观点和思潮时有出现,有的宣扬西方价值观,有的专拿党史国史说事,有的以"反思改革"为名否定改革开放,否定中国特色社会主义道路,有的否定四项基本原则,诸如"普世价值"、"宪政民主"、历史虚无主义、新自由主义、质疑改革开放和中国特色社会主义性质等错误思潮。从国外看,国外敌对势力刻意矮化、曲解、抹黑中国梦,竭尽混淆视听之能事;"中国威胁论""中国崩溃论""国强必霸论"等不绝于耳。这些论调内外呼应、形成舆论,直接危及我国意识形态安全和国家政权安全。

其二,互联网已经成为当前舆论斗争的主战场,网上斗争已成为当前一种新兴的舆论斗争形态。西方反华势力一直妄图利用互联网"扳倒中国",尤其是他们长期对全球互联网进行系统化的暗中监视,"棱镜门"事件再一次敲响了我国信息网络安全保障的警钟。在互联网这个战场上,我们能否顶得住、打得赢,是我们面临的新的综合性挑战,直接关系我国文化安全和社会稳定。

习近平指出,坚持团结稳定鼓劲、正面宣传为主是宣传思想工作必须遵循的重要方针。坚持正面宣传、开展舆论斗争,必须增强主动性、掌握主动权、打好主动仗。在事关大是大非和政治原则问题上,要站稳立场、旗帜鲜明、"敢于亮剑",坚持以马克思主义真理的力量说服人、教育人,帮助干部群众划清是非界限、澄清

---

① 习近平:《在联合国教科文组织总部的演讲》,《光明日报》2014年3月28日。
② 《习近平谈治国理政》,外文出版社2014年版,第155页。

模糊认识,自觉抵制各种错误思潮。坚持正面宣传、开展舆论斗争,必须强化阵地意识,坚持以马克思主义理论占领和巩固宣传思想阵地,充分认识到舆论斗争在意识形态斗争领域主战场的重要地位,增强责任意识,"敢抓敢管,有理有利有节地开展舆论斗争,对意识形态领域出现的问题,要理直气壮地及时处置,决不能听之任之,更不能敷衍塞责、推诿了事"①。坚持正面宣传、开展舆论斗争,必须创新舆论斗争方式方法,提高舆论斗争本领。互联网已经越来越成为我们舆论斗争的主阵地。面对新形式的舆论传播载体,不同网络信息平台出现的问题,要以不同方式区别对待,增强运用现代传媒新手段新方法的本领。面对负面信息,不仅要"堵",更要注意"疏",在打击负面舆论信息的同时,也要注重将不明真相的人向正确方向引导。坚持正面宣传、开展舆论斗争,必须创新舆论斗争思路,切实转变思维方式,化被动为主动,深入分析斗争的特点与规律,牢牢把握正确网络舆论导向,巩固发展健康向上的主流舆论,真正在互联网舆论斗争领域顶得住、打得赢,确保国家文化与意识形态安全。

八、坚持正确政治方向、坚持以民为本,把握好党性和人民性的统一,为国家文化安全提供政治保证与群众基础

立场,是我们认识问题、解决问题的根本立足点。立场是否坚定、正确,直接关系到我们制定的路线、方针、政策是否科学,关系到党和国家事业的发展方向。在文化和宣传思想工作中,立场问题更是需要解决的首要和根本问题。

关于党性和人民性的关系,历来都是一个有着明确答案的问题,这是由党的性质和宗旨决定的。党的十八大以后,习近平向全党重申了党性和人民性的统一关系,他指出"党性和人民性从来都是一致的、统一的。"②,坚持党性在本质上就是坚持人民性,坚持人民性也就是坚持党性,任何把两者割裂开来的观点都是极为错误和有害的,都是同辩证唯物主义的基本立场与方法背道而驰的。

党性和人民性是一个整体性的政治范畴,党性是就全党而言的、人民性是就全体人民而言的,不能孤立、片面、碎片化地看待党性和人民性的统一。领导干部不能代替全体党员,个别群众也不能代表全体人民。只有总揽全局,站在全党和全体人民的高度,才能正确把握党性和人民性之间的辩证统一关系。历史和现实充分证明,"密切联系群众,是党的性质和宗旨的体现,是中国共产党区别于其他政党的显著标志,也是党发展壮大的重要原因;能否保持党同人民群众的血肉联

① 蔡国英:《自觉增强舆论斗争意识》,《求是》2013 年第 23 期。
② 《习近平谈治国理政》,外文出版社 2014 年版,第 154 页。

系,决定着党的事业的成败。"①党的根基、血脉、力量都在人民,没有人民的拥护和支持,党的任何事业和工作就无从谈起。为此,我们必须坚持党性和人民性相统一的原则,既要站稳政治立场,又要树立以人民群众为中心的工作导向。

首先,坚持党性,说到底就是要坚持正确的政治方向,站稳政治立场,学懂吃透、科学把握党制定的各项路线方针政策,坚决同党中央保持高度一致,维护中央权威,深刻把握并宣传党关于当前重大问题的分析研断。党性原则,不仅要讲,更要理直气壮、坚持不懈地讲,在大是大非面前,要旗帜鲜明、态度坚决,不能遮遮掩掩、态度暧昧。其次,要矢志不移地坚持人民性,坚持以民为本、以人为本。任何情况下,与人民同呼吸共命运的立场不能变,全心全意为人民服务的宗旨不能忘,人民群众是历史的创造者的历史唯物主义观点不能丢,真正解决"为了谁、依靠谁、我是谁"的根本问题,既服务群众也引导群众,贴近群众生活实际,满足群众精神需求,具体地历史地研究群众喜闻乐见的文化形式和文化内容,把不同阶层、不同类型、不同行业的群众区分开来,做到"有的放矢"。一切理论工作、文化工作和宣传思想工作都要把坚持正确导向摆在首位,坚决抵制脱离群众、一味迎合市场的低俗化现象。总之,只有坚持党性,才能为文化安全提供有力的政治保证;只有坚持人民性,才能夯实文化安全的群众基础。

（原载于《湖湘论坛》2016 年第 1 期）

---

① 《习近平谈治国理政》,外文出版社 2014 年版,第 366－367 页。

党的十八大以来文化建设思想研究[*]

王爱遥

党的十八大以来,以习近平同志为核心的党中央在推进社会主义文化发展方面进行了许多新探索,系统地论述了当代中国文化建设的战略地位、战略目标、战略路径等方面,形成了一套具有全局和长远指导意义的大智慧、大战略和大思路,是关于"为什么要建设文化强国"以及"如何实现文化强国"的重大理论和实践问题的深入思考。

一、文化建设的战略地位与战略意义

文化建设具有极其重大的战略意义,关乎党和国家事业发展的全局。中国共产党第十八次全国代表大会指出,"文化是民族的血脉,是人民的精神家园。全面建成小康社会,实现中华民族伟大复兴,必须推动社会主义文化大发展大繁荣,兴起社会主义文化建设新高潮,提高国家文化软实力"[①]。

习近平同志从四个主要方面对加强文化建设的战略意义做了详细阐释。首先,从文化的本质看,文化作为一种精神力量,在社会发展中发挥着特殊的创造力、凝聚力、鼓舞力、激励力等作用,对社会发展具有深刻的影响。特别是随着社会主义市场经济和科学技术的发展,文化在我国已经成为一种产业,拥有大量的经济实力,成为国民经济中的支柱产业。习近平同志坚持运用辩证唯物主义世界观方法论认识分析文化的作用,文化的力量,或者我们称之为构成综合竞争力的

* 作者简介:王爱遥,女,山东临沂人,四川省社会科学院中共党史专业硕士研究生,研究方向为中国共产党的政策理论与实践。
基金项目:本文系四川省社会科学院第二届学术新苗课题资助重点项目"十八大以来习近平文化建设思想研究"的阶段性研究成果。

① 胡锦涛:《坚定不移沿着中国特色社会主义道路前进为全面建成小康社会而奋斗——在中国共产党第十八次全国代表大会上的报告》,人民出版社 2012 年版,第 30 页。

文化软实力,总是"润物细无声"地融入经济力量、政治力量、社会力量之中,成为经济发展的"助推器"、政治文明的"导航灯"、社会和谐的"黏合剂"。① 其次,"社会主义现代化应该有繁荣的经济,也应该有繁荣的文化"②。人类社会历史的发展一再向我们表明,一个国家、一个文明国家、一个谋求发展的国家,必然要有物质的进步,同时也要有精神上的提升。我国要在"十三五"期间实现全面建成小康社会的奋斗目标,必须着力推动物质文明和精神文明协调发展,坚持物质上富有,精神上也富有的发展思路,只有这样,我们才能够更加自强、更加自尊、更加自信、更加坚定地不断把实现中国梦奋斗目标推向前进。"当高楼大厦在我国大地上遍地林立时,中华民族精神的大厦也应该巍然耸立。"③另外,文化软实力是综合国力的核心组成部分,一定意义上说,在当今国际社会中"谁占据了文化发展的制高点,谁拥有了强大的文化软实力,谁就能够在激烈的国际竞争中赢得主动、占得先机"④。作为世界上最大的发展中国家、世界第二经济大国,我国必须把文化建设放在重要的战略地位,构建我国的国际话语体系和价值体系,不断以我国的经济实力推动提升国家的文化软实力,从而在激烈的国际竞争中不断壮大自己,长久立于不败之地。党的十八大以来,习近平同志多次在不同的场合,就国家文化软实力阐发了一系列重要论述,加强文化建设是提高中国文化竞争力与创新力、增强国家文化软实力、塑造中国的国际形象、提高中国国际话语权的现实需要。最后,加强文化建设是党和人民事业在新的历史时期大踏步赶上时代的重要法宝,是实现中华民族伟大复兴的中国梦的应有之义。习近平同志在考察曲阜时强调:"一个国家、一个民族的强盛,总是以文化兴盛为支撑的,中华民族伟大复兴需要以中华文化发展繁荣为条件。"而"文化自信,是更基础、更广泛、更深厚的自信。在5000多年文明发展中孕育的中华优秀传统文化,在党和人民伟大斗争中孕育的革命文化和社会主义先进文化,积淀着中华民族最深层的精神追求,代表着中华民族独特的精神标识"⑤。通过加强文化建设,全面深化文化体制改革,创新公共文化服务运行机制,为中国梦凝聚起强大的精神文化力量,进而能够继续朝着中华民族伟大复兴的目标奋勇前进。

---

① 习近平:《之江新语》,浙江人民出版社2007年版,第149页。
② 《江泽民文选》第2卷,人民出版社2006年版,第33页。
③ 《共商文艺繁荣发展大计——习近平总书记主持召开文艺工作座谈会侧记》,《人民日报》2014年10月16日。
④ 沈壮海:《软文化·真实力——为什么要提高国家文化软实力》,人民出版社2008年版,第15页。
⑤ 习近平:《在庆祝中国共产党成立95周年大会上的讲话》,《人民日报》2016年07月02日。

二、文化建设的战略目标——建设社会主义文化强国

2013 年 12 月 30 日,习近平同志在主持中央政治局集体学习时指出,要始终坚持走中国特色社会主义文化发展道路,弘扬社会主义先进文化,朝着建设社会主义文化强国的目标不断前进。党的十八届五中全会通过了《中共中央关于制定国民经济和社会发展第十三个五年规划的建议》提出:"推动物质文明和精神文明协调发展,加快文化改革发展,加强社会主义精神文明建设,建设社会主义文化强国。"①新时期以习近平同志为核心的党中央把加强文化建设放在更加突出的位置,对切实推进社会主义文化强国建设做出了一系列新的重要战略部署。党的十八大报告指出,"建设社会主义文化强国,关键是增强全民族文化创造活力"②。

中国共产党第十七届中央委员会第六次全体会议从党和国家战略全局出发,第一次正式提出了建设社会主义"文化强国"的战略。全会公报强调"增强国家软实力,弘扬中华文化,努力建设社会主义文化强国"③,实现"文化兴国"。自此,"文化自强"成为我国当前和今后一个时期文化建设和发展的中心任务。党的十八大更加明确指出我国要切实推进社会主义文化强国建设战略的实施,走文化强国之路,这是以习近平同志为核心的党中央关于文化建设更加明确的认识与定位,是在科学、准确判断国际国内形势、全面把握当今世界文化发展趋势、深刻分析我国基本国情和战略任务的基础上,积极满足人民精神文化需求,对文化建设做出的重大部署。

马克思主义的指导是我们立党立国的"看家本领"。坚持以马克思主义为指导建设社会主义文化强国,关系到我国社会主义文化建设的性质和方向。巩固、壮大马克思主义理论在思想文化特别是意识形态领域的阵地,加强主流思想舆论的宣传普及,是习近平同志对加强文化建设工作的内在要求。坚持以马克思主义为指导,不断巩固马克思主义在意识形态领域的主导地位,切实加强文化建设,发挥文化主旋律、主心骨的作用,是我国文化强国战略的思想保障、理论保障。习近平同志指出:"宣传思想工作就是要巩固马克思主义在意识形态领域的指导地位,巩固全党全国人民团结奋斗的共同思想基础。"④由此可见,习近平文化建设思想

---

① 《中共十八届五中全会在京举行》,《人民日报》2015 年 10 月 30 日。
② 胡锦涛:《坚定不移沿着中国特色社会主义道路前进为全面建成小康社会而奋斗——在中国共产党第十八次全国代表大会上的报告》,人民出版社 2012 年版,第 31 页。
③ 《中共十七届六中全会在京举行》,《人民日报》2011 年 10 月 19 日。
④ 《习近平在全国宣传思想工作会议上强调胸怀大局把握大势着眼大事努力把宣传思想工作做得更好》,《人民日报》2013 年 08 月 21 日。

首要的就是要坚持马克思主义在文化建设工作中的灵魂地位,确保社会主义文化强国战略在理论层面以其真理性指导实践,发挥社会主义文化强国战略作为推动中国取得新的伟大胜利的强大动力。

党的十八大报告中明确指出了今后文化发展的总体要求:"建设社会主义文化强国,必须走中国特色社会主义文化发展道路,坚持为人民服务、为社会主义服务的方向,坚持百花齐放、百家争鸣的方针,坚持贴近实际、贴近生活、贴近群众的原则,推动社会主义精神文明和物质文明全面发展,建设面向现代化、面向世界、面向未来的,民族的科学的大众的社会主义文化。"①报告为我们进一步实施社会主义文化强国战略指明了方向。习近平同志在中央全面深化改革领导小组第二次会议上发表讲话,指出"要紧紧围绕建设社会主义核心价值体系、建设社会主义文化强国,完善文化管理体制和文化生产经营机制,建立健全现代公共文化服务体系、现代文化市场体系来做好工作,以此推动社会主义文化大发展大繁荣"②。

三、文化建设的路径选择

习近平同志文化强国思想的内涵非常丰富,对如何建设社会主义文化强国也进行了系统论述,涉及培育社会主义核心价值观,弘扬中华优秀传统文化,重视意识形态工作,提升国家文化软实力等各个方面,特别是关于"中国梦"、文化软实力、构建网络共同体等重要问题,习近平同志具有一系列独创性阐释。

推进文化强国战略的实施,要加强培育和践行社会主义核心价值观,引领社会思潮。党的十八大报告明确提出社会主义核心价值观的基本内容,为培育和践行社会主义核心价值观提供了基本遵循,即倡导富强、民主、文明、和谐,倡导自由、平等、公正、法治,倡导爱国、敬业、诚信、友善,积极培育和践行社会主义核心价值观。③ 只有构建起具有强大感召力、凝聚力的核心价值观,才能有效凝聚社会意识,维护社会和谐稳定。在改革开放和发展社会主义市场经济的条件下,利益主体多元进而导致思想意识和价值观念多样。国家只有构建起统一的核心价值观,才能保障国家的团结稳定,实现国家的繁荣富强。构建社会主义核心价值体系,培育和践行社会主义核心价值观就是要有效整合社会意识,筑牢全国各族

① 胡锦涛:《坚定不移沿着中国特色社会主义道路前进为全面建成小康社会而奋斗——在中国共产党第十八次全国代表大会上的报告》,人民出版社2012年版,第30-31页。
② 《习近平主持召开中央全面深化改革领导小组第二次会议强调把抓落实作为推进改革工作的重点真抓实干蹄疾步稳求实效》,《人民日报》2014年03月01日。
③ 胡锦涛:《坚定不移沿着中国特色社会主义道路前进为全面建成小康社会而奋斗——在中国共产党第十八次全国代表大会上的报告》,人民出版社2012年版,第31-32页。

人民团结奋斗的共同思想基础,使得全国人民心往一处想、劲往一处使。习近平指出:"核心价值观承载着一个民族、一个国家的精神追求,是最持久、最深层的力量。"①实现"两个一百年"的奋斗目标,需要很多力量来支撑,但最深层的力量是社会主义核心价值观,它可以为国家发展、民族进步指引方向、提供动力。

实施文化强国战略要弘扬中华民族优秀传统文化。对中华优秀传统文化的历史贡献和当代价值有正确地估计,这是传承和弘扬中华优秀传统文化的思想认识前提。习近平同志对中华优秀传统文化的当代价值作了深入而全面地概括,他指出,"包括儒家思想在内的中国优秀传统文化中蕴藏着解决当代人类面临的难题的重要启示,……中华优秀传统文化的丰富哲学思想、人文精神、教化思想、道德理念等,可以为人们认识和改造世界提供有益启迪,可以为治国理政提供有益启示,也可以为道德建设提供有益启发"②。习近平同志用"三个可以"分别从认识和改造世界、治国理政和道德建设三个层面对中华优秀传统文化的当代价值作了全面而科学的概括,其立意之高可见一斑。中华民族优秀传统文化是我国文化强国建设的文化根基,建设社会主义文化强国要深度挖掘和阐发中华优秀传统文化的精华,对中华传统美德进行再创造、再转化、再创新,让既立足于我国国情又面向世界,既传承发展中国优秀传统文化又与时俱进弘扬时代精神,既富有中国魅力又具有时代价值的当代中国优秀文化创新成果走出国门,在世界传播、发展。"只要中华民族一代接着一代追求美好崇高的道德境界,我们的民族就永远充满希望。"③

实施文化强国战略要凸显意识形态领域工作重点。意识形态建设是国家文化建设的一个重要组成部分,并且"意识形态工作是党的一项极端重要的工作"④。习近平同志对新时期意识形态工作进行重新定位,明确了经济建设和意识形态工作的内在联系,并更加凸显意识形态工作的极端重要性。同时,习近平同志进一步指出,"能否做好意识形态工作,事关党的前途命运,事关国家长治久安,事关民族凝聚力和向心力"⑤。党的意识形态工作或宣传思想工作,在党的事

① 《习近平在北京大学考察时强调青年要自觉践行社会主义核心价值观与祖国和人民同行努力创造精彩人生》,《人民日报》2014 年 05 月 05 日。
② 《习近平在纪念孔子诞辰 2565 周年国际学术研讨会暨国际儒学联合会第五届会员大会开幕会上强调从延续民族文化血脉中开拓前进推进各种文明交流交融互学互鉴》,《人民日报》2014 年 09 月 25 日。
③ 《习近平谈治国理政》,外文出版社 2014 年版,第 106 页。
④ 《习近平在全国宣传思想工作会议上强调胸怀大局把握大势着眼大事努力把宣传思想工作做得更好》,《人民日报》2013 年 08 月 21 日。
⑤ 《习近平总书记系列重要讲话读本》,学习出版社、人民出版社 2014 年版,第 105 页。

业中带有根本性、战略性、全局性、关键性的位置,这项工作关乎党和国家前途命运,关乎中国特色社会主义事业的成功,是党的任何工作取得成功的关键所在。用"极端重要"来强调意识形态工作或宣传思想工作,这在党的历史上还是第一次,是对意识形态工作或宣传思想工作重要地位和作用的新阐述,表明了我们党对这项工作认识上的升华和理论上创新。只有深刻认识意识形态工作的极端重要性,才能在实践中正确处理党的工作与意识形态工作的关系,从而切实发挥意识形态工作的极端重要作用。特别是宣传工作,习近平同志指出,"宣传思想部门承担着十分重要的职责,必须守土有责、守土负责、守土尽责"①,要始终掌握意识形态宣传的话语权、主动权。

实施文化强国战略要提升国家文化软实力。"体现一个国家综合实力最核心的、最高层的,还是文化软实力,这事关一个民族精气神的凝聚。"②习近平同志多次强调要重视提高文化软实力,特别是在主持中共中央政治局第十二次集体学习时,习近平同志明确指出,提高国家文化软实力,关系"两个一百年"奋斗目标和中华民族伟大复兴中国梦的实现,深刻阐释了加强构建国家文化软实力的现实意义和历史使命。文化软实力对外表现为一种吸引力、竞争力,对内表现为一种凝聚力,要切实提高我国的文化软实力,首先必须把自己国内的文化事业、产业完善好发展好。习近平同志明确指出要坚持全面深化文化体制改革,破除一切阻碍文化发展的壁垒,促进文化产业和文化事业的蓬勃发展,弘扬社会主义先进文化,增强文化发展质量和文化发展效益,提升文化创造力和文化竞争力,充分发挥全民族的文化创造活力,增强全民族文化自信心,推动我国朝着建设社会主义文化强国的目标奋勇前进。文化软实力是一个民族的文化创生力量,重视文化软实力的构建,不仅仅关系到我们本国的民族认同感建设、民族凝聚力民族自尊自信建设,而且关系到我国的文化影响力,甚至直接或间接影响到我国的文化安全以及"关系我国在世界文化格局中的定位,关系我国国际地位和国际影响力"。提高我国文化软实力应从以下四个方向着手:要努力夯实国家文化软实力的根基;要努力传播当代中国价值观念;要努力展示中华文化独特魅力;要努力提高国际话语权。

实施文化强国战略要主动抢占网路文化主阵地。随着网络技术的快速发展和广泛应用,网络正深刻地影响着人们的价值观念、人文精神和生活方式,成为思

---

① 《习近平在全国宣传思想工作会议上强调胸怀大局把握大势着眼大事努力把宣传思想工作做得更好》,《人民日报》2013 年 08 月 21 日。

② 《"改革的集结号已经吹响"——习近平总书记同人大代表、政协委员共商国是纪实》,《河北日报》2014 年 03 月 13 日。

想文化传播非常重要的平台。目前中国网民达到 6.7 亿,超过世界网民总数的五分之一,成为名副其实的网络大国。习近平同志指出:"网络信息是跨国界流动的,信息流引领技术流、资金流、人才流,信息资源日益成为重要生产要素和社会财富,信息掌握的多寡成为国家软实力和竞争力的重要标志。"①网络已经成为思想文化传播的重要平台,"要把网上舆论工作作为重中之重来抓","要理直气壮唱响网上主旋律","加强网络社会管理,加强网络新技术新应用的管理,推进网络依法有序规范运行,确保互联网可管可控"②。习近平同志进一步指出,"做好网上舆论工作是一项长期任务,要创新改进网上宣传,运用网络传播规律,弘扬主旋律,激发正能量,大力培育和践行社会主义核心价值观,把握好网上舆论引导的时、度、效,使网络空间清朗起来"③。同时,习近平同志强调,"十三五"时期,中国将大力实施网络文化强国战略,让互联网发展成果惠及 13 亿中国人民,同时更好造福各国人民。

实施文化强国战略要树立国际视野,提高文化开放水平。在全方位开放的时代条件下,只有开放,文化的力量才能更强大;也只有开放,文化的影响才能更广泛。《中共中央关于全面深化改革若干重大问题的决定》从新时期新阶段全面建成小康社会、实现中华民族伟大复兴中国梦的全局出发,把进一步深化文化体制改革,提高文化开放水平作为全面深化改革开放的重大任务,做出一系列战略部署,充分体现了我们党高度的文化自信和崇高的文化追求。不断提高文化开放水平,加快推动中华文化走出去,特别要"加强国际传播能力建设,精心构建对外话语体系,发挥好新兴媒体作用,增强对外话语的创造力、感召力、公信力,讲好中国故事,传播好中国声音,阐释好中国特色"④,解读好世界,构建起中国式价值表达和价值标识。习近平同志指出,"中华文化是在中国大地上产生的文明,也是同其他文化不断交流互鉴而形成的文明","积淀着中华民族最深层次的精神追求,代表着中华民族独特的精神标识"⑤。要推动中华文化走出去,让国外民众能够触摸中华文化脉搏,感知当代中国发展活力,理解中国的制度理念和价值观念。还要从战略和全局的高度,充分认识推动中华文化走出去的重大意义,进而增强做好工作的紧迫感责任感使命感。可以说,无论是诗意盎然、境界高雅的"中国梦",

---

① 《习近平谈治国理政》,外文出版社 2014 年版,第 198 页。

② 《习近平总书记系列重要讲话读本》,学习出版社、人民出版社 2014 年版,第 105、98 页。

③ 《习近平谈治国理政》,外文出版社 2014 年版,第 198 页。

④ 《习近平在中共中央政治局第十二次集体学习时强调:建设社会主义文化强国,着力提高国家文化软实力》,《人民日报》2014 年 01 月 01 日。

⑤ 习近平:《在联合国教科文组织总部的演讲》,《人民日报》2014 年 03 月 28 日。

还是构建中国特色社会主义政治经济学的提出,甚至"一带一路"战略的推进,都表明我国正在努力提升自己的国际形象,努力构建中国话语体系,努力寻求新的国际认同。"当今世界,各国相互依存、休戚与共,我们要继承和弘扬联合国宪章宗旨和原则,构建以合作共赢为核心的新型国际关系,打造人类命运共同体。"①习近平同志一次次向世界传递着对人类文明走向的中国判断——"人类命运共同体",向世界阐释中国"和"文化,探索用中国文化解决人类面临的共同难题,凸显中国文化的世界价值。

在习近平同志文化建设思想中,社会主义意识形态是我国文化建设的灵魂;中国优秀传统文化是我国文化建设的根源;社会主义核心价值观是我国文化建设的重点内容;文化软实力构建是我国文化建设的重要途径;抢占网络文化工作是文化建设的主战场;提高文化开放水平是文化建设的必然选择。这些方面相互影响、相互制约,共同构成中国文化建设的有机系统,是党的十八大以来习近平同志从世界发展格局和中国发展现实出发,对构建社会主义文化强国,推进中国特色社会主义文化事业发展做出的战略部署,对加强我国文化建设,尽快形成与我国经济社会发展水平和大国地位相适应的国家文化软实力,无论从理论层面还是实践层面来看,都有着非常重大的意义。充分展现了我党在文化建设上的高度自觉和自信,也预示着文化自强提升到一个新的高度。

(原载于《毛泽东思想研究》2017 年第 3 期)

---

① 《习近平出席第七十届联合国大会一般性辩论并发表重要讲话强调继承和弘扬联合国宪章宗旨和原则构建以合作共赢为核心的新型国际关系打造人类命运共同体》,《人民日报》2015 年 09 月 29 日。

从"三个自信"到"四个自信"

——论习近平总书记对中国特色社会主义的文化建构

冯鹏志

习近平总书记在庆祝中国共产党成立 95 周年大会上明确提出:中国共产党人"坚持不忘初心、继续前进",就要坚持"四个自信",即"中国特色社会主义道路自信、理论自信、制度自信、文化自信"。他还强调指出,"文化自信,是更基础、更广泛、更深厚的自信"。

习近平总书记关于"四个自信"的重要论述,创造性地拓展了党的十八大提出的中国特色社会主义"三个自信"的谱系,凸显了中国特色社会主义的文化根基、文化本质和文化理想,标志着我们党对中国特色社会主义有了更加明确而开阔的文化建构。

"四个自信"重要论述,从历史创造的厚度上彰显了中国特色社会主义的文化依据

习近平总书记明确指出:"中国特色社会主义不是从天上掉下来的,是党和人民历尽千辛万苦、付出巨大代价取得的根本成就。中国特色社会主义,既是我们必须不断推进的伟大事业,又是我们开辟未来的根本保证。"这就表明,坚持和发展中国特色社会主义不动摇,是历史的选择、人民的选择、实践的选择,也是当代中国和中国共产党人始终不懈进行文化建设、文化创造、文化选择和文化超越的总体性成果。展开来说,中国特色社会主义道路是实现社会主义现代化的必由之路,是创造人民美好生活的必由之路;中国特色社会主义理论体系是指导党和人民沿着中国特色社会主义道路实现中华民族伟大复兴的正确理论,是立于时代前沿、与时俱进的科学理论;中国特色社会主义制度是当代中国发展进步的根本制度保障,是具有鲜明中国特色、明显制度优势、强大自我完善能力的先进制度;同时,中国特色社会主义还是一种奠基于道路、理论和制度之上的文化创造与意义

建构,是我们党和人民在继承中华优秀传统文化、培育革命文化和建设社会主义先进文化的百年历史进程中,坚韧不拔而又与时俱进地进行文化建设、文化创造、文化积累、文化提升的历史性成果,是中华文化的历史连续性、空间广延性和价值普遍性在当代中国充满生机活力的现实展现与意义拓展。

"四个自信"重要论述的提出,反映了习近平总书记坚持以中国为主体并注重从总体性这一内在属性来把握中国特色社会主义的理论创造,也对当代中国共产党人和中国人民提出了必须要在更为广阔的历史时空中去坚守并担当中国特色社会主义的文化使命、文化权利和文化责任的历史要求,本质上是在贯通历史、当下与未来的文化创造的长时段历史尺度上对中国特色社会主义的文化依据的深刻呈现。

在95年波澜壮阔的历史进程中,中国共产党紧紧依靠人民推动中国先后跨过了"落后就要挨打"和"贫穷就要挨饿"这两道巨大的历史沟坎,为中华民族作出了伟大历史贡献。面对当今世界全球化、市场化和信息化迅猛发展的历史趋势,面对当代中国成功实现大国崛起和民族复兴的历史关头,中国共产党人和中国人民能否推动中国特色社会主义在实现经济崛起的同时进一步实现文化崛起,能否成功跨过"失语就要挨骂"的新的历史沟坎,进而为21世纪人类世界对美好精神家园及其意义秩序的探索和造就贡献中国力量,无疑也在深刻地考验着当代中国共产党人的文化眼光、文化胸怀、文化想象和文化本领。

人类历史的演进和经验反复告诉我们,物质成就的创造是具有基础性、前提性的实践和创造,而意义世界的创造则是更具超越性、稳定性和深刻性的实践和创造。因此,"四个自信"重要论述的提出,不仅意味着我们必须从文化自信的角度去回溯并彰显中国特色社会主义的发展历程,更提示着中国共产党和中国人民还必须在努力发展和完善中国特色社会主义事业的过程中,进一步展开当代中国伟大的文化创造与意义建构,从而在当今世界的文化激荡中站稳脚跟,自觉地、牢牢地把握住中国特色社会主义的文化使命、文化权利和文化责任。

"四个自信"重要论述,从意义诠释的深度上阐明了中国特色社会主义的文化本质

习近平总书记明确指出:"全党同志必须牢记,我们要建设的是中国特色社会主义,而不是其他什么主义。历史没有终结,也不可能被终结。中国特色社会主义是不是好,要看事实,要看中国人民的判断,而不是看那些戴着有色眼镜的人的主观臆断。中国共产党人和中国人民完全有信心为人类对美好社会制度的探索提供中国方案。"这就表明,坚持和发展中国特色社会主义,不仅要展开物质的、经济社会形态的建设实践,以展现中国特色社会主义的自然—历史本质,而且还必须同步展开能够体现"以中国为主体"的文化建设和价值观建设实践,并以之作为我们判断、把握、认同和推进中国特色社会主义的文化依据和价值观标准。正是这一意义上,"四个自信"重要论述的提出,正是从意义诠释的深度上阐明了中国特色社会主义的文化本质。

从"文化自信"的角度来诠释中国特色社会主义的根基性、主体性和总体性,是十八大以来习近平总书记的又一重要理论创新。这一理论创新的意义在于,只有把握了中国特色社会主义的文化自信本质,我们对中国特色社会主义的道路自信、理论自信和制度自信才能获得更基础、更广泛、更深厚的力量之源。而之所以说它更基础,就在于文化本质的把握与阐明关乎中国特色社会主义的发展方向和价值前景,关乎中国特色社会主义能否在人们的精神实践领域获得信念扎根与牢固认同;之所以说它更广泛,就在于文化本质的把握与阐明关乎中国特色社会主义能否坚实地走向广大人民群众的日常生活世界并获得最广泛的社会基础和群众基础,关乎中国特色社会主义能否成为担当并兑现"人民对美好生活的向往就是我们的奋斗目标"这一庄严承诺的历史进程;之所以说它更深厚,就在于文化本质的把握与阐明关乎中国特色社会主义能否具有延续性并讲清楚中华文明的历史连续性、实践主体性和价值普遍性的文化能量与意义功能。

就此而论可以看到,首先,"四个自信"重要论述表明,中国特色社会主义作为道路、理论、制度和文化的总体,是以文化这一更基础、更广泛、更深厚的力量为支撑的具有中国主体性的伟大事业。这样一种对中国特色社会主义的总体性把握与意义建构,正是阐明中国特色社会主义科学内涵的逻辑起点和理论制高点。

其次,"四个自信"重要论述表明,中国特色社会主义是中国共产党和中国人民在创造并坚持中国特色社会主义道路、理论和制度的过程中和基础上,坚持以马克思主义文化观为指导,坚持以当代中国的文化建设和文化强国实践为基础和本体,不断追求对中国特色社会主义本身进行文化表达、价值创造和意义建构的历史成果。

再次,"四个自信"重要论述表明,中国特色社会主义是中国共产党和中国人民在不断建设社会主义先进文化的过程中自觉地把文化继承与文化创新、文化自觉与文化借鉴结合起来,不断开显出中国特色社会主义丰富的文化内涵和卓越的文化高度的历史成果。

其四,"四个自信"重要论述还表明,中国特色社会主义的文化内涵就在于,它始终坚持以中华文明 5000 多年发展中孕育的优秀传统文化为源头和根脉,始终坚持以我们党和人民开展结束旧中国半殖民地半封建社会的历史、完成中华民族有史以来最为广泛而深刻社会变革的伟大斗争孕育的革命文化为基础和依托，以改革开放以来我们党团结带领中国人民进行新的伟大革命孕育的社会主义先进文化为主题和主线，推动了中华文明、科学社会主义和中华民族不断焕发出新的蓬勃文化生机与活力。在这样的意义上，我们说中国特色社会主义的文化本质，就在于它内涵了中华民族最深层的精神追求，代表了中华民族最独特的精神标识，开启了中华民族最广阔的精神创造。

"四个自信"重要论述，从理想建构的高度上展现了中国特色社会主义的文化魅力

习近平总书记指出："中国共产党之所以叫共产党，就是因为从成立之日起我们党就把共产主义确立为远大理想。我们党之所以能够经受一次次挫折而又一次次奋起，归根到底是因为我们党有远大理想和崇高追求。"这就表明，中国共产党是有理想和追求的政党，中国特色社会主义是有理想和文化魅力的伟大事业。"四个自信"重要论述的提出，由于把文化自信确立为中国特色社会主义的本质维度和更基础、更广泛、更深厚的力量源泉，实际上也就从理想建构的高度上展现了中国特色社会主义永恒的文化魅力。

首先，"四个自信"重要论述，是对中华民族天人合一、大同社会、天下为公、协和万邦等古老理想的合理继承。中华文明能够延续5000多年而不中断，以天人合一等为代表的理想境界起到了至关重要的作用。中华文明一系列古老而维新的理想追求把每一个中国人都紧密地连接在"自强不息""厚德载物""己所不欲、勿施于人"与"和而不同"的社会意义与伦理网络之中，形成了超强的凝聚力、包容力和转化力，成就出"为天地立心、为生民立命、为往圣继绝学、为万世开太平"的个人理想和人文精神。因此，所谓中国特色社会主义的文化自信，首先就是对中华民族古老文化理想的继承与自信。

其次，"四个自信"重要论述，更是对坚定共产主义远大理想和中国特色社会主义共同理想的坚定承诺和现实推进。马克思主义经典作家对实现人类解放的共产主义远大理想的昭示，确立了人类解放的永恒精神灯塔；毛泽东把马克思主义普遍真理同中国革命与建设的具体实践相结合奠定的中国革命和建设的文化理想包括"翻身求解放""建设新中国""为人民服务"等，培育了亿万群众参加中国革命与建设的政治激情、牺牲精神和道德追求；改革开放以来尤其是十八大以来我们党对实现中华民族伟大复兴中国梦这一新的历史时期的文化理想的自觉与倡导，展现了中国特色社会主义的历史成就、雄浑力量和辉煌前景。它们共同构成了中国特色社会主义文化自信的丰满内核和连续谱系。

再次,"四个自信"重要论述,还是对实现中华民族伟大复兴中国梦的坚定把握和推动形成人类命运共同体的正心诚意。进入 21 世纪以来,时代变化和中国发展的广度和深度已经远远超出了马克思主义经典作家当时的想象。与此同时,我国正处于社会主义的初级阶段,事业的新发展和遭遇的新情况新问题,不仅需要我们在实践上大胆探索、在理论上不断突破,而且也需要我们在文化理想上实现新的充实和高瞻远瞩,通过面向并指向未来的"推动形成人类命运共同体"理念把当代西方文化霸权的现实性和不合理性都视为"当下的东西"而收摄并涵化在中华民族和我们党的文化理想的视野和把握之中,从而牢牢占据推动人类社会进步、实现人类美好理想的道义制高点。对此,习近平总书记明确指出:"当今世界,要说哪个政党、哪个国家、哪个民族能够自信的话,那中国共产党、中华人民共和国、中华民族是最有理由自信的。"这就表明,确立中国特色社会主义高远而务实的文化理想,并坚持以这一文化理想引领中国特色社会主义的现实的、具体的文化创造与意义建构,坚持文化自信,坚持问题导向,坚持以我们正在做的事情为中心,聆听时代声音,把握世界潮流,坚定地追求中华民族伟大复兴中国梦的理想,始终不渝地推动形成人类命运共同体和利益共同体,不仅将全面展现出中国特色社会主义事业的永恒魅力,而且也必将成就中国特色社会主义更为美好、更为广阔的进步前景。

从"三个自信"迈向"四个自信",是我们党总结百年来团结带领中华民族和中国人民进行不懈奋斗的实践历程和历史经验的战略抉择,是立足当下并面向未来对中国特色社会主义内涵的总体性、主体性和普遍性的科学诠释与意义把握,标志着中国特色社会主义达到了一种更新、更高的整体自信水平。正是在这一意义上可以说,习近平总书记关于"四个自信"的重要论述及其对中国特色社会主义的文化建构,正在与实现中华民族伟大复兴的中国梦、"四个全面"战略布局、五大发展理念等一系列党中央治国理政新理念新思想新战略一道,推动着中国特色社会主义的发展迈向一种新的、具有总体性的话语表达和理论建构。

(原载于《政策》2016 年第 9 期)

振奋起全民族的"精气神"

——十八大以来中央关于思想文化建设的新思想

中共中央文献研究室《中国特色社会主义文化发展道路》课题组

  党的十八大开启了全党全国各族人民为全面建成小康社会、实现中华民族伟大复兴的中国梦而团结奋斗的新征程。一个没有精神力量的民族难以自立自强,一项没有文化支撑的事业难以持续长久。面对复杂多变的国际形势和艰巨繁重的国内改革发展稳定任务,习近平指出,要在"具有许多新的历史特点的伟大斗争"中不断取得新胜利,就必须巩固马克思主义在意识形态领域的指导地位,巩固全党全国人民团结奋斗的共同思想基础,"振奋起全民族的'精气神'"。①

  一、紧紧扭住中华民族伟大复兴这个主题,激活和传递正能量

  宣传思想文化工作的基本职责,就是围绕中心,服务大局。现阶段的"中心",就是社会主义经济建设;"大局",就国内而言,就是"两个一百年"奋斗目标,实现中华民族伟大复兴的中国梦。习近平指出,实现中国梦必须弘扬中国精神,必须围绕经济建设这个中心,紧紧扭住中华民族伟大复兴这个主题,坚持巩固壮大主流思想舆论,弘扬主旋律,传播正能量,激发全社会团结奋进的强大力量。这就把思想文化建设与中国梦紧紧联系起来,为文化建设找到了更高的支点,赋予了文化建设新的使命,为现阶段的宣传思想文化工作提供了基本遵循。

  (一)培育和弘扬社会主义核心价值观,夯实中国梦的价值支撑。

  习近平指出,核心价值观是推动一个民族、一个国家发展进步的最深沉的力量,是一个国家的重要稳定器,是文化软实力的灵魂;社会主义核心价值观是中国特色社会主义道路、理论、制度自信的重要支撑。从弘扬中国精神、提升民族和人民的精神境界看,核心价值观具有基础性、决定性作用。

---

  ① 《人民日报》2013 年 6 月 1 日。

首先,社会主义核心价值观是中国梦最深厚的价值基础。习近平指出,中国梦是一种形象的表达,是一种为群众易于接受的表述,意味着中国人民和中华民族的价值体认和价值追求。核心价值观,承载着一个民族、一个国家的精神追求,体现着一个社会评判是非曲直的价值标准。近现代以来,一代又一代仁人志士为了实现中华民族伟大复兴的中国梦,不惜流血牺牲,靠的就是理想信念,也就是对于中国梦所体现的价值追求的深刻认同。

社会主义核心价值观"寄托着近代以来中国人民上下求索、历经千辛万苦确立的理想和信念"①,"反映全国各族人民共同认同的价值观'最大公约数'"②。以"富强、民主、文明、和谐,自由、平等、公正、法治,爱国、敬业、诚信、友善"为基本内容的社会主义核心价值观,包含了国家层面的价值目标、社会层面的价值取向、公民个人层面的价值准则,标明了中国梦应有的价值维度,"体现了古圣先贤的思想,体现了仁人志士的夙愿,体现了革命先烈的理想,也寄托着各族人民对美好生活的向往"。③

社会主义核心价值观契合了我们民族、国家的历史文化,结合了我们正在进行的奋斗,适应了我们需要解决的时代问题。从一定意义上说,我们现在为之不懈奋斗的中国梦,实际上也就是要建设一个富强民主文明和谐的现代化国家,培育一个自由平等公正法治的和谐社会,培养爱国敬业诚信友善的合格公民。

其次,社会主义核心价值观为中国梦提供了持久的动力源泉。实现"两个一百年"的奋斗目标,实现中华民族伟大复兴的中国梦,必须有广泛的价值共识和共同的价值追求。习近平指出,一个民族的文明进步,一个国家的发展壮大,需要一代又一代人接力努力,需要很多力量来推动,核心价值观是其中最持久最深沉的力量。如果一个民族、一个国家没有共同的核心价值观,莫衷一是,行无依归,那这个民族、这个国家就无法前进。④

当前,我国正处在大发展大变革大调整时期,要把 13 亿中国人的力量凝聚起来,同心同德地为中国梦的实现而接续奋斗,必须增强道路自信、理论自信、制度自信。习近平强调,要加快构建充分反映中国特色、民族特性、时代特征、具有强大感召力的价值体系,努力抢占价值体系的制高点,掌握价值观念领域的主动权、主导权、话语权,以此整合社会思想文化和价值观念。⑤

---

① 《人民日报》2014 年 5 月 5 日。
② 《人民日报》2014 年 5 月 5 日。
③ 《人民日报》2014 年 5 月 31 日。
④ 《人民日报》2014 年 5 月 5 日。
⑤ 《习近平关于全面深化改革论述摘编》,中央文献出版社 2014 年版,第 88 页。

核心价值观的养成绝非一日之功。习近平指出,要切实把社会主义核心价值观贯穿于社会生活方方面面。要通过教育引导、舆论宣传、文化熏陶、实践养成、制度保障等,使社会主义核心价值观内化为人们的精神追求,外化为人们的自觉行动。

(二)加强社会主义思想道德建设,为中国梦凝聚起坚实的道德基础。

在核心价值体系和核心价值观中,道德价值具有十分重要的作用。一个民族、一个人能不能保持自己的精神独立,很大程度上取决于道德价值。习近平指出,"核心价值观,其实就是一种德,既是个人的德,也是一种大德,就是国家的德、社会的德"。①"如果我们的人民不能坚持在我国大地上形成和发展起来的道德价值,而不加区分、盲目地成为西方道德价值的应声虫,那就真正要提出我们的国家和民族会不会失去自己的精神独立性的问题了。如果没有自己的精神独立性,那政治、思想、文化、制度等方面的独立性就会被釜底抽薪。"②

习近平指出,我们要坚持马克思主义道德观、坚持社会主义道德观,"引导人们向往和追求讲道德、尊道德、守道德的生活,形成向上的力量、向善的力量。只要中华民族一代接着一代追求美好崇高的道德境界,我们的民族就永远充满希望"③;"要深入开展学习宣传道德模范活动,弘扬真善美,传播正能量,激励人民群众崇德向善、见贤思齐,鼓励全社会积善成德、明德惟馨,为实现中华民族伟大复兴的中国梦凝聚起强大的精神力量和有力的道德支撑"④;"要重视家庭建设,注重家庭、注重家教、注重家风,紧密结合培育和弘扬社会主义核心价值观,发扬光大中华民族传统家庭美德","使千千万万个家庭成为国家发展、民族进步、社会和谐的重要基点"。⑤

(三)努力创作更多无愧于时代的优秀作品,"用富有时代气息的中国精神凝聚中国力量"。⑥

举精神之旗、立精神支柱、建精神家园,都离不开文艺。无论是弘扬中国精神、培育社会主义核心价值观,还是加强思想道德建设,优秀的文艺作品都是重要的载体。改革开放以来,我国产生了大量脍炙人口的优秀作品。同时,也不能否认,在文艺创作方面,也存在着有数量缺质量、有"高原"缺"高峰"的现象,存在着

---

① 《人民日报》2013 年 5 月 5 日。
② 《习近平关于全面深化改革论述摘编》,中央文献出版社 2014 年版,第 88 页。
③ 《人民日报》2013 年 11 月 29 日。
④ 《人民日报》2013 年 9 月 27 日。
⑤ 《人民日报》2015 年 2 月 18 日。
⑥ 《人民日报》2015 年 1 月 25 日。

抄袭模仿、千篇一律的问题,存在着机械化生产、快餐式消费的问题。

　　在文艺工作座谈会上,习近平针对当前我国文艺工作中的一些不良倾向指出,"低俗不是通俗,欲望不代表希望,单纯感官娱乐不等于精神快乐",文艺不能在市场经济大潮中迷失方向。文艺工作者要静下心来,把创作生产优秀作品作为文艺工作的中心环节,努力创作生产更多传播当代中国价值观念、体现中华文化精神、反映中国人审美追求,思想性、艺术性、观赏性有机统一的优秀作品;要坚持以人民为中心的创作导向,弘扬中国精神、凝聚中国力量,用现实主义精神和浪漫主义情怀观照现实生活,用光明驱散黑暗,用美善战胜丑恶;要把社会主义核心价值观生动活泼、活灵活现地体现在文艺创作之中,用栩栩如生的作品形象告诉人们什么是应该肯定和赞扬的,什么是必须反对和否定的,做到春风化雨、润物无声;要通过文艺作品传递真善美,传递向上向善的价值观,让人动心,让人们的灵魂经受洗礼,让人们发现自然的美、生活的美、心灵的美,引导人们增强道德判断力和道德荣誉感。① 这些论述把文艺创作与中国精神、社会主义核心价值观建设结合起来,进一步明确了当前文艺工作的历史使命。

　　回顾我国革命、建设、改革的各个历史时期,每到紧要关头,精神的力量都是我们战胜困难、推动事业不断前进的重要因素。当前,中华民族的复兴正处在一个爬坡过坎的关键时刻,习近平把中国精神比作凝心聚力的"兴国之魂""强国之魂",强调必须用它"振奋起全民族的'精气神'"②,"不断增强团结一心的精神纽带、自强不息的精神动力,永远朝气蓬勃迈向未来"③。

二、有理有利有节开展舆论斗争,帮助干部群众划清是非界限、澄清模糊认识

　　坚持正面宣传为主,绝不意味着放弃舆论斗争。要在弘扬主旋律、传播正能量的同时,增强阵地意识,有理有利有节开展舆论引导。在全国宣传思想工作会议上,习近平对二者的关系作了深刻阐释,强调"在事关大是大非和政治原则问题上,必须增强主动性、掌握主动权、打好主动仗"。④

　　(一)增强阵地意识,做到守土有责、守土负责、守土尽责。

　　宣传思想阵地,我们不去占领,人家就会去占领。思想、文化、舆论领域,历来是敌对势力与我们激烈争夺的重要阵地。历史已经多次证明,一个政权的瓦解往

---

① 《人民日报》2014 年 10 月 16 日。
② 《人民日报》2013 年 6 月 1 日。
③ 《十八大以来重要文献选编》上,中央文献出版社 2014 年版,第 235 页。
④ 《人民日报》2013 年 8 月 21 日。

往是从思想领域开始的,政治动荡、政权更迭可能在一夜之间发生,但思想演化是个长期过程。敌对势力要搞乱一个社会、颠覆一个政权,也往往是先从意识形态领域打开突破口,先从搞乱人们的思想入手。一旦思想防线被攻破了,其他防线就很难守住。

增强阵地意识,核心是坚持和加强马克思主义的指导地位。我们党从诞生之日起就把马克思主义写在自己的旗帜上,把实现共产主义确立为最高理想。马克思主义、共产主义信仰是共产党人的命脉和灵魂。当前,西方敌对势力正在加紧对我国实施西化、分化的政治图谋。它们在意识形态领域的主攻目标,就是企图通过各种手段对我国进行思想渗透,动摇马克思主义的指导地位,搞乱人们的思想。

习近平指出,宣传思想工作的环境、对象、范围、方式发生了很大变化,但宣传思想工作的根本任务没有变,也不能变。"宣传思想工作就是要巩固马克思主义在意识形态领域的指导地位,巩固全党全国人民团结奋斗的共同思想基础"①,要坚持用中国特色社会主义理论体系武装全党、教育人民、指导工作,引导广大干部深刻领会党的理论创新成果,坚定理想信念。

增强阵地意识,要一刻不停地增强本领。习近平指出,担任宣传思想部门领导工作的,除政治上可靠之外,总是需要在理论上、笔头上、口才上或其他专长上有"几把刷子"。一个道理能深入浅出阐释清楚,走到哪里能很快同群众打成一片,讲的话群众喜欢听,写的文章群众喜欢看,这样才主动,才能得心应手。各级宣传思想部门领导要加强学习、加强实践,真正成为让人信服的行家里手。要增强政治定力、大局观念和责任担当,在重大原则问题上敢于发声,确保坚守的"城池"万无一失。

(二)要区分不同性质的问题,采取不同的方法。

在宣传思想领域,不搞无谓争论,但牵涉到大是大非问题,牵涉到政治原则问题,也决不能含糊其辞,更不能退避三舍。这就要正确区分不同形式的问题,采取不同的措施。

在对待中国特色社会主义这个问题上,在对待中国发展道路和发展模式上,社会上还存在一些模糊认识甚至错误观点。这些人里面,有的是认识模糊,有的是思想方法问题,有的是政治立场问题,情况是不一样的。如何区分? 很重要的就是要找到一个合适的标尺,这就是马克思主义、就是中国特色社会主义。

习近平指出,对群众正常、合理、善意的批评和监督,不论多么尖锐,我们都欢

---

① 《人民日报》2013 年 8 月 21 日。

迎,都不要不高兴,都不要压制,不仅要欢迎,而且要认真听取、切实加以改正。同时,要讲清楚一个道理,对待问题必须持正确态度,不能遇到一些问题就全盘否定自己的道路、理论、制度,就全盘否定自己的历史和奋斗。对一般性争论和模糊认识,不能靠行政、法律手段解决,而是要靠马克思主义真理的力量,靠深入细致的思想政治工作,用真理揭露谎言,让科学战胜谬误。对那些恶意攻击党的领导、攻击社会主义制度、歪曲党史国史、造谣生事的言论,要敢抓敢管,敢于亮剑。总之,要区分情况,把工作做深、做细、做实。

三、合规律、接地气,提高宣传思想文化工作的质量和水平

在思想文化领域扶正祛邪,是思想文化建设的重要使命。弘扬主旋律、传递正能量与增强阵地意识、有理有利有节开展舆论斗争,是这一使命的生动体现。要履行好这一职责,就要提高宣传思想文化工作的质量和水平,增强吸引力和感染力,合规律、接地气。

(一)传承和弘扬优秀文化传统,接传统文化的地气。

中国人民的理想和奋斗,中国人民的价值观和精神世界,始终深深植根于中国优秀传统文化沃土之中。宣传思想文化工作合规律、接地气,很重要一点就是要深入了解中国的文化血脉,准确把握滋养中国人的文化土壤。习近平多次阐释传统文化的重要意义,归纳起来至少有以下五个方面。

其一,中国优秀传统文化是中华民族的独特标识和生生不息、发展壮大的丰厚滋养。为什么中华民族能够在几千年的历史长河中生生不息和不断发展呢?很重要的一个原因,是中华民族有一脉相承的精神追求、精神特质、精神脉络。习近平把传统文化比作我们民族的"根"和"魂",并多次强调,丢了这个"根"和"魂",就没有根基了。

其二,中国优秀传统文化是中国特色社会主义道路的重要基石。习近平指出,中国特色社会主义道路是在对中华民族 5000 多年悠久文明的传承中走出来的。中华民族是具有非凡创造力的民族,创造了伟大的中华文明,我们能够继续拓展和走好适合中国国情的发展道路。

其三,中国优秀传统文化是涵养社会主义核心价值观的重要源泉,也是我们在世界文化激荡中站稳脚跟的坚实根基。牢固的核心价值观,都有其固有的根本。文化标识模糊了,我们自己的价值体系就坚持不住了。习近平强调,"中华优秀传统文化已经成为中华民族的基因,植根在中国人内心,潜移默化影响着中国人的思想方式和行为方式。今天,我们提倡和弘扬社会主义核心价值观,必须从

中汲取丰富营养,否则就不会有生命力和影响力"。①

其四,中国优秀传统文化是提高国家文化软实力的深厚源泉和重要途径。以理服人,以文服人,以德服人,是中华文化的生命禀赋和生存耐性。中华民族早就懂得"观乎人文,以化成天下"的力量。老子、孔子、墨子、孟子、庄子等中国诸子百家学说至今仍然具有世界性的文化意义。

其五,中国优秀传统文化可以为治国理政提供有益启示。在纪念孔子诞辰2565 周年国际学术研讨会暨国际儒学联合会第五届会员大会开幕会上,习近平列举了"道法自然、天人合一的思想"等 15 个中国传统文化中蕴藏的哲学思想、人文精神、教化思想、道德理念,强调只有坚持从历史走向未来,从延续民族文化血脉中开拓前进,我们才能做好今天的事业。

当然,也必须看到,传统文化在其形成和发展过程中,不可避免会受到当时人们的认识水平、时代条件、社会制度的局限性的制约和影响,因而也不可避免会存在陈旧过时或已成为糟粕性的东西。因此,必然存在着需要与社会主义市场经济、民主政治、先进文化、社会治理等相协调适应的问题。

为此,习近平提出了"推动中华文明创造性转化和创新性发展"的时代课题,强调要使中华民族最基本的文化基因与当代文化相适应、与现代社会相协调,以人们喜闻乐见、具有广泛参与性的方式推广开来②,用中华民族创造的一切精神财富来以文化人、以文育人③;要加强对中国优秀传统文化的挖掘和阐发,把跨越时空、超越国度、富有永恒魅力、具有当代价值的文化精神弘扬起来,把继承优秀传统文化又弘扬时代精神、立足本国又面向世界的当代中国文化创新成果传播出去。④

(二)顺应时代潮流,做到因势而谋、应势而动、顺势而为,接时代发展的地气。

当前,国内外环境都在发生极为广泛而深刻的变化。这就更加需要我们胸怀大局、把握大势、着眼大事,找准工作切入点和着力点,做到因势而谋、应势而动、顺势而为,积极推进宣传思想工作理念创新、手段创新、基层工作创新。对此,习近平有不少具体论述。比如:

针对我国经济市场化、国际化程度越来越高,市场预期、市场信心等对经济运行的影响越来越大,舆论引导越来越重要的形势,强调牢牢掌握舆论引导主导权,

---

① 《人民日报》2014 年 5 月 5 日。
② 《人民日报》2014 年 1 月 1 日。
③ 《人民日报》2014 年 2 月 26 日。
④ 《人民日报》2014 年 2 月 18 日。

一定要把握好时、度、效,注意研究和深入理解市场预期,学会用市场经济所接受的方式进行舆论引导。

顺应互联网已经成为舆论斗争的主战场这一实际情况,强调要把网上舆论工作作为宣传思想工作的重中之重来抓。习近平指出:"我国网民有近六亿人,手机网民有四亿六千多万人,其中微博用户达到三亿多人。很多人特别是年轻人基本不看主流媒体,大部分信息都从网上获取。必须正视这个事实,加大力量投入,尽快掌握这个舆论战场上的主动权,不能被边缘化了"。①

(三)树立以人民为中心的工作导向,接人民需求的地气。

文化建设要有扎实的出发点和落脚点,根本上说来,就是要解决"为了谁"的问题。不解决文化为了人民这个基本问题,文化建设就会失去深厚的源泉和动力,就会从根本上失去代表性,就会不接地气,成为空中楼阁。

树立以人民为中心的工作导向,就要把服务群众同教育引导群众结合起来,把满足需求同提高素养结合起来,多宣传报道人民群众的伟大奋斗和火热生活,多宣传报道人民群众中涌现出来的先进典型和感人事迹,丰富人民精神世界,增强人民精神力量,满足人民精神需求。树立以人民为中心的工作导向,就要认真研究不同群众的思想文化需求。人民是具体的而不是抽象的。要弄清楚不同群众需求的共性是哪些、个性是哪些,以便有的放矢开展工作。要处理好点、线、面的关系,既加强面的广泛覆盖、线的分类指导,又注意把工作做到每个点上,"一把钥匙开一把锁"。

树立以人民为中心的工作导向,就要以人民喜闻乐见的方式做好宣传思想工作。"宣传思想工作是做人的工作的,人在哪儿重点就应该在哪儿。"②

(四)促进文化的改革与创新,接文化发展规律的地气。

文化发展同经济、政治和社会发展一样,有其独特的规律。如果违反了文化发展规律,不仅不能满足人民群众的文化期待,还会造成严重的后果。顺应文化发展规律,很重要的一点就要坚持文化的改革与创新。

坚持和发展中国特色社会主义文化发展道路,改革创新是根本动力。改革开放以来,正是因为文化体制的改革与完善,使得我国文化领域整体面貌和发展格局焕然一新,初步走出了一条中国特色社会主义文化发展道路。但是,文化体制改革也面临许多新情况新问题。在这些新情况新问题下,该如何稳步推进文化体制改革呢?

---

① 《习近平关于全面深化改革论述摘编》,第83页。
② 《习近平关于全面深化改革论述摘编》,第83页。

习近平指出,要坚持以人民为中心的工作导向,坚持把社会效益放在首位、社会效益和经济效益相统一,以激发全民族文化创造活力为中心环节,进一步深化文化体制改革。文化体制改革一定要始终坚持社会主义先进文化前进方向,始终把社会效益放在首位。无论改什么、怎么改,导向不能改,阵地不能丢。党的十八届三中全会围绕着激发全民族文化创造活力这个文化建设的重要环节,提出要完善文化管理体制、建立健全现代文化市场体系、构建现代公共文化服务体系、提高文化开放水平的具体改革举措。

这些论述和要求既凸显了新形势下继续深化文化体制改革的重要意义、指明了下一步改革的重点工作,又明确了改革必须坚持的正确方法与基本原则。落实这些思想观点、方法举措必将为中国特色社会主义文化发展道路提供源源不断的动力。

四、提高国际话语权,讲好中国故事、传播好中国声音、阐释好中国特色

习近平指出,"提高国家文化软实力,关系'两个一百年'奋斗目标和中华民族伟大复兴中国梦的实现"。① 国际话语权是国家文化软实力的重要组成部分。这些年,尽管我们在提高国际话语权方面取得了重要进展,但在整个国际话语体系中,我们的发言权还是比较有限。这就要求我们精心构建对外话语体系,发挥好新兴媒体作用,增强对外话语的创造力、感召力、公信力,讲好中国故事,传播好中国声音,阐释好中国特色。

(一)讲好中国故事。

中华民族历经磨难而信念愈坚、饱尝艰辛而斗志更强,在改造客观世界的过程中创造了博大精深的灿烂文化。中华民族5000多年文明史、中国人民近代以来170多年斗争史、中国共产党90多年奋斗史、中华人民共和国60多年发展史、改革开放30多年探索史,为我们积累了讲好中国故事的丰富资源。习近平指出,"要系统梳理传统文化资源,让收藏在禁宫里的文物、陈列在广阔大地上的遗产、书写在古籍里的文字都活起来。要以理服人,以文服人,以德服人,提高对外文化交流水平,完善人文交流机制,创新人文交流方式,综合运用大众传播、群体传播、人际传播等多种方式展示中华文化魅力"。②

要通过讲好中国故事,塑造我国的国家形象,展示中国历史底蕴深厚、各民族多元一体、文化多样和谐的文明大国形象,政治清明、经济发展、文化繁荣、社会稳

---

① 《人民日报》2014年1月1日。
② 《人民日报》2014年1月1日。

定、人民团结、山河秀美的东方大国形象,坚持和平发展、促进共同发展、维护国际公平正义、为人类作出贡献的负责任大国形象,对外更加开放、更加具有亲和力、充满希望、充满活力的社会主义大国形象,让当代中国形象在世界上不断树立和闪亮起来。

(二)传播好中国声音。

人类历史发展的过程,就是各种文明不断交流、融合、创新的过程。但是,在"西强我弱"的舆论格局下,这种双向交流有时并不尽如人意。在西方主要媒体左右着世界舆论的条件下,我们往往有理说不出,或者说了传不开。特别是,虽然随着我国经济社会发展和国际地位提高,国际社会对中国发展道路和发展模式的理性认识逐步加深,但同时对我们的误解也还不少,"中国威胁论"、"中国崩溃论"等论调不绝于耳。

造成这种现象的原因,从我们自身来讲,既有硬件方面的原因,即现代传播体系建设相对滞后;也有软件方面的原因,即对现代传播技巧的掌握和话语体系建设有待进一步加强。习近平指出,要创新文化走出去模式,着力推进国际传播能力建设,创新对外宣传方式,加强话语体系建设,着力打造融通中外的新概念新范畴新表述,传播好中国声音。

传播好中国声音,一个重要内容就是要努力传播当代中国价值观念。习近平强调,"我国成功走出了一条中国特色社会主义道路,实践证明我们的道路、理论体系、制度是成功的。要加强提炼和阐释,拓展对外传播平台和载体,把当代中国价值观念贯穿于国际交流和传播方方面面"。① 中国梦反映了中华民族的"共同利益""共同理想""共同追求""共同愿景""共同期盼",意味着中华民族为人类和平与发展做出更大贡献的真诚意愿。习近平强调,要把中国梦与当代中国价值观念紧密结合起来,把中国梦同各国各地区人民实现自己的梦想联系起来,在促进互利共赢中引导国际社会全面客观认识中国梦。

(三)阐释好中国特色。

讲好中国故事、传播好中国声音,一个重要目的就是引导人们更加全面客观地认识当代中国、看待中国与世界的关系。

在全国宣传思想工作会议上,习近平明确指出,"宣传阐释中国特色,要讲清楚每个国家和民族的历史传统、文化积淀、基本国情不同,其发展道路必然有着自己的特色;讲清楚中华文化积淀着中华民族最深沉的精神追求,是中华民族生生不息、发展壮大的丰厚滋养;讲清楚中华优秀传统文化是中华民族的突出优势,是我们最深

---

① 《人民日报》2014 年 1 月 1 日。

厚的文化软实力;讲清楚中国特色社会主义植根于中华文化沃土、反映中国人民意愿、适应中国和时代发展进步要求,有着深厚历史渊源和广泛现实基础"。① 这"四个讲清楚"为我们如何在与外部世界的比较中阐释好中国特色指明了方向。

为了帮助世界观察、研究、认识中国,习近平在布鲁日欧洲学院的演讲中,从中国是有着悠久文明的国家、经历了深重苦难的国家、实行中国特色社会主义的国家、世界上最大的发展中国家、正在发生深刻变革的国家五个方面,对中国是一个什么样的国家做了简要回答。他指出:脱离了中国的历史、脱离了中国的文化、脱离了中国人的精神世界、脱离了当代中国的深刻变革,是难以正确认识中国的。②

世界是多向度发展的,世界历史不是单线式前进的。中国特色社会主义道路具有深厚的历史渊源和广泛的现实基础。阐释好中国特色,对于帮助世界认识中国,引导我国人民树立和坚持正确的历史观、民族观、国家观、文化观,增强做中国人的骨气和底气,有着重要意义。

沿着中国特色社会主义道路实现中华民族伟大复兴,是无比壮丽的崇高而伟大的事业,但这一伟业的实现不可能一片坦途,更不可能一蹴而就,需要我们为之付出艰辛的不懈的努力。面对前进道路上复杂多变的形势和艰巨繁重的任务,只有振奋起全民族的"精气神",保持奋发有为的精神状态,勇于实践,敢于开拓,才能做出经得起实践、人民、历史检验的实绩,中华民族的伟大复兴才能如期实现。

(原载于《党的文献》2015 年第 4 期)

---

① 《人民日报》2013 年 8 月 21 日。
② 《人民日报》2014 年 4 月 2 日。